Siga Diepold (Hrsg.)

Fundgrube Klassenlehrer

Kostenloses Zusatzangebot für die Käufer der Fundgrube:

Kopiervorlagen und Materialien im Internet

Kopiervorlagen und Materialien dieser Fundgrube bieten wir Ihnen als kostenloses Zusatzangebot auch online an.

Sie können diese Materialien und Kopiervorlagen verändern und Ihren Bedürfnissen anpassen, da diese im Word-Format angelegt sind.

Als Bonus stehen Ihnen online weitere ausgewählte Cornelsen-Materialien für Ihre Unterrichtsvorbereitung kostenfrei zur Verfügung.

Wie finden Sie diese editierbaren Versionen der Kopiervorlagen? Rufen Sie einfach die Internetseite www.cornelsen.de/fundgruben auf und geben Sie dort Ihren unten genannten Webcode ein. Sie werden dann unmittelbar zu den Materialien weitergeleitet.

Cornelsen online http://www.cornelsen.de/fundgruben

Ihr Webcode für den Zugriff auf das Material: FGKL221887

Die Autorinnen und Autoren

Ulrich Abele unterrichtet Deutsch, Sport und Psychologie an einem Gymnasium in Baden-Württemberg. Er ist Fachleiter für das Lehramt an Gymnasien (Pädagogik, Psychologie) und Schulberater für die Innere Schulentwicklung. (Kapitel 9)

Dr. Heinrich Brinkmöller-Becker ist Leiter des Ottilie-Schoenewald-Weiterbildungskollegs der Stadt Bochum. Darüber hinaus ist er als Lehrbeauftragter, Lehrerfortbildner und Autor tätig und arbeitet mit in Projekten der Film- und Medienarbeit sowie des Lernens mit Neuen Medien (abitur-online.nrw, Selgo). (Kapitel 11)

Siga Diepold ist Realschullehrerin mit langjähriger Erfahrung als Klassenlehrerin (Fächer: Deutsch, Geschichte, Erdkunde, Sozialkunde). Sie ist als Lehrbeauftragte an der Universität Oldenburg, Fachbereich Pädagogik, und in der Lehrerfortbildung tätig. Als Individualpsychologische Beraterin (DGIP) bietet sie in freier Praxis Beratung, Supervision und Fortbildung an. (Kapitel 1B, 4, 8 und 12)

Dieter Enkhardt unterrichtet Deutsch, Geographie und Sozialkunde an einem Gymnasium in Erlangen. Er ist u. a. als Beratungslehrer, Supervisor und in der Lehreraus- und -fortbildung tätig. (Kapitel 6 und 10)

Hans Jürgen Linser unterrichtet Deutsch, Kunst, und Darstellendes Spiel an einer Gesamtschule. Er ist an der Universität Oldenburg in Lehrerausbildung tätig und Autor von Veröffentlichungen zum Thema Unterrichtsmethoden. (Kapitel 3)

Jürgen Marx unterrichtet Deutsch, Geschichte und Literatur an einem Gymnasium in Bonn und ist Koordinator für Förderunterricht und Medien. Daneben ist er als Referent und Autor tätig. (Kapitel 1C, 2 und 5)

Liane Paradies ist Gymnasiallehrerin mit den Fächern Mathematik, Geschichte und Gesellschaftslehre. Sie ist in der Lehrerfortbildung tätig und Autorin von Veröffentlichungen zum Thema Unterrichtsmethoden. (Kapitel 3)

Ljubjana Wüstehube ist ausgebildete Lehrerin und hat lange mit gewaltbereiten Jugendlichen gearbeitet. Als Mediatorin und Organisationsberaterin leitet sie das Institut *inmedio* Berlin/Frankfurt, das Mediationsprojekte für Schule und Jugendarbeit entwickelt und begleitet. Sie führt Konflikttrainings durch und bietet berufsbegleitende Ausbildungen für Mediation und Konfliktmanagement an. (Kapitel 7)

Roland Zerpies ist Diplom-Psychologe und Gymnasiallehrer (Mathematik, Physik). Er ist in Erlangen als Staatlicher Schulpsychologe und Seminarleiter für die Ausbildung von Schulpsychologen an Gymnasien tätig. (Kapitel 1A)

Siga Diepold (Hrsg.)

Fundgrube Klassenlehrer

[NEUE AUSGABE]

Cornelsen
SCRIPTOR

Die in diesem Werk angegebenen Internetadressen haben wir überprüft (Redaktionsschluss 15.01.2007). Dennoch können wir nicht ausschließen, dass unter einer solchen Adresse inzwischen ein ganz anderer Inhalt angeboten wird.

Cornelsen online http://www.cornelsen.de

Bibliografische Information: Die Deutsche Bibliothek verzeichnet diese Publikation in der Deutschen Nationalbibliografie; detaillierte bibliografische Daten sind im Internet über http://dnb.ddb.de abrufbar.

Dieser Band folgt den Regeln der deutschen Rechtschreibung, die seit August 2006 gelten.

5. 4. 3. 2. Die letzten Ziffern bezeichnen
10 09 08 07 Zahl und Jahr der Auflage.

Redaktion: Maria Bley, Baldham
Herstellung: Brigitte Bredow, Berlin
Zeichnungen: Roland Beier, Berlin
Umschlagentwurf: Simone Büchner, Berlin
unter Verwendung einer Zeichnung von Klaus Puth, Mühlheim
Satz: FROMM MediaDesign, Selters/Ts.
Druck und Bindearbeiten: Druckpartner Rübelmann GmbH, Hemsbach
Printed in Germany
ISBN 978-3-589-22188-2

Gedruckt auf säurefreiem Papier,
umweltschonend hergestellt aus chlorfrei gebleichten Faserstoffen.

Inhalt

Vorwort

Die Anforderungen, die an Schule und Unterricht gestellt werden, haben sich seit PISA erhöht. Ins Blickfeld rücken dabei verstärkt die Bedingungen des Lernens und die Frage: Wie kann die Lernkompetenz der Schüler gefördert werden? Neben der Sach- und Fachkompetenz (Stichwort: Bildungsstandards) erhält die Vernetzung mit der Methoden-, Sozial- und Selbstkompetenz besonderes Gewicht.
In dieser Situation kommt Klassenlehrerinnen und Klassenlehrern eine Schlüsselrolle zu. Vor allem sie sind es, die die Schüler durch das Schulleben begleiten. Konfrontiert sind sie dabei mit einer Schulrealität, die zunehmend bestimmt wird von Problemen wie fehlende Lernmotivation, mangelnde Konzentrationsfähigkeit, Unterrichtsstörungen, Gewalt, Suchtverhalten oder Störungen im sozialen Umfeld. Schule und Unterricht haben sich hierdurch zwangsläufig verändert. Offene Unterrichtsformen wie Projektlernen, Stationenlernen, Wochenplanarbeit oder Freiarbeit sind vielfach bestimmende Elemente geworden und finden gerade bei Klassenlehrern (mancherorts auch Klassenleiter genannt) eine hohe Akzeptanz. Denn sie bieten ihnen verbesserte Rahmenbedingungen, um dem Anspruch gerecht zu werden, *alle* Kompetenzen zu fördern.
Klassenlehrerinnen und Klassenlehrer haben eine besondere Beziehung zu ihren Schülern. Sie unterrichten viele Stunden in *ihrer* Klasse, ihre persönliche Zuwendung hat großen Einfluss auf das Lernverhalten der einzelnen Schüler, ihre Ausgestaltung der Klassenlehrerrolle beeinflusst die Bedingungen des Lernens. Doch die Einflussmöglichkeiten können nur dann effektiv genutzt werden, wenn sie von allen Lehrern der Klasse, den Schülern und deren Eltern wahrgenommen und unterstützt werden. So kann sich ein Klassen- und Schulklima entwickeln, das jede Schülerin und jeden Schüler in ihrer Ganzheitlichkeit ernst nimmt und dabei fordert und fördert.

Im Mittelpunkt dieser aktualisierten *Fundgrube für Klassenlehrer* stehen wie bisher Hilfen für die täglichen Herausforderungen, die die Klassenlehrerrolle mit sich bringt. Es werden Hinweise gegeben und Übungen angeboten, die Klassenlehrern – und nicht nur ihnen – helfen, eine Klasse zu „führen“, indem sie die Schüler aktiv auf ihrem Weg durch die Schule begleiten.
Dieses Konzept wurde vor dem Hintergrund der Ergebnisse der PISA-Studie weiterentwickelt: Neu aufgenommen wurden die Themen Diagnostik und Förderung, Kooperatives Lernen und Portfolioarbeit, Präventionsarbeit so-

wie Nutzung des Internets. Darüber hinaus wurden die bewährten Beiträge hinsichtlich ihrer Relevanz überprüft und teilweise völlig neu gestaltet. Die neuen Ideen, Anregungen, Übungen und Verfahren beziehen sich auf

- die Vermittlung von Wissen und Kompetenzen,
- Ich-Stärkung,
- das Lernen in der sozialen Gruppe,
- die Förderung eines leistungsorientierten und lernfreudigen Klassenklimas,
- die Auseinandersetzung mit individuellen Lernverläufen und
- die Selbstevaluation.

Das Einführungskapitel *Eine Klasse findet sich* zeigt Unterstützungsmöglichkeiten für den Entwicklungsprozess hin zu einer Klassengemeinschaft, in der sich alle wohl fühlen. Anschließend werden Anregungen für das *Feiern von Klassenfesten* gegeben und Strategien für die *Integrationsarbeit* vorgestellt. Das Kapitel *Das Lernen lernbar machen* zeigt Methoden auf, die das individuelle Lernen und das Lernen in der Gruppe unterstützen. Der folgende Beitrag zur *Individuellen Förderung und Diagnostik* bietet Beobachtungshilfen zur Stärkung der diagnostischen Kompetenzen und Anregungen zur Förderung individueller Stärken. Die Kapitel *Störungen im Unterricht* und *Konflikte nicht unter den Teppich kehren* liefern umfangreiche Informationen für das soziale Lernen in der Klasse. Wie Ich-Stärkung im täglichen Unterricht stattfinden kann, wird im Beitrag *Prävention in der Schule* aufgezeigt. Es folgt ein facettenreiches Angebot an Ideen für *Außerschulische Unternehmungen.* Detaillierte Anregungen für die *Elternarbeit,* die Durchführung eines Elternabends, das Elterngespräch und den Umgang mit vermuteten Problemen im Elternhaus bietet der nächste Beitrag. Der Frage, wie die Klassenlehrer-Kommunikation durch *Neue Medien* unterstützt werden kann, ist das folgende Kapitel gewidmet. Zum Schluss richtet sich der Blick auf das *Rollenverständnis des Klassenlehrers* und Perspektiven für ein neues Selbstverständnis.

Alle Beiträge wollen neugierig machen, zum Ausprobieren ermutigen und die Diskussion über Chancen, aber auch Grenzen der Klassenlehrerrolle im Kollegium fördern. Die neue *Fundgrube für Klassenlehrer* unterstützt den Wunsch der Lehrerinnen und Lehrer nach einer sinnstiftenden Pädagogik, sie will Inspiration und Motivation für die vielfältige Arbeit als Klassenlehrerin und Klassenlehrer vermitteln.

Siga Diepold

1 Eine Klasse findet sich

A Ein neues Schuljahr beginnt

1. Unsicherheit überwinden – Gemeinschaft herstellen

Zu Beginn eines jeden neuen Schuljahres sind Schüler, Eltern und auch Lehrkräfte sehr gespannt darauf, mit wem sie es nun wieder ein ganzes (Schul-)Jahr lang zu tun haben werden. Bleibt die Zusammensetzung einer Klasse erhalten, so ist das für viele ein eher beruhigendes Gefühl: Mit der Sicherheit des Gewohnten im Rücken hofft man auch manche Schwierigkeiten leichter ertragen zu können. Aber wenn vieles oder sogar – wie beim Übertritt in eine neue Schule – alles neu ist, dann ist es hilfreich, durch ein bewusst gestaltetes Kennenlernen aus dem unsicheren Unbekannten nach und nach Bekanntes zu machen.

Es lohnt sich, die Phase des Zusammenfindens gemeinsam mit den Schülern der jeweiligen Klasse – vielleicht auch unter Mitarbeit der Eltern – zu planen und zu gestalten. Natürlich ist damit nicht die Garantie verbunden, dass es in einer solchen Klasse zukünftig keine Probleme gibt. Es wird jedoch die Grundlage dafür geschaffen, auftretende Schwierigkeiten produktiv anzugehen, Cliquenbildung oder Ausgrenzungen zu vermeiden und das Zusammenwachsen zu einer „erfolgreichen Klassengruppe" anzulegen (→ S. 14).

Sich gegenseitig in der Klasse besser kennenzulernen bedeutet dabei auch, *sich selbst* besser kennenzulernen. Nur wer sich selbst gut kennt und weiß, was in ihr oder ihm steckt, kann auch auf die eigenen Fähigkeiten bauen und sich selbst als kompetent erfahren.

Beim Kennenlernen ist es wichtig, auf das *gemeinsame* Tun Wert zu legen. Dadurch wird verdeutlicht, dass ein gutes Klassenklima, Verständnis füreinander und auch effektives Lernen und Arbeiten in der Klasse nicht in der alleinigen Verantwortung der Lehrer liegt, sondern von allen in der Klasse mitgetragen und mitgestaltet werden muss.

Die *Klasse* lernt auch, sich als Gruppe zu begreifen. Die *einzelnen Schüler* erfahren, dass sie Verantwortung für sich und für die gesamte Klasse haben und als Teil der Klasse auch einen wichtigen Beitrag für die Gruppe leisten.

2. Wer trägt Verantwortung?

Der *Klassenlehrer* hat die Aufgabe,

- geeignete Schritte zum Kennenlernen vorzuschlagen und anzuleiten,
- über Unsicherheiten hinwegzuhelfen,
- Konflikte klären zu helfen,
- Beispiel zu geben für einen angemessenen Umgangston, für Wertschätzung und für selbstsicheres Verhalten,
- die Eltern der neuen Klassen zusammenzuführen,
- bei ihnen Verständnis für die Besonderheiten der Schule zu wecken und
- sie über mögliche Probleme in Übergangssituationen zu informieren.

Verantwortung für die Gestaltung des Kennenlernens tragen neben der Klasse und ihrem Klassenlehrer:
Schulleitung und Lehrkräfte mit besonderen pädagogischen Aufgabenbereichen (z. B. Stufenbetreuer). Sie sind zuständig für die Koordination der Vorhaben. Dazu gehört auch die Bereitstellung eines besonderen Rahmens, der den Klassen Zeit gibt für die pädagogisch wichtige Kennenlernphase und der diese Zeit von fachlichem oder terminlichem Druck freihält.
Tutoren oder Paten. An vielen Schulen arbeiten ältere Schüler als Tutoren für die „Neuen", um ihnen die Eingewöhnung in der neuen Schule zu erleichtern. Tutoren oder Paten sind Fachleute für die Sichtweisen, die Jugendliche voneinander und von der Schule haben, und können bei der Gestaltung dazu beitragen, die Bedürfnisse der Schüler optimal zu treffen.
Eltern. Die Eltern in die Kennenlernphase mit einzubeziehen bedeutet, auch sie in ihren Wünschen nach Sicherheit für sich selbst und für ihre Kinder wahrzunehmen und sie als Beteiligte im Prozess des Zusammenwachsens einer Klasse zu berücksichtigen. Dadurch gewinnen sie zudem Zuversicht, dass ihre Kinder in dieser Klasse in ihrer gesamten Persönlichkeit gesehen werden und in der Schule lebendiges Lernen stattfindet. Wichtig ist jedoch: Hauptakteure in der Kennenlernphase sind die Schüler und die Lehrer. Das Kennenlernen der Eltern untereinander und ihre aktivere Beteiligung an der Gestaltung des Schullebens erfolgt eher im Rahmen von Elterngesprächskreisen und Elternabenden (s. Kapitel 10).

3. Gegenseitiges Kennenlernen in der neuen Klasse

In den ersten Tagen in der neuen Klasse sollte der Schwerpunkt auf dem Kennenlernen der Schüler untereinander und auf dem Heimischwerden in der neuen Umgebung liegen. Diese Zeit gestaltet vor allem der Klassenlehrer, wobei weitere in der Klasse unterrichtende Lehrkräfte unterstützend mitwirken und fachspezifische Möglichkeiten einbringen (z. B. Kunst, Musik). Auf diese Weise erleben die Schüler die in der Klasse unterrichtenden Lehrkräfte als Gruppe.
Außer durch einfaches Vorstellen und das Aufstellen von Namensschildern kann das gegenseitige Kennenlernen auch spielerisch erfolgen. Sogenannte „Interaktionsspiele" sprechen die Kinder in ihrer gesamten Persönlichkeit an. Sie aktivieren gleichzeitig Körper, Verstand und Psyche – und das Lernen, insbesondere soziales Lernen, geschieht ganz nebenbei. Die Lehrperson kann dabei gleichzeitig Spielleiter und Mitspieler sein.
Hier einige geeignete Spiele:

Kennenlernen in der Gruppe ab Klasse 5

Ziel: Im Schutz der Gruppe können die Schüler den anderen Eigenschaften, Vorlieben usw. mitteilen.
Zeitbedarf: ca. 30 Minuten
Material: vorbereitete Karten mit Zuordnungskriterien wie: „Ich komme aus …", „Wir kennen uns schon aus der Grundschule", „Ich betreibe die Sportart …", „In den Ferien war ich in …", „Ich bin im … (Monat) geboren", „Ich habe … (Anzahl) Geschwister", „Aufstellen in der Reihenfolge des Anfangsbuchstabens des Vornamens/des Geburtsdatums"…
Durchführung: Die Schüler stehen locker im Raum verteilt. Nachdem der Klassenlehrer ein Zuordnungskriterium genannt hat, bilden die Schüler Gruppen mit gleichen „Eigenschaften". Einzelschüler stellen sich zum Lehrer. Die Schüler stellen fest, mit wem sie bezüglich dieses Merkmals Gemeinsamkeiten haben, zu wem Unterschiede bestehen. Es folgt ein kurzer Austausch (z. B. die einzelnen Gruppen stellen sich kurz vor). Das Nennen eines neuen Zuordnungskriteriums löst die Gruppen wieder auf.
Auswertung: Die Schüler erfahren schnell, wer mit wem Gemeinsamkeiten hat. Die Bedeutsamkeit der Zuordnungskriterien sollte wechseln, damit niemand sich verleitet fühlt, etwas preiszugeben, was er lieber für sich behalten hätte. Ebenso sollte darauf geachtet werden, vor allem solche Kriterien einzusetzen, die sozial unproblematisch sind. Die Gruppierungen sollten so

gewählt werden, dass möglichst alle Schüler miteinander Kontakt hatten. Das Gefühl „Ich habe mit jedem aus der Klasse eine Gemeinsamkeit" wirkt integrierend und beugt Ausgrenzungen vor.

„Ich interessiere mich für ..." ab Klasse 5

Ziel: Die Schüler teilen einzeln den Mitschülern Interessen, Hobbys ... mit.

Zeitbedarf: ca. 10 Minuten

Material: (Soft-)Ball

Durchführung: Alle sitzen im Stuhlkreis. Die Lehrperson hält einen (Soft-)Ball in der Hand und sagt: „Ich heiße ... und spiele gerne ... (z. B. Tennis)." Dann wirft sie den Ball einem Schüler zu. Dieser setzt die Reihe fort: „Ich heiße ... und mag gerne ... (z. B. Pferde)." Der Ball wird dem Nächsten zugeworfen usw. Nachfragen an den jeweiligen Sprecher sind möglich.

Auswertung: Mit diesem Spiel erfährt die Klasse nach und nach die Namen aller Mitschüler und dazu persönliche Vorlieben. Dadurch werden Namen besser behalten und mit Konnotationen versehen. Im Kreis wird dem einzelnen Mitspieler die volle Aufmerksamkeit zuteil. Jeder kann durch das Weitergeben des Balles selbst bestimmen, wie lange er im Blickpunkt der Gruppe bleiben will.

Ergänzung: Zum Abschluss werden im Kreis herum noch einmal alle Namen genannt. Ausgehend von sich selbst nennen dann alle die Namen ihrer Mitschüler: „Ich heiße ... und neben mir sitzen Klaus, Jana, Maike, Matthias, Florian ..."

Hinweis: Auch der Klassenlehrer lernt bei diesem Spiel sehr schnell die Namen seiner Schüler!

Autogrammjagd ab Klasse 5

Ziel: Die Schüler kommen in Bewegung und in Kontakt miteinander.

Zeitbedarf: ca. 5 Minuten

Material: Stift, Schreibblock

Durchführung: Die Lehrperson nennt den Auftrag: „Sammelt in zwei Minuten möglichst viele Autogramme." Die Schüler laufen im Klassenzimmer umher und lassen sich Autogramme der Mitschüler (und auch des Lehrers) geben. Anschließend wird ausgezählt und prämiert.

Auswertung: Auch verbal weniger gewandte Schüler können sich bei diesem Bewegungsspiel voll einsetzen und kommen mit vielen in Kontakt.

Variante: In 30 Sekunden so viele Hände schütteln wie möglich. Diese Variante fällt schüchternen oder gehemmten Schülern oft schwerer.

Stimmungsbild ab Klasse 5

Ziel: Die Schüler teilen sich in der Gruppe Befinden, Stimmungen, Selbsteinschätzungen usw. mit.

Zeitbedarf: ca. 10 Minuten

Vorbereitung: Die Lehrperson notiert sich Fragestellungen bzw. Aussagen zur Stimmung der Schüler wie: „In der neuen Schule fühle ich mich wohl", „Wie geht es mir gerade?", „Wie geht es mir mit … (z. B. Mathe)?", „Wie fühle ich mich bei … (z. B. Klassenarbeiten)?"

Durchführung: Die Lehrperson nennt eine Fragestellung/Aussage wie z. B. „In der neuen Schule fühle ich mich wohl". Eine Wand des Klassenzimmers stellt den Ja-Pol dar („Ich fühle mich wohl"), die gegenüberliegende Wand den Nein-Pol („Ich fühle mich nicht wohl"). Der Raum dazwischen gilt für die entsprechenden Abstufungen. Die Schüler stellen sich im Klassenzimmer entlang der gedachten Skala so auf, wie sie sich gerade fühlen, und können nun – auf freiwilliger Basis – kurz ihre Selbsteinschätzung erläutern. Eine Auswertung oder ein Sammeln von Veränderungsvorschlägen kann folgen.

Auswertung: Dieses Spiel ist allgemein als nonverbales Stimmungsbild einsetzbar. Die Schüler erfahren, dass Gefühle wichtig genommen werden, zeitlichen Veränderungen unterliegen bzw. auch etwas gezielt für Veränderungen getan werden kann. Sicher werden einige Schüler sich auch im Sinne sozialer Erwünschtheit positionieren. Wird das „Stimmungsbild" jedoch öfter eingesetzt und deutlich gemacht, dass Gefühle einen momentanen Zustand beschreiben, gewinnen die Schüler mehr Selbstvertrauen, um ihre Gefühle öffentlich zu machen.

4. Die Schule kennenlernen

Auf viele Schüler wirkt das neue Schulgebäude zunächst unüberschaubar und verwirrend. Eine Führung zu allen wichtigen Räumen ist notwendig, um den Kindern in der neuen Umgebung Sicherheit zu vermitteln. Außerdem sollten sie informiert werden über feste Zeiten, die Hausordnung, Rettungswege bei Feueralarm, Pausenverkauf, Schulwegsicherheit …

Zum Erkunden von Schulgebäude und Schulumgebung dienen

- eine Führung durch das Schulhaus,
- eine Schulhaus-Rallye,
- die Erkundung der Schulumgebung.

Literatur

BÖTTGER, GUDRUN/REICH, ANGELIKA: Soziale Kompetenz und Kreativität fördern. Berlin 1998

DIEPOLD, SIGA (Hrsg.): Die Fundgrube für Feste und Feiern. Berlin 2001

EVERETT, SHIRLEY/STEINDORF, LISA C.: Frieden lernen. Berlin 2004

GUDJONS, HERBERT: Spielbuch Interaktionserziehung. Bad Heilbrunn 1995

WALDEN, KERSTIN, u. a.: ALF – Allgemeine Lebenskompetenzen und Fertigkeiten. Programm für Schüler und Schülerinnen der 5. Klasse mit Informationen zu Nikotin und Alkohol. Baltmannsweiler 1998

Roland Zerpies

B Vom Ich zum Wir – ein langer Weg

Eine Schulklasse besteht in der Regel aus einer nicht freiwillig zusammengesetzten Anzahl von Individuen beiderlei Geschlechts, die innerhalb einer Altersstufe bestimmte Voraussetzungen mitbringen zum gemeinsamen Lernen, Arbeiten und Leben. Damit diese Voraussetzungen für die Weiterentwicklung des Einzelnen und die Entwicklung zu einer erfolgreichen Klassengemeinschaft genutzt werden, sollte die Klasse ihre eigene Gruppenentwicklung und ihre Kommunikation bewusst reflektieren. Hierfür bietet dieses Teilkapitel Anregungen und Übungen.

1. Die erfolgreiche Gruppe

Eine Klassengruppe, die sich erfolgreich entwickelt hat, weist nach Gene Stanford folgende Merkmale auf:

„1. Die Gruppenmitglieder verstehen und akzeptieren sich gegenseitig.
2. Die Kommunikation ist offen.
3. Die Mitglieder fühlen sich für ihr Lernen und Verhalten verantwortlich.
4. Die Mitglieder kooperieren miteinander.
5. Müssen Entscheidungen getroffen werden, gibt es festgelegte Verhaltensregeln.
6. Die Mitglieder sind fähig, sich offen mit Problemen auseinanderzusetzen und ihre Konflikte auf konstruktive Weise zu lösen."

(Stanford 1991, S. 13)

Damit eine Klasse zu einer erfolgreichen Gruppe reifen kann, sollte der Klassenlehrer Rahmenbedingungen für gruppendynamische Entwicklungsprozesse schaffen bzw. fördern, die das Entstehen einer Klassengemeinschaft begünstigen. Dabei muss berücksichtigt werden, dass dieser Gruppenprozess

a) auf zwei *Ebenen*, der Beziehungs- und der Sachebene, stattfindet und
b) in *Phasen* verläuft.

Eisberg-Modell

Gruppenprozesse werden durchschaubarer, wenn die Gruppe sich zunächst ihrer eigenen Strukturen bewusst wird und Sach- und Beziehungsebene des Gruppenprozesses erkennt. Das sog. Eisberg-Modell (nach Langmaack/Braune-Krickau 1989, S. 67) kann hierzu eine Hilfe sein.

Die *Sachebene (Was sehe ich?)* ist die sichtbare der beiden Ebenen. Hier stehen Fakten und Inhalte bzw. nachweisbare Ergebnisse im Vordergrund.

Die *Beziehungsebene* hingegen bleibt häufig unsichtbar unter der Oberfläche *(Was ist verborgen?)*. Sie beeinflusst aber die Sachebene in vielfältiger Form. Auf dieser Ebene haben die subjektiven Wahrnehmungen, Empfindungen, Vorstellungen und Erfahrungen ihren Platz.

Gruppenprozesse lassen sich in folgende *Phasen* einteilen:

1. Orientierung
2. Abklärung und Annäherung
3. Produktivität
4. Auflösung

Dieses Phasenmodell gilt sowohl für Klassen als auch für Gruppen innerhalb der Klasse. Die einzelnen Phasen sind von unterschiedlicher Dauer, sie verlaufen nicht linear, sondern spiralförmig und können sich zu verschiedenen Zeitpunkten wiederholen. (Vergleichbare Phasenmodelle werden von verschiedenen Autoren in unterschiedlicher Aufteilung und Begrifflichkeit vorgestellt, z. B. MITSCHKA 1997, S. 56 ff., STANFORD 1991, S. 14 ff.) Bezogen auf eine Schulklasse laufen die einzelnen Phasen folgendermaßen ab:

1. Orientierung: (Phase des Sammelns von einzelnen Standpunkten)
Wer sind die anderen? Wie sehen die anderen mich? Welche Leistungen muss ich erbringen? Diese Phase kann durch geeignete Kennenlernaktivitäten gefördert werden (s. Teil A dieses Kapitels).

2. Abklärung und Annäherung: (Phase des Erkennens und Einschätzens von Gemeinsamkeiten und Unterschieden, Spannungen und Widerständen)
Jeder versucht seinen Platz in der Gruppe zu finden. Soziale Rangordnungen bilden sich heraus. Diese Phase verläuft nicht konfliktfrei. Hierbei lernt die Klasse, Normen und Regeln für gemeinsames Leben und Lernen zu entwickeln und anzuerkennen.

3. Produktivität: (Phase des produktiven Ausnutzens des Gruppenpotenzials)
Stärken und Schwächen, Sympathien und Antipathien der einzelnen Schüler sind weitgehend bekannt, Kritik kann konstruktiv hervorgebracht und angenommen werden, die Fähigkeiten der Einzelnen können für die gemeinsame Arbeit effektiv genutzt werden.

4. Auflösung: (Phase des Auflösens emotionaler und sozialer Beziehungen)
Ist die Klasse zu einer sehr gut zusammenarbeitenden Gemeinschaft gereift, kann die bevorstehende Trennung durchaus schmerzlich sein. In dieser Phase sollte das Abschiednehmen bewusst thematisiert werden. Das kann in Form eines Schuljahresrückblicks geschehen, bei dem reflektiert wird: Was haben wir als Klasse gut gemacht? Was müssen wir in Zukunft besser machen? Was nehmen wir mit in neue Klassen oder ins zukünftige Berufsleben? Und jeder für sich: Was habe ich als Einzelner zum Entwicklungsprozess der Klasse beigetragen? Welche Lehren ziehe ich daraus? Auch mit Formen des positiven Feedbacks kann gemeinsam Erlebtes reflektiert und der Ablösungsprozess gefördert werden (z. B. „Koffer packen“, → S. 22).

2. Übungen zur Unterstützung der Gruppenentwicklung

Eisberg-Modell ab Klasse 5

Intention: Die Schüler lernen mithilfe einer Visualisierung Sach- und Beziehungsaspekte ihrer Klasse als Gruppe kennen.

Zeitbedarf: ca. 30 Minuten

Durchführung: Die Lehrperson präsentiert an der Tafel oder auf einer Folie die Umrisse eines Eisberges mit eingezeichneter Wasserlinie. „Stellt euch vor, unsere Klasse wäre ein Eisberg. Was ist sichtbar, was bleibt unsichtbar, was ist unter der Oberfläche vorhanden? Denkt dabei daran, wie wir hier zusammen leben und arbeiten.“ Die Aussagen der Schüler werden gesammelt und den beiden Ebenen zugeordnet. Die in der Abbildung auf Seite 15 genannten Begriffe können als weitere Hilfestellung hinzugezogen werden.

Auswertung: Bei der Auswertung der Ergebnisse können folgende Gedanken im Mittelpunkt stehen: Sach- und Beziehungsebene bedingen einander. Was passiert, wenn die Beziehungsebene in einer Klasse nicht beachtet wird? Wie wirken sich die gesammelten Aussagen auf die Entwicklung einer Klasse aus? Was muss eine Klasse tun, damit die Erkenntnisse für Gruppenprozesse genutzt werden können?

Was ist eine gute Klasse? ab Klasse 5

(nach Philipp 1992)

Intention: Jeder Schüler setzt sich mit seinen persönlichen Vorstellungen einer guten Klasse auseinander. Im gegenseitigen Austausch in den Gruppen werden unterschiedliche Auffassungen bewusst gemacht und differenzierte Sichtweisen herausgearbeitet. Bei der anschließenden Diskussion geht es um das Erstellen einer gemeinsamen Prioritätenliste, die durch Konsensbildung entstehen soll.

Zeitbedarf: ca. 90 Minuten (Aufteilung in 2 x 45 Minuten möglich)

Material: pro Schüler eine Kopie der Arbeitsanweisungen, ein Schnippelbogen mit 36 Karten, eine Schere; pro Kleingruppe Klebstoff, großer Bogen Papier

Durchführung: Es werden Gruppen gebildet, die nach den untenstehenden Arbeitsanweisungen und mithilfe des Schnippelbogens ihr „Bild von einer guten Klasse“ erarbeiten. (Hiernach kann die Übung unterbrochen werden.) Anschließend werden die Gruppenergebnisse unter Moderation der Lehrperson präsentiert und diskutiert.

Die weiterführende Frage „Wie weit ist unsere Klasse von den präsentierten Wunschvorstellungen entfernt?“ kann mit dem „Meinungsbarometer“ (→ S. 21) visualisiert werden.

Arbeitsanweisungen zur Übung: Was ist eine gute Klasse?

Jeder von euch erhält einen Schnippelbogen mit 36 Karten. Auf 30 dieser Karten steht jeweils eine Aussage, die ein Merkmal einer guten Klasse beschreibt. Zusätzlich gibt es sechs Leerkarten. Mithilfe dieses Materials sollt ihr euer Bild von einer guten Klasse entwerfen.

1. Lies erst einmal in Ruhe alle Aussagen für dich alleine durch. Wenn du noch eigene Ideen/Vorstellungen/Wünsche hast, kannst du diese auf den Leerkarten notieren. Bitte benutze dabei für jeden neuen Gedanken eine eigene Karte. Entscheide dich nun für fünf Karten, die deiner Meinung nach das Bild einer guten Klasse am besten verdeutlichen. Schneide diese Karten bitte aus.

Du hast für diesen Arbeitsschritt 15 Minuten Zeit.

2. Erklärt jetzt nacheinander eurer Gruppe, weshalb ihr euch gerade für diese Karten entschieden habt.

3. Einigt euch nun in der Gruppe auf acht der ausgeschnittenen Karten, die die Merkmale einer guten Klasse wiedergeben.

4. Klebt die ausgewählten Karten nun so auf den großen Papierbogen, dass deutlich wird, welche Karten euch am wichtigsten und welche weniger wichtig erscheinen. Verdeutlicht eure Einschätzungen durch die Gestaltung einer grafischen und/oder bildlichen Darstellung. Hier einige Beispiele:
   - Kettenkarussell (Was ist unsere Mitte? Was hält uns zusammen?)
   - Schaukel (Was müssen wir ausbalancieren? Wie kommen wir ins Gleichgewicht? Wie können wir es halten?)
   - Gebäude (Woraus besteht das Fundament?)

   Eure ausgewählten Karten, die keine Übereinstimmung in der Gruppe gefunden haben, werden am Rand aufgeklebt (z. B. als Ersatzbausteine).

5. Überlegt euch für die Präsentation vor der Klasse, wie ihr euer „Bild“ vorstellen wollt. Teilt den anderen kurz mit, weshalb ihr euch auf diese Karten und dieses Bild geeinigt habt. Gab es Probleme bei der Auswahl der Karten? Wenn ja, welche?

Für die Schritte 2 bis 5 habt ihr insgesamt 30 Minuten Zeit.

Schnippelbogen: Merkmale einer guten Klasse (1)		
In der Klasse macht das Lernen Spaß.	Ich fühle mich in dieser Klasse so wohl, dass ich Fehler zugeben kann.	Meine Vorschläge werden von der Klasse oft angenommen.
Jeder kann mit jedem in Kleingruppen zusammenarbeiten.	Wir würden nie jemanden verpetzen, wenn er etwas angestellt hat.	Jungen und Mädchen haben keine „Berührungsängste". Sie können nebeneinander sitzen und zusammenarbeiten.
Konflikte werden offen angesprochen.	Wir können uns Positives und Negatives sagen.	Entscheidungen werden von der ganzen Klasse getroffen.
Wir hören einander zu.	Zwischen Jungen und Mädchen gibt es gute Freundschaften.	Wenn neue Mitschüler in die Klasse kommen, werden sie schnell in die Klassengemeinschaft aufgenommen.
Jeder hat in dieser Klasse Aufgaben übernommen und verhält sich verantwortungsbewusst.	In dieser Klasse wird niemand ausgelacht.	Wir können sachlich miteinander diskutieren.
Wir helfen uns beim Lernen.	In unserer Klasse kann jeder offen seine Meinung sagen.	Wir verstehen uns alle gut.

Schnippelbogen: Merkmale einer guten Klasse (2)		
Wir halten zusammen.	Jeder fühlt sich für eine gute Klassengemeinschaft verantwortlich.	Ich habe nicht alle gleich gern, aber ich akzeptiere alle und komme mit ihnen aus.
Zu einer guten Klasse gehören auch die Lehrer dazu.	In unserer Klasse ist es möglich, zu kritisieren, ohne andere zu verletzen.	Unsere Klassensprecher vertreten die Angelegenheiten der Klasse gut.
Ich habe viele Freunde in der Klasse.	Bei Lernschwierigkeiten findet sich immer jemand, der dem anderen hilft.	Unsere Klasse hat guten Kontakt zu anderen Klassen.
Unsere Klasse engagiert sich auch bei schulischen Aktivitäten.	Ich möchte in keiner anderen Klasse sein.	In unserer Klasse gibt es keine Cliquenbildung.

Unsere Klasse – eine gute Klasse? ab Klasse 5

Material: Wandzeitung mit Barometerskala, Klebepunkte

> **Meinungsbarometer**
> Wie schätze ich unsere Klasse z. Zt. ein, wenn ich mein Wunschbild einer guten Klasse zugrunde lege?
> Unsere Klasse entspricht meinem Wunschbild
>
> 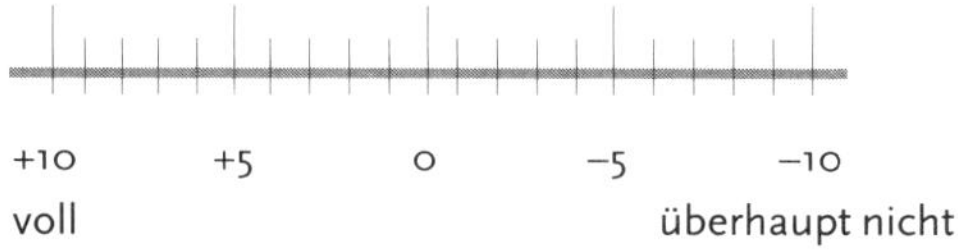
>

Durchführung: Jeder Schüler kann auf eine vorgefertigte Wandzeitung einen Punkt gemäß seiner Einschätzung kleben. Divergierend geklebte Punkte können ein Einstieg in ein Gespräch über Probleme in der Klasse sein. Wichtig ist dabei, dass kein Schüler den Platz seines Punktes rechtfertigen muss. Anschließend diskutieren die Schüler die Frage: Was müssen wir tun, um unserem Wunschbild möglichst nahe zu kommen? Nun können Vorschläge und Wünsche zur Verbesserung des Klassenklimas gesammelt werden (Regeln, Rituale, gemeinsame inner- und außerschulische Aktivitäten und Gespräche auf der metakommunikativen Ebene).

Hinweis: Heben Sie das Ergebnis auf und lassen Sie nach einigen Monaten ein neues Meinungsbarometer erstellen. Hat sich das Ergebnis verändert?

3. Übungen zum positiven Feedback

Positives gesagt zu bekommen tut jedem gut. Je mehr positive Rückmeldungen ein Schüler erhält, desto stärker wird sein Selbstwertgefühl. Die folgenden Beispiele eignen sich für das Kennenlernen und Abschiednehmen.

Ich schätze an dir ab Klasse 5

Intention: Wenn wir als Klassenlehrer eine Klasse übernehmen, die sich bereits kennt, können sich die Schüler durch diese Übung vorstellen. Wir lernen dabei die Schüler kennen, und die Klasse nimmt verstärkt positive Eigenschaften der Mitschüler in den Blick. Diese positive Wertschätzung unterstützt Lernprozesse.

Zeitbedarf: ca. 10 Minuten

Durchführung: Die Klasse sitzt im Stuhlkreis. Der Klassenlehrer bittet die Schüler, sich durch ein positives Feedback vorzustellen. Dazu soll jeder Schüler zum rechten Nachbarn eine Aussage formulieren. Hier ein Beispiel: „Neben mir sitzt Arne. Ich schätze an Arne seine Ruhe und dass ich mich immer auf ihn verlassen kann.“ Nun gibt Arne seinem rechten Nachbarn ein positives Feedback, zum Schluss die Lehrperson der ganzen Klasse: „Ich schätze an meiner Klasse …“

Hinweis: Diese Übung kann auch am Ende eines Schuljahres durchgeführt werden. Die positive Wertschätzung verweist zum Abschied noch einmal auf die Stärken jedes Einzelnen.

Koffer packen — ab Klasse 5

Intention: Die Übung dient der Besinnung auf Vergangenes und gemeinsam Erlebtes durch positives Feedback. Der „gepackte Koffer“ kann am Ende eines Schuljahres eingesetzt werden, er kann aber auch ein sinnvolles Abschiedsgeschenk in der Auflösungsphase einer Gruppe sein.

Zeitbedarf: ca. 30 Minuten

Material: pro Schüler ein auf ein farbiges DIN-A3-Blatt gezeichneter Kofferumriss, beschriftet mit dem jeweiligen Namen des Schülers

Durchführung: Die Klasse sitzt im Stuhlkreis, die vom Klassenlehrer vorbereiteten Kofferumrisse werden in die Mitte gelegt. Jeder Schüler schreibt nun möglichst jedem anderen Schüler etwas Positives in seinen Koffer hinein. Das kann etwas sein, was er an dem Mitschüler schätzt oder was er ihm wünscht. Es kann ein Dank sein oder eine Erinnerung an ein schönes gemeinsames Erlebnis. Anschließend bekommt jeder Schüler seinen „Koffer“.

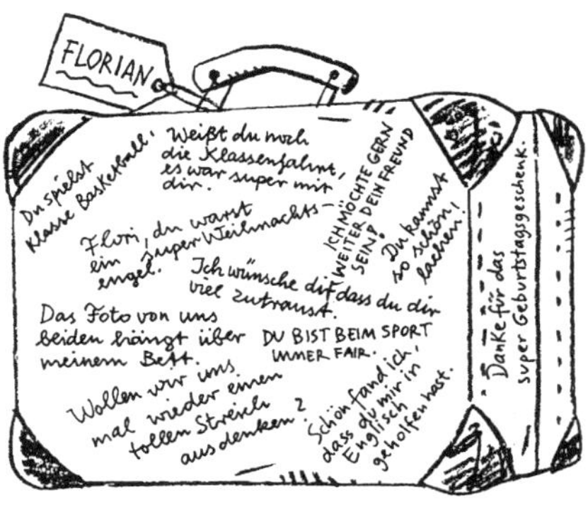

Hinweis: Achten Sie bitte darauf, dass jeder Schüler einen vollen Koffer bekommt und dass keine negativen Bemerkungen eingetragen werden.

4. Kommunikationshilfen für die Klasse

Nicht gegeneinander, sondern miteinander – dies ist eine wichtige Voraussetzung für eine erfolgreiche Kommunikation innerhalb der Klasse. Das Einüben und Einhalten von Kommunikationsregeln ist eine wesentliche Basis für arbeitsfähige Gruppen.
Eine Unterrichtseinheit zum Thema Kommunikation kann mit den folgenden Übungen beginnen. Sie verdeutlichen, wie Verständigung zu Missverständnissen führen kann und wie nonverbale Kommunikation stattfindet.

Auch Zeichensprache hilft nicht immer — ab Klasse 5

(vgl. v. MUTHESIUS, S. 212)

Intention: Über die Zeichensprache erkennen die Schüler, wie schnell unterschiedliche Deutungen zu Missverständnissen führen können.

Trifft ein Indianer einen Cowboy.
Sie haben keine gemeinsame Sprache, aber sie unterhalten sich.

Beginnt der Indianer so:  Antwortet der Cowboy so: 

Macht der Indianer so:  Macht der Cowboy so: 

Kopfschüttelnd trennen sich beide. Zu Hause angekommen, erzählen sie völlig verschiedene Geschichten. Der Cowboy: „Hab' ich doch heute einen komischen Indianer getroffen.

Kommt er so auf mich zu und sagt:  Ich erschieße dich.

Sag ich:  Ich erschieß dich zweimal. Sagt er: 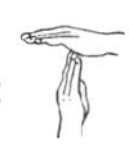 Time out.

Worauf ich ihm sage,  er soll sich verpissen."

Der Indianer hat auch eine Geschichte zu erzählen: „Hab' ich doch heute einen blöden Cowboy getroffen.

Ich frage ihn:  Wer bist du? Er antwortet:  Ziege.

Frag ich ihn:  Bergziege? Darauf er:  Wasserziege!"

Zeitbedarf: 15 Minuten
Material: Vorlage (→ S. 23.), ggf. zusätzlich als Folie
Durchführung: Zwei Schüler erhalten den Auftrag, die Bildgeschichte vorzuführen. Sie sollten Text und Zeichensprache so einüben, dass sie jeweils das Zeichen zeigen und gleichzeitig den Text dazu sprechen. Anschließend kann die Vorlage an die Wand projiziert werden.
Auswertung: Im Klassengespräch wird über die Schwierigkeiten in der verbalen und der nonverbalen Kommunikation gesprochen.

Haus – Baum – Hund – Unterschrift ab Klasse 5

Intention: Die Schüler nehmen die eigenen Gefühle beim Leiten und Geleitetwerden innerhalb eines Kommunikationsprozesses wahr und werden für körpersprachliche Signale sensibilisiert.
Zeitbedarf: ca. 15 Minuten
Material: für jeweils zwei Schüler ein DIN-A4-Blatt und ein Stift
Durchführung: Jeweils zwei Schüler sitzen sich am Tisch gegenüber. Die Lehrperson teilt für jedes Paar ein Blatt und einen Stift aus und bittet darum, nicht mehr miteinander zu sprechen und auch keine Fragen zu stellen. Der Arbeitsauftrag lautet: Malt bitte gemeinsam auf dieses Blatt ein Bild. Wie ihr den Stift zu zweit anfasst, bleibt euch überlassen. Ihr dürft dabei nicht reden! Malt zu zweit mit dem einen Stift ein Haus, einen Baum und einen Hund. Schreibt dann gemeinsam eure Vornamen darunter. Der gesamte Mal- und Schreibvorgang soll schweigend und mit diesem einen Stift durchgeführt werden.

Zur Sicherung werden die zu malenden Dinge *Haus – Baum – Hund – Unterschrift* noch einmal an die Tafel geschrieben.

Auswertung: Wie war die Ausführung dieser Aufgabe? Habe ich die Leitung übernommen oder habe ich mich leiten lassen?
Wie habe ich mich dabei gefühlt? Haben wir uns in der Leitung abgewechselt? Was ist mir schwergefallen, was ist mir leichtgefallen?

Schülerzeichnung

Drei-Minuten-Thema ab Klasse 5

Intention: Die Übung macht unterschiedliches Verhalten beim Zuhören und die damit verbundenen Auswirkungen auf den Sprecher deutlich.

Zeitbedarf: ca. 45 Minuten

Durchführung: Zunächst wird die Übung demonstriert. Bitten Sie dazu einen Schüler, sich auf ein kleines Experiment einzulassen. Dabei soll er Ihnen nach kurzer Vorbereitungszeit etwas über ein Thema seiner Wahl erzählen. Laden Sie die Klasse ein, Beobachter zu sein.
Während der Schüler erzählt, zeigen Sie sich zunächst als guter Zuhörer. Nach einiger Zeit verändern Sie Ihr Verhalten. Sie erweisen sich jetzt als schlechter Zuhörer. Aber beachten Sie dabei, wie viele negative Verhaltensweisen Ihrerseits für den Schüler noch aushaltbar sind.

Zwischenauswertung: Fragen Sie den Schüler anschließend nach seinen Empfindungen und Wahrnehmungen. Die beobachtende Klasse ergänzt die Ausführungen. Gemeinsam mit der Klasse können die Beobachtungen dann in *Regeln für gutes Zuhören* umgesetzt werden.
Im Anschluss an diese Demonstration werden Gruppen von je drei Schülern gebildet (Sprecher A, Zuhörer B, Beobachter C). A und B führen die Übung entsprechend der Demonstration durch. C gibt keinen Kommentar, beobachtet nur, macht sich Notizen über das, was er wahrnimmt, und achtet auf die Zeit.

Gutes Zuhören

- Ich zeige dem Sprecher durch Gestik und Mimik, dass ich ihm zuhöre (dem Sprecher zugewandte Sitzposition, freundlicher Gesichtsausdruck, Unterstützung durch Nicken oder „Hm-Laute").
- Ich lasse den Sprecher ausreden und spreche nicht in Pausen hinein.
- Ich halte eigene Gedanken zurück.
- Ich halte „Stille" aus.

Schlechtes Zuhören

- Ich zeige Desinteresse (zeitweises Abwenden des Blickes, gelangweilter Gesichtsausdruck, auf die Uhr schauen, mit anderen Dingen beschäftigen).
- Ich benutze Sprechpausen, um mich einzumischen („Kannst du das noch mal wiederholen?"), reiße das Gespräch an mich („Das habe ich auch mal erlebt") ...

Auswertung in den Gruppen: A sagt zuerst, wie es ihm ergangen ist. Wie hat er B als Zuhörer empfunden? War das Verhalten von B eine Hilfe oder war es eher hinderlich bei der Formulierung von Gedanken? Dann sagt B, inwieweit es ihm gelungen ist, gut zuzuhören. Was war für ihn leicht, was war schwierig? Anschließend erläutert C seine Beobachtungen.
Dann findet ein Rollentausch statt, sodass jeder Schüler einmal die Rolle von A, B und C einnimmt. Im Klassengespräch können noch einmal besondere Probleme des guten Zuhörens benannt werden.

Bildkartenauswahl ab Klasse 5

Intention: Diese Aufgabe übt das Zuhören. In der Rolle des Sprechers erfahren die Schüler durch die „Spiegelung" ihrer Äußerungen, ob sie richtig verstanden wurden. Ist dies nicht der Fall, können sie ihre Aussage mit anderen Worten wiederholen. In der Rolle des Zuhörers erleben sie, dass sie sich für das „Spiegeln" ganz auf den Sprecher konzentrieren und eigene Gedanken und Gefühle, die ihnen zum Gesagten durch den Kopf gehen, zurückstellen müssen. Zusätzlich werden die Schüler durch Bilder von Kindern und Jugendlichen unterschiedlicher Nationalität sensibilisiert für die eigenen Bilder im Kopf. Sie erkennen, dass das Sprechen über Menschen auch immer etwas mit Sympathien und Antipathien zu tun hat.
Zeitbedarf: ca. 20 Minuten
Material: ca. 50 Bilder bzw. Postkarten mit Kindern oder Jugendlichen unterschiedlicher Nationalität

Durchführung: Die Bilder werden auf einem Tisch ausgelegt oder kreisförmig auf dem Fußboden ausgebreitet, sodass alle Schüler sie gut sehen können. Der Arbeitsauftrag für jeden Einzelnen lautet: „Seht euch in Ruhe alle Karten an. Entscheidet euch für ein Bild mit einer Person, mit der ihr gerne befreundet wäret. Entscheidet euch auch für eine oder zwei Ersatzkarten." Die Karten werden erst dann aufgenommen, wenn die Lehrperson dazu auffordert.
Nun setzen sich die Schüler zu dritt zusammen und stellen sich gegenseitig ihre Karten vor. Sie haben dabei reihum die Rolle des Sprechers, des Zuhörers und des Beobachters. Jeder Sprecher hat jeweils eine Minute Zeit, seine Karte ohne Unterbrechung vorzustellen. Der Zuhörer wiederholt mit eigenen Worten, was er gehört hat. Erst wenn der Sprecher sich richtig verstanden fühlt, spricht er weiter. Der Beobachter achtet auf die Einhaltung der Zeitvorgabe und gibt Rückmeldung über Beobachtungen, die ihm während der Übung aufgefallen sind. Anschließend wechseln die Schüler die Rollen.
Auswertung: Erfahrungsgemäß fällt es vielen Schülern schwer, dem Sprecher so konzentriert zuzuhören, dass die eigenen Gefühle, Gedanken erst einmal außer Acht gelassen werden. Nach der Gruppenarbeit sollte genügend Zeit sein für eine Reflexion dieser Übung im Plenum.

Eine Nachricht: 4-mal gesendet – 4-mal empfangen ab Klasse 8

Intention: Das Kommunikationsmodell von FRIEDEMANN SCHULZ VON THUN (1981), das dieser Übung zugrunde liegt, macht Gesprächsstrukturen durchschaubarer und kann dazu beitragen, den Kommunikationsprozess zwischen Schülern und auch den zwischen Schülern und Lehrern bewusster zu machen und zu verbessern.
Zeitbedarf: mindestens 45 Minuten
Material: pro Schüler eine Kopie des Arbeitsblattes, das aus einem Informationstext und zwei Übungen besteht (→ S. 28–30)
Durchführung: Die Schüler bilden Gruppen und lesen das Arbeitsblatt zunächst einzeln durch. Dann bearbeiten sie die Übungen in der Gruppe. Anschließend werden die Ergebnisse verglichen, Unterschiede festgestellt und Begründungszusammenhänge diskutiert.

Arbeitsblatt: Eine Nachricht: 4-mal gesendet – 4-mal empfangen

Situation: Judith kommt fünf Minuten vor Unterrichtsbeginn abgehetzt in die Klasse. Sie hat keine Mathe-Hausaufgaben gemacht. Ihre Freundin Lena sitzt bereits am Tisch und packt gerade ihre Mathe-Sachen für die erste Stunde aus. Judith sagt zu Lena: „Du hast doch Mathe gemacht." Daraufhin legt Lena ihr Mathe-Heft auf Judiths Platz.

Die vorgestellte Situation kommt euch sicher bekannt vor. Judith will Lena mit ihrer Aussage bitten, ihr die Hausaufgaben zum Abschreiben zu geben. Sie spricht dies aber nicht direkt an. Trotzdem wird sie von Lena verstanden. Warum?
Eine Mitteilung wird durch einen *Sender* an einen *Empfänger* übermittelt. Der Kommunikationswissenschaftler FRIEDEMANN SCHULZ VON THUN beschreibt diese Mitteilung als eine Nachricht mit vier Seiten:

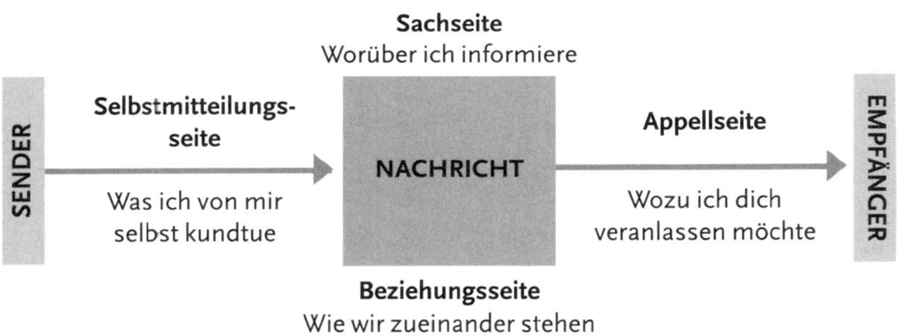

Auf unsere Situation bezogen bedeutet das Folgendes: Judith, die Senderin, teilt ihre Nachricht „Du hast doch Mathe gemacht" vierfach mit:
Sachseite: Ich gehe davon aus, dass Lena Mathe gemacht hat.
Selbstmitteilungsseite: Ich habe die Hausaufgaben nicht gemacht.
Beziehungsseite: Lena ist meine Freundin, auf die kann ich mich verlassen.
Appellseite: Bitte, gib mir die Aufgaben zum Abschreiben.
Wenn eine Nachricht vierfach gesendet wird, so wird sie auch vom Empfänger – in unserem Fall Lena – vierfach gehört:

Sachohr
Was ist die Sachinformation?

Selbstmitteilungsohr
Was teilt mir der Sender über sich selbst mit?

Appellohr
Was soll ich tun, denken, fühlen?

Beziehungsohr
Wie sieht der Sender unsere Beziehung?

Lena kann die Nachricht „Du hast doch Mathe gemacht“ folgendermaßen hören:
Sachohr: Ja, ich habe Mathe gemacht.
Selbstmitteilungsohr: Sie ist wieder ohne Hausaufgaben.
Beziehungsohr: Ich bin ihre Freundin, sie verlässt sich auf mich.
Appellohr: Ich soll ihr meine Hausaufgaben geben.

Ihr könnt feststellen, dass für Judith die *Appellseite* der Nachricht besonders wichtig ist. Diese Seite wird von Lena herausgehört, sie reagiert auf dem „Appellohr“, indem sie Judith ihr Heft hinlegt.

Mit welchem Ohr ein Empfänger eine Nachricht *am deutlichsten* hört, hängt sehr stark von der Beziehung zwischen den Kommunikationspartnern und den mitgesendeten nonverbalen Signalen (Gestik, Mimik, Körperhaltung usw.) ab. Lena hätte ja auch anders reagieren können. Was wäre passiert, wenn sie aus Judiths Nachricht nicht den Appell herausgehört hätte, sondern nur auf dem Sachohr gehört und zur Antwort gegeben hätte: „Ja, stimmt, ich habe Mathe gemacht.“ Wie hätte Judith nun wohl reagiert? Was hätte sie aus Lenas Antwort herausgehört?
In unserer Alltagssprache wimmelt es von *versteckten Botschaften*. Wir sprechen das, was wir mitteilen wollen, oft nicht direkt aus. Der Empfänger unserer Nachricht soll die Botschaft heraushören und unseren Vorstellungen entsprechend reagieren. Tut er es nicht, ist die Kommunikation gestört, wir sind irritiert und reagieren anders, als wir ursprünglich wollten.
Als Empfänger einer Nachricht wissen wir besser, was der Sender uns mitteilen will, wenn wir versuchen, die vier Seiten, die eine Nachricht enthält, zu entschlüsseln. Immer sind alle vier Seiten beteiligt. Es kommt aber darauf an, welche Seite der Sender und der Empfänger jeweils in den *Vordergrund* stellen. Der Sender hat keinen Einfluss darauf, auf welcher Seite seine Nachricht beim anderen am stärksten ankommt, denn das wiederum kann bei jedem Menschen und in jeder Beziehung unterschiedlich sein.

Was ist hiervon für uns beim Miteinanderreden wichtig?
Als Sender einer Nachricht sollte ich darauf achten, dass ich die Seite der Nachricht, die ich wirklich meine, sprachlich zum Ausdruck bringe. Ich sage klar und ohne zu verletzen, was ich möchte und/oder empfinde.
Der Empfänger einer Nachricht sollte versuchen möglichst alle vier Seiten der Nachricht herauszuhören. Erst dann kann er die für den Sender wichtige Seite erkennen.
Wenn wir *klare* Botschaften senden und empfangen, können Kränkungen und Streit, die auf Missverständnissen beruhen, vermieden werden.

Die beiden folgenden Übungen helfen euch, die vier Seiten einer Nachricht besser zu erkennen.

Situation 1: Die Klasse schreibt im Englischunterricht in Partnerarbeit einen Dialog. Daniel und Sven arbeiten zusammen. Sven macht mehrere Vorschläge, wie Personen und Handlung für den Dialog ausgestaltet werden können. Daniel malt unentwegt Männchen in sein Heft. Nach einer Weile sagt Sven zu Daniel: „Wir haben noch zehn Minuten Zeit."

Was teilt Sven Daniel mit?

Sachseite: ______________________________

Selbstmitteilungsseite: ______________________________

Beziehungsseite: ______________________________

Appellseite: ______________________________

Was kann Daniel heraushören?

Sachohr: ______________________________

Selbstmitteilungsohr: ______________________________

Beziehungsohr: ______________________________

Appellohr: ______________________________

Situation 2: Du sagst in der Pause zu deinem Lehrer/deiner Lehrerin: „Bei Ihnen macht der Unterricht Spaß!"

Was teilst du deinem Lehrer/deiner Lehrerin mit?

Sachseite: ______________________________

Selbstmitteilungsseite: ______________________________

Beziehungsseite: ______________________________

Appellseite: ______________________________

Was kann dein Lehrer/deine Lehrerin heraushören?

Sachohr: ______________________________

Selbstmitteilungsohr: ______________________________

Beziehungsohr: ______________________________

Appellohr: ______________________________

Literatur

BECKER, GEORG E.: Bildungsstandards. Weinheim 2004

BÖTTGER, GUDRUN/REICH, ANGELIKA: Soziale Kompetenz und Kreativität fördern. Berlin 1998

COHN, RUTH C.: Von der Psychoanalyse zur themenzentrierten Interaktion. Stuttgart 1997 (zuerst 1975)

FRITZ, JÜRGEN: Methoden des sozialen Lernens. München 1981

GUDJONS, HERBERT: Spielbuch Interaktionserziehung. Bad Heilbrunn 1995

DERS.: Didaktik zum Anfassen. Bad Heilbrunn 1997

KLIPPERT, HEINZ: Kommunikations-Training. Weinheim 1998

DERS.: Teamentwicklung im Klassenraum. Weinheim 1998

LANGMAACK, BARBARA/BRAUNE-KRICKAU, MICHAEL: Wie die Gruppe laufen lernt. München 1989

MARTIN, LOTHAR: Klassenlehrer- und Tutor/innen. Bad Heilbrunn 1996

MILLER, REINHOLD: Beziehungsdidaktik. Weinheim 1997

DERS.: Lehrer lernen. Weinheim 1995

MITSCHKA, RUTH: Die Klasse als Team. Linz 1997

V. MUTHESIUS, DOROTHEA: Wenn Menschen sich (nicht) verstehen. In: PÄD Forum 3/1996

PHILIPP, ELMAR: Gute Schule verwirklichen. Weinheim 1992

SCHULZ VON THUN, FRIEDEMANN: Miteinander reden 1. Reinbek 1981

STANFORD, GENE: Gruppenentwicklung im Klassenraum und anderswo. Aachen 1991

WEIDNER, MARGIT: Kooperatives Lernen im Unterricht. Seelze 2003

Siga Diepold

C Rechte und Pflichten der Klasse

Soll das Zusammenleben im Schulalltag gelingen, muss jede Klasse Beiträge zum Schulleben leisten. Dazu gehört, dass Schüler die Aufgaben des *Klassensprechers* wahrnehmen und im *Klassen-* und *Schülerrat* mitarbeiten, dass die Lerngruppe ihren Raum gestaltet und die zu einem geordneten und funktionierenden Zusammenleben wichtigen *Dienste* und *Verantwortungen* übernimmt.

Diese Aufgaben stellen dabei nicht nur Pflichten dar, sie eröffnen den Schülern wichtige Mitwirkungsrechte und Erfahrungsmöglichkeiten bei der Ge-

staltung des Zusammenlebens. Sollen diese Aufgaben nicht zur lästigen Routinepflicht werden, fällt dem Klassenlehrer hierbei die zentrale Aufgabe einer kontinuierlichen Motivierung und Anleitung der Schüler zu.
Auf die nötige Sauberkeit und Ordnung im Klassenraum zu achten, darauf einzuwirken, dass die Ausstattung gepflegt wird und der Lernraum freundlich gestaltet bleibt, mag Lehrkräften, die eher auf Wissensvermittlung ausgerichtetet sind, als lästiger und überflüssiger Kleinkram oder gar als Ordnungsfanatismus erscheinen. Zwar können – wie LOTHAR MARTIN in seiner Untersuchung über Klassenlehrer und Tutoren einräumt – „Pünktlichkeit, Ordnung, Sauberkeit und die Übernahme von Verpflichtungen ... auch zu sog. Sekundärtugenden verkommen ...“, dennoch haben sie „... im Ganzen der Erziehung und Selbsterziehung zu Kompetenz, Autonomie und Verantwortung einen wichtigen Platz ...“ (MARTIN 1996, S. 157). Untersuchungen zu den Hintergründen von wachsender Schulunlust und Vandalismus zeigen, dass das Verhalten und die Einstellungen von Schülern maßgeblich von diesen nur scheinbaren Äußerlichkeiten beeinflusst werden (vgl. KLOCKHAUS/HABERMANN-MORBEY 1986). „Die Gestaltung eines Arbeitsraumes kann nicht nur das Wohlbefinden der darin Arbeitenden befördern, sondern ist auch ein Ausdruck von Wertschätzung oder Geringschätzung der darin Tätigen – mit allen Folgen für Einstellung und Verhalten.“ (MARTIN 1996, S. 157)

1. Aufgaben und Wahl des Klassensprechers

Klassensprecher erfüllen wichtige Aufgaben in der Klassengemeinschaft.

- Zusammen mit ihren Stellvertretern setzen sie sich für die Rechte und Interessen ihrer Mitschüler gegenüber den Lehrern und gegebenenfalls der Schulleitung ein.
- Sie sind Vermittler bei Konflikten der Schüler untereinander.
- Klassenlehrer unterstützen sie bei der Organisation und Kontrolle der Dienste und Verantwortungsbereiche der Klasse.
- In Zusammenarbeit mit ihren Stellvertretern und anderen Schülern der Klasse sollten sie Gemeinschaftsaktivitäten initiieren und organisieren.
- Darüber hinaus vertreten Klassensprecher und Stellvertreter die Klasse und Schülerbelange im *Schülerrat*. Dieses Gremium wählt Schülervertreter für die Fachkonferenzen und die Teilkonferenzen.

Damit wird deutlich, dass die Klassensprecherarbeit ein wichtiger Grundpfeiler der schulischen Mitwirkungsmöglichkeiten und die Basis für weiter-

gehende Mitwirkung im Rahmen der Schülervertretung ist, die in allen Bundesländern gesetzlich verankert sind. Verantwortliche Mitwirkung – egal auf welcher Ebene – setzt jedoch besonders in schwierigen Beratungspunkten Kenntnis und Beachtung schulrechtlicher Vorschriften voraus. Von den jeweiligen Kultusministerien zusammengestellte Handbücher zur Schulmitwirkung mit den wichtigsten Rechts- und Verwaltungsvorschriften erleichtern dem Klassenlehrer die notwendige eigene Orientierung und können als Grundlage für die Information der Schüler herangezogen werden.
Wenn zu Beginn eines jeden Schuljahres die obligatorischen Klassensprecherwahlen anstehen, sollte der Klassenlehrer sicherstellen, dass alle Schüler über Aufgaben, Rechte und Pflichten des Klassensprecheramtes ausreichend informiert sind und die daraus erwachsenden Wahlkriterien bedenken. Nur so lässt sich vermeiden, dass nach Beliebtheit oder Geschlechtspräferenz gewählt wird.

Vorgehen bei der Klassensprecherwahl

Berücksichtigt man diese Überlegungen, ergeben sich folgende Schritte:
Vorbereitung der Wahl: Die Klasse stellt im Unterrichtsgespräch oder als Hausaufgabe die wichtigsten Aufgaben und Anforderungen des Klassensprecheramtes zusammen (z. B. selbstbewusstes Auftreten, Diskussions- und Verhandlungsgeschick, Durchsetzungsfähigkeit, Bereitschaft und Fähigkeit, die Interessen der Gesamtklasse zu vertreten).

Durchführung der Wahl:

- Bildung des Wahlausschusses: Zwei Schüler, die selbst nicht kandidieren wollen, leiten die Wahl oder (in unteren Klassen) helfen der Lehrperson beim Einsammeln der Wahlzettel und beim Auszählen der Stimmen.
- Auflisten der Kandidatenvorschläge: Vorschläge werden an der Tafel notiert. Dann wird die Zustimmung der vorgeschlagenen Schüler erfragt.
- Vorstellung der Kandidaten: Die Kandidaten stellen ihre Ziele kurz vor.
- Wahl des Klassensprechers: Vorbereitete Leerzettel erleichtern die Wahl und verhindern, dass Minizettel die Auswertung der Ergebnisse unnötig erschweren. Überprüft wird auch, ob die Anzahl der abgegebenen Stimmen mit der Zahl der Stimmberechtigten übereinstimmt.
- Wahl des stellvertretenden Klassensprechers: Oft sind Schüler zur Kandidatur für das Stellvertreteramt eher bereit als zu der für das eigentliche Sprecheramt. Daher und aus formaljuristischen Gründen ist im Regelfall ein zweiter Wahlgang in den Wahlordnungen vorgesehen. Lassen die entsprechenden Rahmenwahlordnungen dies offen und stimmt die

Lerngruppe zu, ist auch die Wahl von Sprecher und Stellvertreter in einem Wahlgang möglich. In diesem Fall wird der Schüler mit den zweitmeisten Stimmen Stellvertreter.

2. Schüler übernehmen Dienste und Verantwortung

In jeder Klasse gibt es weitere Dienste, die die Schüler im Wechsel verantwortlich übernehmen. Während das *Klassenbuch* über einen längeren Zeitraum von einem sehr verlässlichen Schüler und Stellvertreter geführt werden sollte, können *Tafeldienst* (Tafel nach jeder Stunde reinigen, Kreide bereitstellen) und *Ordnungsdienst* (kehren, aufräumen, Papier unter den Bänken entfernen, Stühle hochstellen, Fenster schließen, Licht ausschalten) wöchentlich eingerichtet werden. Die den Klassen an vielen Schulen zugeteilten *Hofdienste* fallen meist nur in größeren Zeitabständen für die Dauer einer Woche an. Je nach Ausstattung des Klassenraumes lassen sich weitere Dienste einführen, damit die jeweiligen Einrichtungen gepflegt werden und die Schüler lernen, verantwortlich mit ihnen umzugehen: *Bücherdienst* (Ausleihe und Ordnung der Klassenbücherei), *Schrankdienst*, *Gerätedienst* (Betreuung, Transport von Tageslichtprojektoren etc.), *Pflanzenbetreuung* (besonders wichtig: Mitnahme oder Sammelbetreuung während der Ferien). Für alle Dienste gilt, dass sie Klassenlehrer darin fordern, die Schüler zu verantwortungsvollem Wahrnehmen ihrer Pflichten anzuhalten, was ohne regelmäßige Anleitung und Kontrolle nicht erfolgreich zu leisten ist.

3. Der Klassenrat

Eine besonders im Grundschulbereich und in der Freinet-Pädagogik erprobte Methode zur Lösung von Problemen einzelner Schüler, der Klasse oder zwischen Lehrer und Klasse stellt der Klassenrat dar (vgl. FRIEDRICH/KLEINERT 1997, S. 30 f.). Er soll als „Forum für Kommunikation und Organisation innerhalb einer Klasse" (POST-LANGE 1998, S. 52) dazu beitragen, partnerschaftliches und demokratisches Verhalten einzuüben.
Wird die Methode des Klassenrats zur Beratung von anstehenden Problemen oder Konflikten eingesetzt, ist es wichtig, dass die Klassenratssitzungen möglichst regelmäßig stattfinden (z. B. einmal wöchentlich 20–30 Minuten). Eine solche Klassenratssitzung kann folgendermaßen strukturiert sein:

1. Vortragen des Problems oder Konflikts
2. Einholen des Einverständnisses der betroffenen Teilnehmer
3. Klären des Problemumfeldes: Beteiligte, Ursachen, evtl. Rückfragen
4. Sammeln von Lösungsangeboten zum Problem
5. Vorschläge auf ihre Durchführbarkeit hin prüfen
6. Entscheidung der Betroffenen für eine akzeptable Lösung
7. Treffen von Vereinbarungen, die in einem Protokoll festgehalten werden (sie sind später zu überprüfen und evtl. zu revidieren)

Wichtige Voraussetzungen zum guten Gelingen des Klassenrats, die in unteren Klassen zunächst erarbeitet werden müssen, sind das gegenseitige *Vertrauen* aller Beteiligten, *Disziplin* in der Klasse und feste *Gesprächsregeln* (z. B. zuhören, ausreden lassen, sich melden, auf andere Beiträge eingehen, Thesen begründen, Wiederholungen vermeiden, → S. 25 f.).

4. Die Klasse gestaltet ihren Raum

Die Ausgestaltung des Klassenraums ist den meisten Klassenlehrern der unteren Klassen oft noch ein zentrales Anliegen. In oberen Klassen (besonders des Gymnasiums) geht dieses Interesse jedoch – vermutlich wegen der Priorität fachlichen Lernens – deutlich zurück (vgl. MARTIN 1996, S. 158). Allerdings fordern vielerorts gerade die seit den 1970er-Jahren in moderner „Betonsilo“-Architektur errichteten Gymnasien und Gesamtschulen dazu heraus, diese oft abweisende Architektur durch eigene Raumgestaltungen zu korrigieren.

Wandbilder

Dies gelingt trotz besten Willens nicht immer mit überzeugendem Erfolg. Werden Klassenwände z. B. in übereifriger „Totalverschönerung“ völlig zugemalt, ist oft das Gegenteil dessen erreicht, was angestrebt wurde, und auch die Nutzbarkeit der Räume wird dadurch beeinträchtigt. Ein solches visuelles Chaos lässt sich vermeiden durch gemeinsames umsichtiges Planen, Vermittlung ästhetischer Anregungen und intensive Unterstützung der Schüler bei der Ausführung. Dabei sollte auf die umgebende Architektur und die Raum- und Wandfunktion ebenso geachtet werden (z. B. Freihalten einer Projektionsfläche für den Tageslichtprojektor) wie auf die Lichtverhältnisse und die entstehende Gesamtwirkung.

Sofern Klassenlehrer keine Kunsterzieher sind, empfiehlt es sich, bei der Gestaltung des Klassenraums mit dem Kunstlehrer der Klasse zusammenzuarbeiten oder zumindest die Fachliteratur zurate zu ziehen. Gute Anregungen für die Wandbildgestaltung vermittelt ein Artikel zur „Wandmalerei in der Schule“ von Heinrich Dreidoppel (1985, S. 12 ff.).

Weitere Verschönerungsideen

Neben der aufwändigen, aber wirkungsvollen Klassenraumgestaltung durch Wandbilder gibt es auch schneller zu realisierende Verschönerungsmöglichkeiten:

- Pflanzen (z. B. von Eltern geschenkt) bereichern karge Fensterbänke.
- Farblose Räume ohne Vorhänge können ebenfalls mit Elternhilfe durch ansprechende Stoffe und farbige Anstriche erheblich wohnlicher hergerichtet werden.
- Gekaufte oder selbst gestaltete Poster, Plakate, Fotos, Bilder, Collagen (zu vorher gemeinsam festgelegten Motiven wie Tiere, Sportler) sowie Bastelarbeiten verschönern die Klasse. Besitzt die Schule ein Fotolabor oder Möglichkeiten zur Bildbearbeitung am Computer, können die Schüler ihre Fotos hierfür selbst vergrößern (z. B. Bilder von gemeinsamen Klassenunternehmungen wie Wanderungen, Klassenfahrten, Museumsbesuchen, Exkursionen).
- Wichtige Klassenbelange (z. B. Übersichten über die Klassendienste, Stundenplan, gemeinsam erarbeitete Regeln zum Verhalten in der Klassengemeinschaft, Klassenbücherei) lassen sich in die Raumgestaltung integrieren oder können zum Ausgangspunkt der Klassenraumgestaltung werden.
- Vor allem neue Klassen müssen sich schnell kennenlernen. Fotos der Klasse oder Plakatkartons mit Fotos, Malereien und Informationen zur Person – an die Wand oder eine aufgespannte Leine gehängt – dienen diesem Zweck.
- Schulische Projekte (z. B. Projekttage, Wettbewerbe, Kurzprojekte der einzelnen Fächer, Theater- oder Musikaufführungen) führen vielfach zu Ergebnissen, die den Klassenraum auch längerfristig dekorieren können. Plakate, Collagen, informative Wandzeitungen zu Projektthemen fast aller Fächer wirken dann sogar über die Projekttage hinaus nicht nur verschönernd, sondern lassen sich auch in den Unterricht einbeziehen.
- Plakate, Veranstaltungshinweise örtlicher Einrichtungen (z. B. Theater, Kinos, Museen) aktualisieren die Dekoration und können zugleich als

Unterrichtsmedium dienen (Vor-/Nachbesprechung eines Veranstaltungsbesuchs, Veranschaulichung eines Unterrichtsthemas).

Weitere Ausstattung

Sind für die Anbringung von *Bildern* keine Leisten vorhanden und sind Reißzwecken nicht erlaubt oder halten sie nicht, dann helfen *Plakatkartons* als Befestigungs- und Stabilisierungsgrundlage. Sie lassen sich besonders leicht mit im Fachhandel erhältlichen „Powerstrips" anbringen und ohne Spuren zu hinterlassen wieder entfernen.
Mit Spanholz oder Korkmaterialien kann man *Wandbretter* oder *Leisten* einrichten, an denen ansprechend beschriftete und gestaltete Anschläge befestigt werden.
Zur Unterstützung offener Unterrichtsformen ist es wichtig, dass zusätzliche *Schränke* und *Regale* bereitgestellt werden, in denen Materialschuber, Lexika, Unterrichts- und Privatbücher untergebracht werden können. Bei geschickter Platzierung und ansprechender Bemalung können diese dazu beitragen, den Klassenraum zweckmäßig zu verschönern.
Bei entsprechender Information und Einbeziehung sind viele Eltern gerne bereit, die Raumverschönerung tatkräftig zu unterstützen, indem sie Materialien bereitstellen, beim Streichen helfen oder Gestaltungselemente sachgerecht anbringen.

Literatur

DREIDOPPEL, HEINRICH: Wandmalerei in der Schule. In: Kunst + Unterricht. 91/1985

FRIEDRICH, ANNEROSE/KLEINERT, IRMHILD: Der Klassenrat. In: Praxis Schule 5–10, 5/1997

HENKEL, H.: Leseinitiativen in der Schule. In: LANDESINSTITUT FÜR SCHULE UND WEITERBILDUNG (Hrsg.): Lesen in der Sekundarstufe I. Moderatoren-Materialien Lehrerfortbildung in NRW. Hamm 1993

JANSA, AXEL: Ratgeber Wandmalerei. In: Kunst + Unterricht. 91/1985

KLOCKHAUS, RUTH/HABERMANN-MORBEY, BRIGITTE: Psychologie des Schulvandalismus. Göttingen 1986

MARTIN, LOTHAR: Klassenlehrer- und Tutor/innen. Bad Heilbrunn 1996

POST-LANGE, EVA-MARIA: Soziales und kommunikatives Handeln im Klassenzimmer. In: Lernchancen 2/1998

Jürgen Marx

2 Klassenfeste feiern

Mit den Schülern Klassenfeste zu gestalten wird neben der Durchführung von Wandertagen als zweithäufigste außerunterrichtliche Aktivität von Klassenlehrern genannt und auch von Schülern und Eltern als wichtige Aufgabe angesehen (vgl. MARTIN 1996, S. 183 f.). Auch die pädagogische Theorie knüpft hohe Erwartungen an die erzieherischen Wirkungen dieser außerunterrichtlichen Aktivitäten (z. B. mehr Motivation, Erfahren der Bedeutung des Gelernten, vgl. MARTIN 1996, S. 183). Lehrer selbst erwähnen in Befragungen als besondere Gründe, die den zusätzlichen Arbeitsaufwand rechtfertigen, das „bessere Kennenlernen“, die „Förderung der Vertrauensbeziehung zur Klasse“, die „entkrampfte Zusammenarbeit“, „die Integration von Einzelgruppen“. Auch wenn die „Förderung des fachunterrichtlichen Erfolgs“ ebenfalls genannt wird, steht doch die Förderung der Klassengemeinschaft und des sozialen Lernens im Mittelpunkt. Und auch der Spaß, den gemeinsames Feiern bereitet, wird betont.
Feste und Feiern stellen nicht nur eine willkommene Abwechslung vom Schulalltag oder eine freiwillige Zugabe des Lehrers dar, „sondern sie sind bedeutsame ‚pädagogische Situationen‘ im Sinne Peter Petersens, die wesentlich dazu beitragen, dass Schule nicht nur (nach dem Test schnell zu vergessendes) Schulwissen erzeugt, sondern das hervorbringen hilft, was die Lehrpläne Lehrern zu Recht aufgeben: Kompetenz und ‚Selbstbestimmung in sozialer Verantwortung‘“ (MARTIN 1996, S. 189). Umso wichtiger ist es, dass Klassenlehrer den Auftrag annehmen, durch vielgestaltige Klassenfeste die Gemeinschaft zu verbessern und das Schulleben zu bereichern. Dabei sollten in allen Altersstufen die Schüler an Planung und Durchführung beteiligt werden, um ihre Verantwortlichkeit zu fördern.
Gelegenheiten für *Klassenfeste* bieten sich im Verlauf des Schuljahres zu unterschiedlichen Anlässen:

- gemeinsame Nachmittagsaktivitäten: Spielenachmittag, Sportnachmittag
- jahreszeitliche Anlässe: Karnevalsfeier, Sommerfest, Grillfest, Weihnachtsfeier

- besondere Anlässe: Kennenlernfest, Feier zum Abschluss einer Schulstufe, Feier zum Rückblick auf die Klassenfahrt, Fest mit ausländischen Gästen (Schüleraustausch)
- außergewöhnliche Erlebnisse: Lesenacht, Nachtwanderung, Premiere des selbst inszenierten Theaterstücks, Vorstellung des selbst gedrehten Films

Daneben gibt es *schulische Festanlässe* (Schulfest, Tag der offenen Tür, Schuljubiläen ...), zu denen die einzelnen Klassen ihren Beitrag gestalten.

A Spiel- und Sportnachmittage

Gerade in Phasen des Kennenlernens (Wechsel des Klassenlehrers, Zusammenlegung von Klassen) bieten gemeinsame Spiel- oder Sportaktivitäten am Nachmittag eine schnell zu organisierende Möglichkeit, den Gemeinschaftsgeist der Klasse zu fördern.

- An der Entscheidung, ob, wann, wo und wie lange man sich nachmittags trifft, sollten alle Schüler beteiligt werden.
- Die Auswahl der Spiele (z.B. draußen: Ballspiele, Spiele mit Turniercharakter, Wettkämpfe; drinnen: Gesellschaftsspiele, Gruppenspiele, Wettbewerbe, Tischtennisturnier), die Beschaffung von Preisen, Getränken, Sitzgelegenheiten für Zuschauer usw. übernimmt zweckmäßigerweise ein „Schülerausschuss" in Zusammenarbeit mit dem Klassenlehrer und eventuell einem beratend hinzugezogenen Sportlehrer.
- Der Klassenlehrer sollte bei der Auswahl helfen, Bücher mit Spielvorschlägen bereitstellen und selbst erprobte Spielvorschläge beisteuern (s. Literatur). Es sollte darauf geachtet werden, dass die ausgewählten Spiele altersgemäß, pädagogisch geeignet und in der Durchführung ungefährlich sind. Wichtig ist auch, dass alle Schüler integriert werden und nicht nur die „Aktivisten" den Ton angeben.
- Wenn eine zusätzliche Schülergruppe die Aktivitäten durch Dias, Fotos oder mit der Videokamera dokumentiert, können die Ergebnisse nicht nur zur Verschönerung des Klassenraumes beitragen, sondern auch das nächste eventuell mit den Eltern als Gästen gestaltete Fest durch den Programmpunkt „Vorführung der Dias" oder der „Videoreportage" bereichern.

B Feste zu jahreszeitlichen Anlässen

Die Jahreszeiten bieten unterschiedliche Festanlässe, die an lokale Brauchtums- oder Religionstraditionen anknüpfen können.

1. Karneval und Fasching

Nicht nur in den Hochburgen von Karneval und Fasching finden im Frühjahr in den Schulen entsprechende Feiern statt – entweder im größeren Rahmen, dann leisten die einzelnen Klassen hierzu einen Beitrag, oder im Klassenverband.

- Die *Ausschmückung der Klassen* mit Girlanden und karnevalistischen Bildern sowie zünftige *Karnevalsmusik* sorgen für die richtige Stimmung. (Ältere Schüler bevorzugen erfahrungsgemäß die jeweiligen „In-Titel" der aktuellen Hitparaden. Ihnen sollte außerdem ausgiebig Möglichkeit zum Tanzen gegeben werden.)
- Mit *Kostümprämierungen* als Höhepunkt des Klassen-Karnevalsfestes werden besonders originelle Verkleidungsideen belohnt und auch Anregungen für Kostümierungsvarianten im nächsten Jahr gegeben.
- Weitere Programmpunkte können – je nach Vertrautheit mit den regionalen Karnevalsgepflogenheiten – nachahmend oder karikierend gestaltete Elemente echter *Karnevalssitzungen* sein (z. B. Büttenreden, Auftritt von Tanzmariechen).

- Auch Lehrer- oder Schülerimitationen sind beliebt. Beim *Lehrer-Phrasen-Laufsteg* beispielsweise laufen Schüler in Lehrerverkleidung über einen Laufsteg und stellen dabei Gestik, Mimik und typische Redewendungen des karikierten Lehrers heraus.
- Selbst erfundene oder aus Vorlagen übernommene und gegebenenfalls abgewandelte *Sketche* bereichern das Programm (s. Literatur).

2. Sommer- oder Grillfest

Der Sommer bietet gute Möglichkeiten, im Freien ein gemeinsames Sommer- oder Grillfest zu feiern (s. hierzu auch Marx 2001, S. 38 ff.). Der Ort für Grill- oder Lagerfeuer sollte so gewählt werden, dass keine Brandgefahr besteht und auch ausreichend Entfaltungsraum für Ball- und andere Spiele zur Verfügung steht. Viele Kommunen und private Träger stellen gegen Gebühr spezielle Grillhütten bereit (frühzeitige Anmeldung erforderlich!), die auch bei plötzlichem Regen Unterschlupf bieten.
Festelemente können sein: Geländespiele (z. B. Schnitzeljagd), Ballspiel-Turniere (z. B. Fußball, Volleyball, Völkerball), Kleingruppenspiele (z. B. Federball, Indiaca, ein von südamerikanischen Indianern stammendes Federballspiel, bei dem ein mit Federn versehener Lederball mit flacher Hand über ein Netz gespielt wird), aber auch Sketche.
Einen Höhepunkt bildet das gemeinsame Grillen, das durch in die Glut gelegte Folienkartoffeln verlängert werden kann.
Bei passender Stimmung kann eine wirkungsvoll vorgelesene und zu Ort, Situation und Gruppe passende Geschichte selbst leseentwöhnte Dauerfernseher in Bann ziehen.
Besonders bei *Wettkampfspielen* (Wettläufe, Staffeln usw.) kann Dampf abgelassen, Ausdauer und Geschicklichkeit sowie Kooperationsvermögen bewiesen werden (s. Literatur). Hier einige Beispiele für geeignete Wettkampfspiele:

Römisches Wagenrennen — Klasse 5–8

Fünf Schüler bilden ein Rennteam. Zwei von ihnen stellen die Pferde, zwei den Rennwagen, einer den Wagenlenker. Die beiden Rennwagen-Schüler umfassen die Hüften der vor ihnen stehenden Pferde und bücken sich so tief, dass der Lenker auf ihren Schultern stehen kann. Die Pferde haken sich mit ihren inneren Armen unter und geben die äußeren dem Wagenlenker, der sie so dirigieren kann.

Schubkarrenfahren Klasse 5/6

Ein Schüler ist die Schubkarre und bewegt sich mit den Händen auf dem Boden vorwärts, während der Schubkarrenschieber die Beine der Schubkarre rechts und links in den Händen hält.

Staffel: Sechs-Tage-Rennen Klasse 5–10

Die Schüler bilden mehrere kleine Kreise mit gleicher Schülerzahl. Auf Kommando läuft aus jedem Kreis ein Schüler außen um seinen Kreis bis zu seinem Platz zurück und gibt dem rechten Nachbarn einen Klaps, damit dieser losläuft. Jeder Schüler läuft so sechs Runden. Sieger ist der Schülerkreis, der zuerst fertig ist.

3. Weihnachtsfeier

Vor allem in den unteren Klassen der Sekundarstufe I ist die jährliche Weihnachtsfeier, zu der auch oft die Eltern eingeladen werden, feste Tradition. Folgende bewährte Festkomponenten stehen zur Auswahl:

- Schmücken des Klassenraumes mit Zweigen, Kerzen, weihnachtlichen Decken oder Servietten, Bereitstellen von Weihnachtsgebäck.
- Gemeinsames Singen bekannter Weihnachtslieder.
- Schüler, die Flöte oder andere Instrumente spielen, tragen eingeübte Musikstücke vor.
- Vorlesen einer oder mehrerer kurzer Weihnachtsgeschichten mit je nach Zielgruppe traditionellem oder kritischem Charakter (s. Literatur).
- Verteilen von Geschenken, z. B. „Wichteln": Durch Ziehen einer Namenskarte erfährt jeder Schüler vor dem Fest, für welchen Mitschüler er ein passendes kleines Geschenk besorgt (Betrag vereinbaren!). Das Geschenk wird mit dem Namen versehen, ein „Weihnachtsmann" teilt die in einem Sack gesammelten Geschenke zum Festhöhepunkt aus. Kreative Variante: Das Geschenk besteht aus einem selbst verfassten Text (Gedicht, Erzählung, Weihnachtswünsche) in besonderer Gestaltung (Schrift, Druck, Layout, auf ein Taschentuch gedruckt, als Flaschenpost, als Collage).
- Aufführung eines Sketches oder Mini-Theaterstücks.

C Feste zu besonderen Anlässen

1. Kennenlernfest

Wenn es ums Kennenlernen der Schüler und Eltern einer neuen Klasse an einer neuen Schule oder nach einer Klassenzusammenlegung geht, ergreifen vielfach die Elternvertreter der Klasse die Initiative zu einem *Kennenlernfest*, zu dem auch weitere Lehrer der Klasse eingeladen werden sollten (s. auch Marx 2001, S. 37 ff.). Am besten findet ein solches Fest im Freien an einem attraktiven Ort statt, der die Möglichkeit zum gemeinsamen Grillen und Platz für *Spielaktivitäten* der Schüler bieten sollte.
Verbindet man das Treffen mit einer *Wanderung*, die als Rundwanderung vom Treffpunkt aus oder als Wanderung zum Festort angelegt sein kann, bieten sich unterwegs wechselnde Gesprächs- und damit Kennenlernmöglichkeiten für die Erwachsenen. Eine solche Wanderung lässt sich auch als Schnitzeljagd oder Schatzsuche gestalten, an der die Eltern ebenfalls teilnehmen können.
Analog können Feste mit ausländischen *Schüleraustauschgästen* gestaltet werden, denn zu Beginn und beim Abschied sind meist Treffen mit den Schülern und ihren Gasteltern vorgesehen.
Hier zwei Beispiele für Kontaktspiele (weitere Kennenlernspiele → S. 11 ff.):

Schubladenspiel — ab Klasse 5

Material: mehrere Springseile oder Schnüre
Alle Teilnehmer versammeln sich in der Mitte eines Spielfeldes. Die Spielleitung definiert zu einem Oberbegriff (z. B. Wohnort) mehrere Unterbegriffe (im Osten, Norden, Süden, Westen) als „Schubladen“, denen sich die Teilnehmer zuordnen sollen. Dazu müssen die Unterbegriffe einen klar markierten Ort zugewiesen werden (z. B. mit einem Springseil markierte Kreise). Diejenigen, die sich am betreffenden Ort eingefunden haben, tauschen sich kurz darüber aus, warum sie in dieser „Schublade“ gelandet sind. Nach fünf bis zehn Minuten folgt der nächste Oberbegriff und eine erneute Zuordnung.
Begriffsbeispiele: Wohnort im Norden, Osten, Süden Weste; Geburtstag im ersten, zweiten, dritten, vierten Quartal; Lieblingsgetränk (Wasser, Cola, Milch, andere Getränke) ...

Paketversand **ab Klasse 5**

Material: Seile

Zunächst werden mehrere Teilgruppen gebildet. Dann bindet die Spielleitung um jede eng zusammenstehende Gruppe ein Seil. Die Gruppen sollen sich nun als „Paket" möglichst schnell von ihrem Ausgangsort zu einem vorher festgelegten Ziel bewegen.

2. Feste mit Rückblick-Charakter

Feiern zum Abschluss einer Schulstufe oder Feiern mit Eltern zum Rückblick auf eine Klassenfahrt werden über die oben angesprochenen Festkomponenten hinaus durch Beiträge bereichert, die in origineller oder lustiger Weise die gemeinsame Zeit der Klasse in Erinnerung rufen. Selbst inszenierte *Sketche* oder selbst verfasste humorige *Reimtexte* eignen sich hierfür ebenso wie sorgfältig ausgewählte *Dias* (Bilder von gemeinsamen Klassenaktivitäten, gelungene Schülerporträts oder pfiffige Schnappschüsse). Soll die Auswahlbasis nicht zu klein und zufällig sein, sollten Klassenlehrer bei der Übernahme einer neuen Klasse regelmäßig Fotos von der Klasse anfertigen oder Schüler dazu ermuntern. Eine medieninteressierte Schülergruppe kann diese Fotos mit witzigen, treffenden Texten kommentieren, sie mit Musik unterlegen und das Ganze auf Tonband oder Kassette aufnehmen. Eine solche *Diavertonung* kann auch zur späteren Erinnerung immer wieder eingesetzt werden. Verfügen Schule, Schüler oder Lehrer über eine Videoausrüstung, kann ein auf der Klassenfahrt erstellter *Mini-Spielfilm*, eine *Videoreportage* über die Klassenfahrt oder ein über die Zeit der gemeinsamen Zusammenarbeit geführtes *Videotagebuch* gezeigt werden (vgl. MARX 1995, S. 150 ff.).

D Außergewöhnliche Erlebnisse

1. Lesenacht

In den Klassen 5/6 dient eine gemeinsame Lesenacht, im Klassenzimmer oder besser noch in der Schulbibliothek oder Schülerbücherei veranstaltet, nicht nur der in Zeiten intensiven Fernsehkonsums besonders wünschenswerten Leseförderung, sondern ist auch eine willkommene Abwechslung im Schulalltag. Die Lesenacht soll den Schülern in gemütlicher Atmosphäre Leseanreize und Lesefreude vermitteln und die Klassengemeinschaft stärken.

Sie findet am besten vor einem unterrichtsfreien Samstag oder Feiertag statt. Betreut von zwei Lehrern oder vom Klassenlehrer mit Elternunterstützung kann sie folgenden Ablauf haben (vgl. JONDRAL 1996/HENKEL 1993, S. 67 ff.):

18.00 Uhr (eine Stunde später, falls kein gemeinsames Abendessen vorgesehen ist): Eintreffen der Schüler und Einrichten des Schlafplatzes mit Luftmatratze und Schlafsack

18.15 Uhr: gemeinsames Abendessen außerhalb der Bibliothek (evtl. von Eltern organisiert)

18.45 Uhr: Aussuchen von Büchern aus der Bücherkiste, für die Schüler und die Schul- oder Stadtbücherei Bände bereitgestellt haben. Schmökern nach Wahl (Klassiker der Kinderliteratur, Abenteuer-, Spuk- und Kriminalgeschichten, Lustiges, Märchenhaftes und Fantastisches, Schul- und Alltagsgeschichten, Tierbücher, Sachbücher, Bildergeschichten, Comics, Kinder- und Jugendzeitschriften)

20.00 Uhr: Vorlesen durch Lehrer oder Eltern (ergänzend oder alternativ: Vorstellung beliebter und empfehlenswerter Bücher)

21.00 Uhr: Schmökern nach Wahl mit *Open End*. Bei zwischenzeitlichen Ermüdungserscheinungen vor Mitternacht kann auch eine Spielphase mit bereitgestellten Gesellschaftsspielen eingelegt werden. Damit nimmermüde Leseratten auch nach dem Löschen des Lichtes noch weiterlesen können, ohne müde Mitschüler zu stören, sollten die Schüler Taschenlampen mitbringen.

8.00 Uhr: gemeinsames Frühstück und anschließendes Aufräumen.

2. Nachtwanderung

Ein abenteuerliches Gemeinschaftserlebnis ist auch die gemeinsame Nachtwanderung, möglichst zu einem interessanten Ziel (Burg, Berg o. Ä.). Als Höhepunkt kann am Ziel eine zum Charakter des Ortes oder zur Nachtstimmung passende Abenteuer- oder Gruselgeschichte – mit Taschenlampe oder noch stimmungsvoller bei Lagerfeuerlicht – vorgelesen werden.

3. Premierenfeste

Haben die Schüler in mühevoller Probenarbeit ein Theaterstück inszeniert oder einen kleinen Spielfilm gedreht, sollte die Premiere mit eingeladenen Gästen (Mitschüler, Eltern, Geschwister, Mitwirkende) als festlicher Abschluss gestaltet werden.

- Selbst angefertigte Werbeplakate, vergrößerte Bilder von den Proben bzw. Dreharbeiten dekorieren den Aufführungs- bzw. Vorführungsraum.
- Plakatkartons mit Bildern und erläuternden Texten können an einer Ausstellungswand zusammengestellt werden, ergänzt durch Requisiten, Bühnenmodelle bzw. Filmgeräte.
- An einer Bar werden Getränke angeboten.

E Klassenbeiträge zu schulischen Festanlässen

Oft sind Klassenlehrer und Klasse gefordert, ihren Beitrag zu besonderen Veranstaltungen der ganzen Schule beizusteuern. Dabei handelt es sich meist um den jährlich stattfindenden *Tag der offenen Tür*, das *Schulfest* oder *schulische Jubiläumstage*. Damit das eigene Klassenangebot bei der Vielzahl der an solchen Tagen angebotenen Projekte und Präsentationen nicht untergeht, sollte die Klasse rechtzeitig ein originelles, zu ihren Voraussetzungen und Möglichkeiten passendes Angebot aussuchen und bei den Festkoordinatoren anmelden. Hierzu einige Anregungen:

- Präsentation von Unterrichtsergebnissen (Musik, Sport, Arbeitsgemeinschaften, naturwissenschaftliche Experimente usw.)
- Spielstände: Dosenwerfen, Wasserpistolenschießen auf Tischtennisbälle, Puzzlespiele, Quiz, Schwammwerfen, Nagelbrett-Hämmern
- Berichterstattung: Festzeitung, Live-Radio
- Aufführungen: Sketche, Theaterstück, Zirkusvorstellung, Pantomimevorführungen, Diavertonung oder Film zur Schulgeschichte oder schulischen Ereignissen, Modenschau
- Verkaufsstände: Trödelmarkt, Bastelangebote
- Aktivitäten: Schminkstand, Disco, Jonglieren
- Versorgung: Getränkestand, Spezialitäten-Cafés bzw. -Stände (Waffeln, Würstchen, Popcorn, ausländische Spezialitäten)

Literatur

Klassen- und Schulfeste

DIEPOLD, SIGA (Hrsg.): Die Fundgrube für Feste und Feiern in der Sekundarstufe I. Berlin 2001

JONDRAL, ANETTE: Lesenacht in der Schulbibliothek: In: STIFTUNG LESEN (Hrsg.): Lesen. Grundlagen, Ideen, Modelle zur Leseförderung. Mainz 1996

MARX, JÜRGEN: Feste zur Förderung der Klassengemeinschaft. In: Diepold, Siga (Hrsg.): Die Fundgrube für Feste und Feiern in der Sekundarstufe I. Berlin 2001, S. 37 ff.

MARX, JÜRGEN: Videofilm-Projekt. In: BRENNER, GERD (Hrsg.): Die Fundgrube für den Deutsch-Unterricht. Frankfurt/M. 1995, S. 150 ff.

Gruppen- und Wettkampfspiele für drinnen und draußen

BAER, ULRICH : 666 Spiele für jede Gruppe für alle Situationen. Seelze 1999

BÜCKEN, HAJO: Das große Spielebuch. Freiburg 1989

GLONNEGGER, ERWIN: Spiele, Spiele, Spiele. Ravensburg 1987

HENNEKEMPER, GISELA: Unvergessliche Kinderfeste. Niedernhausen 1993 (Anregungen für Themenfeste, z. B. „Burgenfest").

ORLICK, TERRY: Neue kooperative Spiele. Mehr als 200 konkurrenzfreie Spiele für Kinder und Erwachsene. Weinheim 1985

SCHINZER, WALTER: Spielen, Raten, Lachen. Wuppertal 1964

Sketche – auch für Karnevalsfeiern

KOHL, KARIN: 20 Schul-Sketche. Niederzier 1995

Gestaltungsideen und Textsammlungen für Weihnachten

FRENZEL, W.: Unvergessliche Weihnachts-Feste. Niederzier-Oberzier 1996 (25 Vorschläge für eine kreative Gestaltung des Weihnachtsfestes)

KOHRS, PETER: Auf der Suche nach Bethlehem. Texte zum Thema Weihnachten. Stuttgart 1986 (Leseheft für die Klassen 7 bis 9 mit Texten zu den unterschiedlichen Sichtweisen des Weihnachtsfestes; mit Lehrerheft)

RAMBECK, BRIGITTE (Hrsg.): Mein Weihnachten. 40 Ansichten zur un-heiligen Jahreszeit. München 2000

STEINER, KATHARINA (Hrsg.): Kleine Bettlektüre zur schönen Advents- und Weihnachtszeit. O. Ort und Jahr (klassische, moderne, besinnliche, heitere und wenig bekannte Weihnachtsgeschichten)

WANDREY, UWE (Hrsg.): Heilig Abend zusammen! Ein garstiges Allerlei. Reinbek 1982 (Texte zum kritischen Nachdenken über Sinn und Missbrauch des Weihnachtsfestes)

Jürgen Marx

3 Als Klassenlehrer Integrationshilfen geben

Als Klassenlehrer haben wir die vielfältigsten Möglichkeiten, Schülern mit den unterschiedlichsten Voraussetzungen Integrationshilfen zu geben. In diesem Kapitel möchten wir an Praxisbeispielen verdeutlichen, wie wir uns schulische Integration vorstellen und welche Möglichkeiten wir sehen, Schüler mit ihren Verschiedenheiten in das Unterrichtsgeschehen einzubinden. Dabei stellt die unterschiedliche Länge der einzelnen Teilkapitel keine Bewertung oder Schwerpunktsetzung dar.
Unsere Erfahrungen basieren auf der gemeinsamen Klassenleitung an einer Integrierten Gesamtschule, bei der wir besonderen Wert darauf gelegt haben, dass Schüler mit sehr verschiedenen Voraussetzungen (Mädchen/Jungen, individuelles Leistungsvermögen, verschiedene Kulturen, Behinderungen ...) gemeinsam lernen und arbeiten. Diese Unterschiede haben wir gezielt als Basis für die Unterrichtsplanung und -gestaltung eingesetzt.

A Reflexive Koedukation: Nur gemeinsam sind wir stark

Die Koedukationsdebatte der letzten 30 Jahre lässt sich durch Zielformulierungen wie „Pädagogik der Gleichstellung" (1960er-Jahre), „Pädagogik der Differenz" (1970er-Jahre), „Jungenpädagogik" (1980er-Jahre) und „Pädagogik der Vielfalt" (1990er-Jahre) beschreiben. Interessant sind für uns die daraus resultierenden Ergebnisse, die in der Diskussion durch drei unterschiedliche Positionen verdeutlicht werden:

- Die erste Position ist dadurch gekennzeichnet, dass sie „Koedukation um jeden Preis" durchsetzen will.
- Die zweite Position fordert reine Mädchen- und Jungenschulen, um den geschlechtsspezifischen Sozialisations- und Lernproblemen gerecht zu werden (Mädchen sind in koedukativen Klassen benachteiligt, Jungen dominieren in gemischten Klassen).
- Die dritte Position, der wir nahe stehen, fordert „geschlechtsbezogene Bildungs- und Unterrichtsangebote in vielen Feldern des Schullebens, gibt die Koedukation aber als Ziel und Grundlage nicht auf" (MEYER, Bd. 2, 1997, S. 194).

Die dritte Position ist unter der Bezeichnung „reflexive Koedukation" (vgl. BILDUNGSKOMMISSION NRW 1995, S. 126–134) in die Literatur eingegangen und lässt sich wie folgt definieren:

> **Reflexive Koedukation** konkretisiert und materialisiert das grundsätzliche „Recht auf Unterscheidung und Gleichheit" (V. HENTIG) von Mädchen und Jungen. Die Schule schafft die gesellschaftlichen und räumlichen Möglichkeiten, in denen Gemeinsamkeiten entdeckt und Verschiedenheiten genutzt werden können, um „Lernerfolge" zu erzielen, und das nicht nur auf der kognitiven, sondern ebenso auf der emotionalen wie pragmatischen Ebene.

Nachhaltig unterstützt wird diese Position durch den aktuellen Forschungsstand: „Das schöne Geschlecht soll mehr Bildungschancen bekommen" – so beschreiben eine Reihe von US-amerikanischen Staaten die Ziele ihrer Modellversuche für „Single-Sex-Education". In zahlreichen öffentlichen Schulen wurden besonders in mathematisch-naturwissenschaftlichen Fächern Mädchen und Jungen getrenntgeschlechtlich unterrichtet. Zu beobachten war, dass es „keine bemerkenswerte Steigerung" bei den Mädchen gab. Die Auswertung der Ergebnisse führte zu folgendem Schluss: „Die Forschung zeigt, dass die Trennung nach Geschlechtern die Ungleichheiten in der

Erziehung nicht beseitigt. In guten Schulen kommen Mädchen wie Jungen voran." Die amerikanischen Wissenschaftler folgern aus dem Modellversuch, dass „kleinere Klassen, ordentliche Lehrpläne und ein fairer Unterricht" zu Lernerfolgen bei Mädchen und Jungen führen (Erziehung und Wissenschaft, 10/1998).

Genau an diesem Punkt haben wir angesetzt und uns bemüht, auch unter den gegebenen Umständen Mädchen und Jungen gemeinsam zu erziehen. Da wir aber nicht der Meinung sind, dass der koedukative Gedanke sich im schlichten Rollentausch bereits ausreichend gestaltet, sondern die Unterschiede im Denken, Fühlen und Verhalten der beiden Geschlechter auch gerade in der gemeinsamen Erziehung Beachtung finden müssen, gestaltet sich die Umsetzung dieser Idee in die Praxis viel schwieriger als gedacht.

Wir sind von folgenden Thesen ausgegangen:

- Es kann nicht sinnvoll sein, dass Jungen sich im Unterricht mit „typischen" Mädchenthemen beschäftigen (müssen) und umgekehrt.
- Beide Geschlechter sollen und können sich in den Vertiefungs- und Erarbeitungsphasen mit den Bereichen und Themen beschäftigen, die sie genuin interessieren.
- Bei unserer Arbeit nach „Arbeitsplänen" muss jeder Schüler (bzw. jede Arbeitsgruppe) in der abschließenden Präsentationsphase allen (also auch dem andersgeschlechtlichen Teil der Klasse) das gewählte Thema, die eigenen Interessen, die Arbeits- und Denkprozesse und auch die Arbeitsergebnisse erläutern.

Wir wollen im Folgenden zeigen, welche Rahmenbedingungen wir als Klassenleitungsteam geschaffen haben, um optimale Voraussetzungen für koedukative Prozesse im Unterrichtsgeschehen zu ermöglichen.

1. Äußerer Rahmen für Koedukation

Zunächst wollten wir einen äußeren Rahmen schaffen, der sowohl für die Schüler als auch für uns ein möglichst angenehmes Lernumfeld bot. Wir konzentrierten uns dabei auf diese vier Bereiche:

1. Sitzordnung
2. Klassenraumgestaltung
3. Ämterverteilung
4. Klassenleitung im Team

In diesen Bereichen sahen unsere Schüler die größten Probleme auf sich zukommen, sofern hier Beliebigkeit herrschen würde. Hier wünschten sie sich klare Kriterien und Bedingungen, die möglichst alle Wünsche und Vorstellungen berücksichtigen sollten.

Sitzordnung

Einmal in der Woche haben wir in der letzten Stunde einen Klassenrat abgehalten (→ S. 34). An der Pinnwand im Klassenraum hing ein Plan aus, auf dem die Schüler eintragen konnten, welche Themen im Klassenrat unbedingt behandelt werden sollten. In unserer Klasse kam das Thema „Sitzordnung" in regelmäßigen Abständen immer wieder vor:

> Kai und Janina haben Streit miteinander. Er wirft ihr vor, sie störe ihn durch ihr „ständiges Gequatsche" und halte sich nicht an vereinbarte Arbeitsaufträge der Tischgruppe. Janina fühlt sich von Kai unterdrückt. Immer soll sie tun, was er sagt. Daniela, ein weiteres Tischgruppenmitglied, unterstützt Janina in ihren Aussagen. Kai kontert damit, dass die beiden ständig nur über Jungen, Mode und derartige Dinge reden, anstatt zu arbeiten. Stephan, dem vierten Tischgruppenmitglied, ist das alles egal. Michael mischt sich ein und ruft dazwischen: „Mädchen sind alle nur Schleimer und Streber!" Empörung! Nadine und Kevin, die gemeinsam die Gesprächsleitung haben, ermahnen Michael mit den Worten: „Du bist doch nur sauer, weil Julia nicht auf dich steht!" Michael errötet, Kai und Janina beschließen, es noch einmal 14 Tage gemeinsam zu versuchen, und Daniela und Stephan werden diesen Versuch überwachen.

Wir haben eine Sitzordnung mit freier Mitte gewählt, um die Tischgruppen aus vier Einzeltischen angeordnet sind. Diese Sitzordnung ist entstanden, weil es uns besonders wichtig war, jederzeit einen Sitzkreis herstellen zu können (gemeinsamer Beginn am Morgen, Tagesabschluss, Klassenrat ...). Ohne dass Tische gerückt werden müssen, kann sich so jeder Schüler mit seinem Stuhl in den Sitzkreis setzen. Die freie Mitte wird ebenfalls für alle Arten von Präsentationen genutzt (Sketche vortragen, Referate halten, Streitgespräche und Podiumsdiskussionen führen ...). Einen weiteren Vorteil der freien Mitte realisierten die Schüler und wir Klassenleiter erst nach einer gewissen Zeit: Der Freiraum bietet uns Ruhe, der Klassenraum sieht nicht so „wuselig" aus und wirkt klar strukturiert. Die Schüler sitzen an Einzeltischen und können bei Bedarf für sich alleine arbeiten oder sich zur Tafel usw. ausrichten.
Als wir diese Klasse im 5. Jahrgang als Klassenleitungsteam übernahmen, haben wir den Begriff der „Freundschaftsgruppe" umgesetzt: Alle durften

sich einen Freund (bzw. eine Freundin) aussuchen, mit dem sie in der Tischgruppe zusammensitzen wollten. Außerdem mussten immer zwei Jungen und zwei Mädchen in einer Tischgruppe zusammensitzen. Ausnahmen bestätigen zwar die Regel, aber wir haben versucht, dieses Prinzip möglichst aufrechtzuerhalten, und diese Bedingungen den Schülern gegenüber so begründet:

- Es ist schön, mit einem Freund oder einer Freundin zusammenarbeiten zu können (Gefühl von Sicherheit).
- Es ist wichtig, zu lernen, mit anderen Schülern zusammenzuarbeiten (Akzeptanz von anderen).
- Es ist interessant und spannend, dass Mädchen und Jungen mit- und voneinander lernen (Koedukation).
- Wir beabsichtigen die Einrichtung eines Klassenrates, der sich u. a. mit den Problemen beschäftigt, die evtl. in den Tischgruppen auftreten (Evaluation).

Natürlich hat es im Laufe der Jahre Änderungen in der Sitzordnung gegeben, aber die Schüler haben gelernt, miteinander zu arbeiten, sich gegenseitig zu akzeptieren, zu tolerieren und Meinungsverschiedenheiten möglichst sofort oder im Klassenrat verbal zu klären.
Unser Ziel war es, die Schüler in die Lage zu versetzen, selbstständig zu entscheiden, ob und wann sie ihre Tischgruppensitzordnung verändern – bedingt durch entsprechende Unterrichtssituationen, -inhalte und -methoden. Je nach Art der Aufgabenstellung kann dies notwendig sein, denn

- Mädchen arbeiten gerne mit Mädchen zusammen, wenn sie sich mit Themen wie „Boygroups“, „Hexen und Rezepte“, „Sexualität“, „Lieblingstiere“ usw. beschäftigen.
- Jungen arbeiten gerne mit Jungen zusammen, wenn sie sich mit Themen wie „Leistungssport“, „Sexualität“, „Raubritter und Burgen“, „Weltkriege“ usw. beschäftigen.
- Mädchen und Jungen arbeiten gerne zusammen, wenn sie dabei voneinander profitieren können, unabhängig von der Thematik (und wenn sie es von Anfang an gelernt haben).

Fazit: Die gemeinsame Arbeit von Jungen und Mädchen in Vierer-Tischgruppen hat sich bewährt. Alle mussten lernen, miteinander auszukommen, miteinander zu arbeiten und voneinander zu profitieren – auch und gerade dann, wenn getrenntgeschlechtlich zu bestimmten Themen gearbeitet wurde.

Klassenraumgestaltung

> Michaela hat die „Klassenraumgestaltung“ zum Thema der Klassenrats-Sitzung erklärt. Sie findet es nicht gut, dass einige Jungen wie selbstverständlich den Klassenraum mit Postern von Fußballspielern „pflastern“. „Sollen wir hier etwa Barbiepuppen aufhängen?“, fragt Bastian grinsend. Michaela bekommt Unterstützung von Mitschülern und Oliver fragt: „Wo ist eigentlich die Zeichnung geblieben, die ich da hinten an die Pinnwand gehängt habe?“ Niemand weiß etwas über den Verbleib (nur Michaela scheint ein schlechtes Gewissen zu haben). Vorschläge werden gemacht, gesammelt und abgewogen. Die Schüler einigen sich dahingehend, dass die Mädchen die eine und die Jungen die andere Pinnwand gestalten sollen und sich niemand ohne Rücksprache an den aufgehängten Sachen eines anderen vergreifen darf. Plötzlich holt Michaela aus ihrem Fach Olivers Zeichnung und fragt ihn: „Wenn du sie nicht mehr brauchst, kann ich sie dann haben?“

Die Klassenraumgestaltung hat in unserer Klasse einen hohen Stellenwert eingenommen. Es gab mehrere Pinnwände, an denen Ergebnisse ausgestellt, Poster, Bilder oder Landkarten aufgehängt oder Mitteilungen an die Klasse weitergegeben werden konnten. Zu Beginn der Klassengemeinschaft waren zwei Pinnwände notwendig, um die unterschiedlichen Interessen der Mädchen und Jungen zu berücksichtigen. Im Laufe der Jahre hat sich der Schwerpunkt der Veröffentlichungen weg von Zeitschriften-Postern hin zu Arbeitsergebnissen aus den einzelnen Unterrichtsfächern verändert.
Eine wesentliche Rolle bei der Klassenraumgestaltung spielte das „geschickte“ Aufstellen unserer „Klassencomputer“. Als in Klasse 5 der erste Computer in unserem Raum stand, gab es oft Probleme: Die Mädchen erhielten kaum die Gelegenheit, den Computer zu nutzen, da die Jungen sich vordrängelten oder den „Nichtkönnern die Arbeit abnahmen“. Weil keine Änderung möglich schien, entschied der Klassenrat, dass mit Unterstützung der Eltern ein zweiter Computer für die Klasse angeschafft werden sollte. So hatten wir einen „Jungencomputer“ und einen „Mädchencomputer“. Je zwei Mädchen bzw. Jungen übernahmen die Verantwortung für die Computer. Sie führten eine öffentliche Liste, in die jeder eintragen konnte, wann er arbeiten wollte, und haben „Kurse“ angeboten, um den „Nichtkönnern“ zu helfen ihre Texte zu schreiben.

Fazit: Die technische Einrichtung des Klassenraumes und seine strukturierte Gestaltung haben zu großer Transparenz im Arbeitsprozess geführt – unabhängig davon, ob gleich- oder getrenntgeschlechtlich gearbeitet wird.

Ämterverteilung

> „Also, mit diesem Blumengießdienst", sagt Daniela, die eine Aussprache zu diesem Punkt gewünscht hat, „irgendwie ist das ungerecht. Wieso sollen eigentlich nur wir Mädchen uns um diese blöden Pötte kümmern? Ich muss zu Hause schon ständig so was machen, während mein Bruder auf dem Sofa liegt!" Beifall von den Mitschülerinnen. Stephan: „Ich würde das Blumengießen gerne übernehmen, ich mag Pflanzen. Noch besser wäre es aber, wenn sich noch zwei oder drei anschließen würden, dann macht es mehr Spaß." Ole und Daniela erklären sich bereit, Stephans Vorschlag anzunehmen. Ein leises Gekicher der Klasse zeigt, Daniela übernimmt diesen Job nicht nur wegen der Blumen!

Wer übernimmt den Ordnungsdienst, wer säubert die Tische in der Mensa (unsere Schule ist eine Ganztagsschule mit Mittagsbetrieb), wer befreit den Schulhof vom Unrat, wer bringt kranken Mitschülern die Aufgaben nach Hause, wer saugt den Klassenraum, wer füttert die Fische, wer ... ? Diese Liste der eher ungeliebten Dienste und Aufgaben ließe sich sicherlich noch fortsetzen. Nach unserer Erfahrung bietet auch hier die Arbeit in Tischgruppen große Vorteile. In unserer Klasse übernimmt jede Tischgruppe für jeweils eine Woche alle Dienste. Die Gruppenmitglieder einigen sich untereinander, wer welchen Aufgabenbereich erledigt, und hängen eine Liste mit den Zuständigkeiten an die Pinnwand, damit wir uns bei Bedarf an den jeweils zuständigen Schüler wenden können. Wird ein Schüler krank, treffen sie Absprachen mit anderen.

Die allen Schulpraktikern bekannte Tendenz des weiblichen Geschlechts, die üblichen „Dienste" bereitwilliger zu übernehmen als die Jungen, ist in unserer Klasse sukzessive einer Fifty-fifty-Aufteilung gewichen. Wir erklären uns dieses Phänomen damit, dass Mädchen wie Jungen schnell realisiert haben, dass mit der Übernahme von Ämtern auch „Privilegien" verbunden sind.

Sowohl bei den Mädchen als auch bei den Jungen gibt es Schüler, die Probleme damit haben, Absprachen einzuhalten. Hier übernimmt die Tischgruppe die Kontrollfunktion und nicht das Klassenleitungsteam! Falls die Tischgruppenkontrolle nicht klappt und Unregelmäßigkeiten auftreten, werden die Schwierigkeiten im Klassenrat thematisiert und (meistens) gelöst.

Fazit: Durch die Tischgruppen-Verantwortlichkeit wird der Grundsatz „gleiche Rechte – gleiche Pflichten" sehr schnell im von Hentig'schen Sinne konkretisiert.

Klassenleitung im Team

Als koedukatives Klassenleitungsteam konnten wir die erforderlichen Aufgaben je nach Interessen und Fähigkeiten aufteilen. Viele Entscheidungen (Elterngespräche, Gespräche mit dem Jugendamt, schulpsychologische Betreuung, Drogenberatung, Klassenkonferenzen, Überweisungen an eine andere Schule ...), die weitreichende Folgen für die Schüler haben können, mussten so nicht alleine getroffen werden. Verschiedene Sehweisen und Gespräche trugen dazu bei, dass wir uns nicht dauernd fragten: „War das wohl richtig so? Habe ich wirklich zum Besten für den Schüler/die Schülerin entschieden?“

Ein weiterer Aspekt sei noch erwähnt: Wenn wir von den Schülern erwarten, dass Jungen und Mädchen gemeinsam lernen und arbeiten können, so übernimmt ein koedukatives Klassenleitungsteam in idealer Weise eine „Vorbildfunktion“.

Das ist aber nur die eine positive Ebene der gemeinsamen Klassenleitung. Die zweite Ebene sind die Zuständigkeiten für die Schüler. „Nicht jeder kann mit jedem“ (die Chemie muss stimmen), und so haben die Schüler die Möglichkeit, sich zu entscheiden, wer für sie primärer Ansprechpartner sein soll. Wer mit welchen Problemen zu wem kommt, ist individuell vom Schüler und seiner Entwicklung abhängig. In unserer Praxis konnten wir folgende „Zuständigkeiten“ beobachten:

- Während der Pubertät besprechen die Mädchen häufiger mit der Klassenlehrerin auftretende Fragen und Schwierigkeiten, die Jungen ziehen sich eher zurück und versuchen, „ihre Rolle“ zu finden.
- Die meisten technischen und sportlichen Fragen besprechen Jungen mit dem Klassenlehrer, die Mädchen interessieren sich nicht primär für diese Bereiche.
- Mädchen und Jungen, die mit alleinerziehenden Müttern oder Vätern leben, besprechen häufig mit dem jeweils andersgeschlechtlichen Klassenleitungspartner ihre Probleme.
- Mädchen und Jungen sprechen beide Teampartner an, wenn es sich um „schulspezifische“ Probleme handelt.
- Mädchen und Jungen besprechen meistens ihre Ängste, Sorgen und Nöte mit demjenigen, der „gerade greifbar“ ist.

Fazit: Gegenseitiges Vertrauen als Basis von Teamarbeit muss sich im Laufe der Zeit entwickeln: durch die gemeinsame Arbeit in der Klasse *und* durch die Vorbildfunktion der Klassenlehrer. Nur so können gegenseitige Akzeptanz und Toleranz wesentliche Kriterien der Zusammenarbeit werden.

Teamübung „Freiflug“ ab Klasse 5

Wir möchten am Ende dieses Abschnitts eine Teamübung für gemischtgeschlechtliche Gruppen vorstellen, die wir regelmäßig wiederholt haben, wenn Tischgruppen neu zusammengesetzt wurden. Sie hat den Schülern und uns geholfen, Teamgeist zu entwickeln, gegenseitiges Vertrauen aufzubauen und reflexive Koedukation als Unterrichtsprinzip zu vertreten.

Intention: Kontaktaufnahme und Förderung von Teamfähigkeit

Sozialform: Einzelarbeit, anschließend Gruppenarbeit (am besten in Vierergruppen) und Vorführung im Klassenverband

Zeitbedarf: 30–60 Minuten

Bei dieser Gruppenübung wird in mehreren aufeinander aufbauenden Teilschritten zunächst individuelle Kreativität freigesetzt, um sie dann in einem kleinen gemischtgeschlechtlichen Team für eine spontane Inszenierung zu nutzen.

Durchführung: Die Übung setzt sich aus sieben streng aufeinander aufbauenden Teilschritten zusammen:

1. Jeder Schüler muss mit geschlossenen Augen einen Kringel oder eine einfache Figur auf ein Blatt Papier bringen.
2. Jeder malt die Figur aus.
3. Nun werden der Zeichnung individuell Wörter hinzugefügt (z. B. ein Substantiv, ein Verb und ein Adjektiv – beliebig erweiterbar).
4. Dann beginnt die *Teamarbeitsphase*. In gemischtgeschlechtlichen Gruppen erläutern die Schüler ihren Teampartnern, was sie gemalt haben.
5. Anschließend wird aus den von den Gruppenmitgliedern in Schritt 3 notierten Wörtern ein kurzer Text bzw. eine kurze Geschichte geschrieben.
6. Die Gruppe überlegt sich nun, wie der Text vorgeführt, inszeniert, vorgetragen oder vorgesungen werden könnte.
7. Diese Gruppeninszenierung führt jede Gruppe den anderen Gruppen vor.

Wird der „Freiflug“ inszeniert, ohne dass die Schüler im Vorhinein darüber aufgeklärt werden, was sie während der Übung alles tun sollen, erhöht sich die Spannung und es wird verhindert, dass die Schüler lange über ihr Können und Nichtkönnen debattieren.

Auswertung: Durch diese spielerische Übung lernen die Schüler sich in neu zusammengesetzten Gruppen besser kennen. Sie lernen außerdem, Kontakt zum anderen Geschlecht aufzunehmen, Sprache nicht als einziges methodisches Element einzusetzen, sich freier zu bewegen, vertauschte Rollen einzunehmen und Hemmungen und Ängste abzubauen. All dies sind wichtige Voraussetzungen für die gemeinsame Arbeit (besonders in den Tischgruppen). Die Übung ist bewusst so konstruiert, dass echte Teamarbeit entsteht, weil alle Gruppenmitglieder für das Gruppenergebnis einen gleichgewichtigen Beitrag leisten müssen.

2. Inhaltlich-methodische Ebene der Koedukation

Wichtig erscheint uns für die gemeinsame Erziehung von Jungen und Mädchen die Entwicklung veränderter Schulcurricula. Viele Rahmenrichtlinien fordern von uns Lehrern bei der Auswahl der Unterrichtsinhalte, sowohl männliche als auch weibliche Interessengebiete zu berücksichtigen. Da uns aber häufig nicht deutlich ist, was denn nun weibliche oder männliche Interessen sind, befragen wir die Schüler bei der Planung neuer thematischer Sequenzen, welche Themen jeder bearbeiten möchte. Wir orientieren uns an der Lebenswelt – den individuellen Interessengebieten der Schüler und an ihren Hobbys –, binden diese Lebenswelt so mit ein und erstellen gemeinsame Arbeitspläne. Dabei geht es uns nicht darum, spezifische oder typische Mädchen- oder Jungenthemen auszuwählen, sondern darum, dass wir ein vielfältiges Angebot machen, in dem sich die Schüler wiedererkennen. So erreichen wir, dass die Schüler sich sehr viel motivierter und mit mehr Einsatz am Unterrichtsgeschehen beteiligen, die Rolle von Experten übernehmen und ihr Wissen an andere weitergeben.

Auf der *methodischen Ebene* sehen wir die größten Möglichkeiten, im Sinne von gemeinsamer Erziehung tätig zu werden. Unser Schwerpunkt liegt dabei nicht allein in der Erarbeitung, sondern besonders auch in der Präsentation des Erarbeiteten.

Reflexive Koedukation heißt für uns auf der inhaltlich-methodischen Ebene:

- Mädchen und Jungen arbeiten entsprechend ihren Neigungen, Vorlieben und Erfahrungen.
- Sowohl Mädchen als auch Jungen haben die Pflicht, ihre Ergebnisse und Arbeitsweisen den anderen zu präsentieren, und zwar so ausführlich, dass nicht nur Fachinhalte vermittelt, sondern auch die Arbeits- und Vorgehensweisen deutlich und für andere nachvollziehbar werden.
- Mädchen und Jungen haben das Recht, konstruktive Kritik zu äußern, sich in die Diskussion einzubringen, und können auf Akzeptanz vertrauen, selbst wenn sie sich „geschlechtsuntypisch“ verhalten.

Beispiel: Thema Mittelalter

Anhand eines Beispiels aus dem Fachunterricht Geschichte möchten wir zeigen, wie die Verbindung inhaltlicher und methodischer Vielfalt im Unterricht aussehen kann.
Den Rahmenrichtlinien entsprechend haben wir in der 7. Klasse das Thema „Mittelalter" behandelt. Alle Schüler unserer Klasse haben in der Grundschule schon einmal etwas über diese Zeit gehört. In einer ersten Brainstorming-Phase haben wir alle Schüleräußerungen zu folgender Frage gesammelt: „Was fällt euch zum Mittelalter ein?" Die Antworten haben wir auf einem großen Bogen Papier festgehalten. Hier nur einige wenige Beispiele:

- Michaela möchte gerne mehr zu „Hexen im Mittelalter" und den Gründen für ihre Verbrennung erfahren.
- Oliver würde gerne eine alte Ritterburg nachbauen, dafür hat er bis jetzt nie Zeit gehabt.
- Mara interessiert sich für das Leben und die Aufgaben der Frauen im Mittelalter.
- Carsten hat großes Interesse an Malerei und alten Schriften.
- Julia wollte schon immer mal die Entwicklung der Zeitmessung kennenlernen und verstehen.
- Sascha weiß, dass Krankheiten früher mit Heilkräutern behandelt wurden, und möchte wissen, welche Kräuter wofür verwendet wurden und ob das aus heutiger Sicht sinnvoll ist.

Der „Bogen" ist Grundlage unserer weiteren Unterrichtsplanung, die darin besteht, dass eine *Thematische Landkarte* erstellt, Literatur und Materialien bereitgestellt und mögliche Methoden benannt werden. Anschließend überprüfen wir noch einmal, ob alle Interessen berücksichtigt wurden – auch unsere eigenen in Anlehnung an die inhaltlichen Vorgaben durch die Stoffpläne. Dann erhält jeder Schüler ein Exemplar der Thematischen Landkarte und wählt aus den aufgeführten Themenbereichen den aus, der ihn am meisten interessiert. Falls es gleiche Interessen gibt, können schon Arbeitsgruppen gebildet werden. Anschließend entscheidet sich jeder Schüler für einen Themenschwerpunkt (z. B. Hexen, Burgenbau, Malerei, Kräutermedizin …). In Arbeitsgruppen besprechen die Schüler dann, welche Bearbeitungsmethoden ihnen am besten geeignet erscheinen, wie sie die Arbeiten untereinander sinnvoll aufteilen und wie die Ergebnisse präsentiert werden können. Je nach Alter besorgen die Schüler sich selbstständig zusätzliche Literatur und Materialien (GREVING/PARADIES 1996, S. 74 ff.).

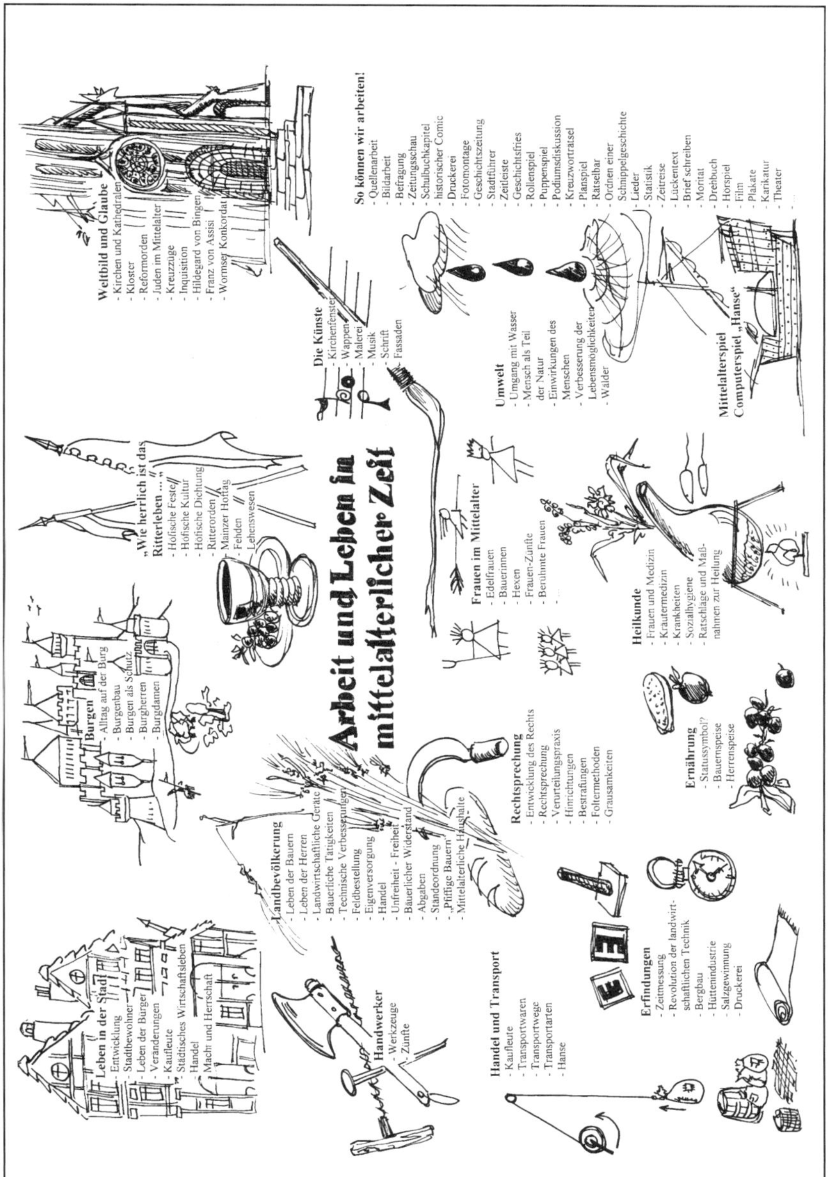

Thematische Landkarte: Mittelalter

Checkliste zur reflexiven Koedukation

- Darauf achten, dass Mädchen und Jungen ein möglichst vielfältiges Angebot an Identifikationsmöglichkeiten erhalten.
- Individuelle Unterschiede akzeptieren und schätzen lernen.
- Bedürfnisse der Schülerinnen und Schüler ernst nehmen.
- Jugendliche nicht in eine Richtung beeinflussen, sondern Positionen aushandeln lassen.
- Rollenerwartungen nicht frühzeitig festlegen.
- Zu „untypischem" Verhalten ermutigen.
- Selbsttätigkeit der Mädchen und Jungen anregen.
- An den Interessen und dem Vorwissen der Schüler anknüpfen.
- Sich an der Lebenswelt der Schüler orientieren.
- Bei der Auswahl der Unterrichtsinhalte vielfältige Interessensgebiete berücksichtigen.
- Ein breites Spektrum unterschiedlicher Herangehensweisen anbieten.
- Freie, individuelle Themenwahl und Gruppenbildung ermöglichen.
- Kooperation in kleinen Gruppen erleichtert die Konfrontation verschiedener Sichtweisen.
- Kommunikation der Schüler untereinander fördern – in Kleingruppen sind die Hemmschwellen leichter zu überwinden.
- Eine Gesprächskultur entwickeln.
- Darauf achten, dass sich keine hierarchische Arbeitsteilung einschleicht.
- Darauf achten, dass Könner den Nichtkönnern nicht die Arbeit abnehmen, sondern nur zeigen, wie es geht.
- Den Klassenraum nutzen, um Sprechsituationen zu schaffen und Öffentlichkeit im kleinen Rahmen zu proben.
- Arbeitsergebnisse allen in der Klasse präsentieren.
- Präsentationen vor den Eltern nutzen, um sich „freizusprechen".
- Theaterspielen als Stärkung und Schwächung von Rollenklischees.
- Kritisch mit Leistungs-, Erfolgs- und Konkurrenzstreben umgehen.
- Neue Tugenden wecken: Empathie, zuhören können, selbstkritisch reflektieren.

B Interkulturelle Erziehung: Rassismus, nein danke!

„Jeder liberale Staat braucht eine politische Kultur, in der sich alle Bürger, gleich welcher ethnischen und religiösen Herkunft, gleichermaßen wiedererkennen können." (Habermas 1973, S. 258)
Um andere Kulturen verstehen zu können, benötigen Schüler Hintergrundwissen und Einblicke in ethnische, religiöse und soziologische Rituale und Gebräuche. Nur dann ist es ihnen möglich, Grundlagen für Toleranz und Akzeptanz aufzubauen. Toleranz bedeutet dabei für uns, Dinge zuzulassen, für die wir vielleicht kein Verständnis haben, die uns aber nicht weh tun und die mit gegebenen Gesetzen, Werten und Normen im Einklang stehen. Gemeinsam haben wir darum eine Unterrichtseinheit zum Thema „Zusammenleben von Deutschen und Ausländern" geplant. Ziel dieser Einheit war das Verständnis für andere Kulturen und die Toleranz ihnen gegenüber.
Jede Tischgruppe hat mit unterschiedlicher Schwerpunktsetzung zu diesem Thema gearbeitet. So wurden

- Sketche vorgeführt (z. B. Türkischstunde: Eine neue deutsche Schülerin spricht nur gebrochen Türkisch ...),
- Kontakte zu außerschulischen Ausländerinitiativen hergestellt und gepflegt (z. B. Fußballverein, Tanzgruppen ...),
- Briefkontakte bzw. Kontakte per Internet zu Gleichaltrigen aus anderen Ländern geknüpft,
- Patenschaften aufgebaut (zu anderen ausländischen Schülern, Asylbewerbern, Obdachlosen, einzelnen Bedürftigen ...),
- mindestens hundert Wörter aus einer anderen Sprache gelernt (Bezugspersonen waren die Mitschüler mit anderer Muttersprache),
- ausländische Speisen zubereitet und serviert (auf Wunsch Rezepte weitergegeben),
- „fremdländische" Musik vor- und nachgespielt.

Die Arbeitsergebnisse haben wir auf einem Präsentationsnachmittag den Eltern unserer damaligen 8. Klasse vorgestellt. Dieser Nachmittag hat uns gezeigt, dass es wichtig ist, Angehörigen verschiedener Kulturen eine Chance zu bieten, sich kennenzulernen, um Sprachbarrieren, Vorurteile und Fremdenfeindlichkeit abzubauen.

Checkliste zur interkulturellen Erziehung

- Kontinuierlich über „Kultur“ reflektieren.
- Kinder – falls möglich – bikulturell oder multikulturell erziehen.
- Sprachkurse für deutsche und ausländische Schüler anbieten.
- Die individuellen und gemeinsamen Besonderheiten stärken.
- Die Lebenswelten der Schüler berücksichtigen.
- Langsamkeit entdecken: Zeit lassen für eigene Erfahrungen mit anderen Kulturen.
- Den eigenen Sprachgebrauch beachten (z. B. Gastarbeiter – Asylbewerber – Flüchtling – politisch Verfolgter).
- Über Rassismus, Rechtsextremismus und Nationalsozialismus aufklären und reflektieren.

C Behinderte Mitschüler: Nobody is perfect!

Schon seit Ende der 1970er-Jahre werden Schüler mit allen Arten von Beeinträchtigungen in den Unterricht der Regelschule aufgenommen. In einigen Bundesländern werden Integrationsklassen als Modellversuche erprobt, und die Erfahrungen zeigen, dass die Integration von allen Beteiligten als positiv bewertet wird.
Wenn wir als Klassenlehrer unsere schulischen und gesellschaftlichen Aufgaben ernst nehmen, dann sondern wir Schüler mit geistigen oder körperlichen Beeinträchtigungen nicht aus dem Regelschulalltag aus, sondern unterrichten sie mit allen gemeinsam. Integration kann aber nur bedeuten, dass wir unsere Vorstellungen von homogenen Lerngruppen und das Prinzip des gleichschrittigen Lernens aufgeben müssen zugunsten von „zieldifferentem Lernen“. Es kann demnach nicht darum gehen, Beeinträchtigungen durch entsprechende Differenzierungs- und Fördermaßnahmen zu beseitigen, sondern um die gemeinsame Arbeit mit unterschiedlichen Schwerpunkten. Hilbert Meyer verdeutlicht den didaktischen Hintergrund des Integrationsgedankens folgendermaßen: „Integration ist die Herstellung einer neuen Ganzheit, in der das, was integriert wird, nicht verloren geht, sondern lebendig und vielfältig aufgehoben wird.“ (Meyer 1997, Bd. 2, S. 178)

Die Integration von Schülern mit attestiertem Förderbedarf scheitert an vielen Schulen schon an der räumlichen und materiellen Ausstattung (fehlende Rollstuhlwege und Fahrstühle, Verletzungsgefahr durch technische Geräte, ungesicherte Fenster usw.). Hinzu kommt, dass in Deutschland Schulen mit Integrationsklassen trotz steigender Tendenz noch deutlich in der Minderzahl sind. Oft gibt es in Regelklassen Schüler, die zwar unter geistigen oder körperlichen Beeinträchtigungen leiden, dies aber niemals bescheinigt bekommen haben.

Als Klassenleitungsteam haben wir uns um eine Integrationspädagogik bemüht, die auf unterschiedlichen Lernniveaus möglichst allen Schülern gerecht wird, und sie entsprechend ihren Fähigkeiten und Fertigkeiten zu fordern und zu fördern. Anhand eines Beispiels aus der Anfangsphase unserer Klassengemeinschaft soll unsere Vorgehensweise verdeutlicht werden:

> Carsten ist heute schon wieder nicht zum Unterricht erschienen. Die anderen Schüler vermuten, dass er sich nicht traut, da heute in der 5. und 6. Stunde die Ergebnisse der Unterrichtseinheit „Stars, Idole und Vorbilder" präsentiert werden. Er hat schon öfter an Präsentationen nicht teilgenommen.

Carsten hat eine doppelseitige Lippenkiefergaumenspalte, spricht dadurch sehr undeutlich und hört deutlich weniger als andere. In regelmäßigen Abständen wird er kieferorthopädisch behandelt. Als er zu uns in die Klasse kam, haben erst einmal alle etwas komisch geguckt. Nach gemeinsamen Gesprächen mit der Klasse – u. a. mit Informationen zur Entstehung dieser körperlichen Beeinträchtigung und der damit verbundenen notwendigen Behandlung – verschwanden diese Probleme. Carsten bekam einen Platz ganz vorne in der Klasse, um die Lehrer besser verstehen zu können, und die Mitschüler ließen ihm Zeit, wenn er etwas mündlich vortragen sollte. Außerdem waren sie dann extrem leise, denn nur so hatten sie die Chance, auch alles zu verstehen. Carsten wurde ein festes Mitglied der Klassengemeinschaft und nahm nun selbstverständlich an den Präsentationen teil.

Ohne die Kontinuität in der Klassenleitung können wir uns allerdings diese Form von Integrationspädagogik nur schwer vorstellen. In unserem Fall konnten wir als Klassenleitungsteam das gegenseitige Vertrauen im Laufe der Jahre aufbauen und eine kontinuierliche Betreuung gewährleisten. Wir konnten beobachten, dass die Schüler unserer Klasse sukzessive eine hohe Wertschätzung für den je individuellen Leistungsfortschritt aller entwickelt haben. Sie begründeten diese Haltung mit folgenden Worten: „Wir wissen ja immer, wer gerade woran arbeitet. So können wir anderen helfen, aber auch andere um Hilfe bitten."

Fazit: Die Situation, die sich in unserer Klasse herausgebildet hat, lässt sich so charakterisieren: Alle werden gemeinsam unterrichtet, aber mit verschiedenen Inhalten und verschiedenen Lernzielen. Alle lehnen Gleichmacherei ab und stehen im Wettbewerb zu- und miteinander, aber – und das ist das Entscheidende – die Akzeptanz der unterschiedlichen Voraussetzungen (die „Handicaps" im Jargon des Sports) sorgt für tatsächliche Chancengleichheit und Erfolgserlebnisse für alle.

Checkliste zur Integration von behinderten Mitschülern

- Sicherheit schaffen (geringe Fluktuation der Fachlehrer, langfristige Betreuung durch Klassenlehrer oder -teams).
- Für betroffene Schüler einen adäquaten Platz auswählen (besonders bei Hör- und Sehbehinderungen).
- Eine geeignete Tischgruppe auswählen (Akzeptanz und behutsame Anleitung/Aufforderung zum Mittun).
- Aufgaben mit unterschiedlichen Schwierigkeitsgraden stellen, die von den Einzelnen bzw. von Lerngruppen gelöst werden können (innere Differenzierung/Wahldifferenzierung).
- Individuelle Arbeitspläne erstellen, die den unterschiedlichsten Lerngruppen, Lernständen und Behinderungen gerecht werden (Vermeidung von Frustration/Lernerfolg ist relativ).
- Verstärkung der individuellen positiven Eigenschaften (im kognitiven und emotionalen Bereich), um Ungleichheiten deutlich zu machen und trotzdem gemeinsam zu arbeiten.

D Neue Mitschüler: Hi, wer bist du?

Als Lena neu in die Klasse kam, wussten wir als Klassenleiter nur, dass Englisch und Mathe nicht gerade ihre Lieblingsfächer waren und dass sie die Realschule verlassen hat, weil sie sich dort nicht mehr wohl fühlte. Bevor wir sie der Klasse vorstellten, haben wir ein kurzes Gespräch mit Lena geführt: Wir haben ihr erklärt, wer wir sind, und uns nach ihrer Gemütsverfassung erkundigt. Natürlich war sie aufgeregt und wusste nicht, was auf sie zukommen würde.
Beim Betreten des Klassenraums wurde sie von allen herzlich empfangen. Nachdem wir sie vorgestellt haben, fragte Michaela (mit der wir die Tischgruppenzugehörigkeit im Vorfeld abgesprochen haben) Lena, ob sie sich neben sie setzen wolle. Lena nahm das Angebot an. Dann stellte sich jede Schülerin und jeder Schüler – und natürlich auch Lena – mit einer positiven und einer negativen Eigenschaft und gegebenenfalls mit einer besonderen Funktion oder Aufgabenzu-

weisung innerhalb der Klasse vor. So lernte Lena auch gleich den Klassenraum kennen. Lena empfand es als sehr angenehm, dass nicht wir als Klassenleitungsteam ihr die Schule und das Lernumfeld zeigten, sondern Michaela sie fragte, ob sie ihr alle Örtlichkeiten zeigen solle. Michaela hat gleich die Patenschaft für Lena übernommen, die sich dadurch sofort zugehörig fühlte.

Die Aufgaben einer Patenschaft haben wir in unserer Klasse wie folgt konkretisiert: Der Pate bzw. die Patin soll

- soziale Kontakte zu dem/der „Neuen" herstellen,
- die Verpflichtung fühlen, sich um ihn/sie zu kümmern,
- darauf achten, dass es ihm/ihr gutgeht,
- sein/ihr Fürsprecher sein,
- Verantwortung übernehmen und lernen, damit umzugehen,
- für die Einbindung in die Klassengemeinschaft (oder Tischgruppe) sorgen.

Lena war nicht der erste „Neuzugang" in unserer Klasse und auch sie teilte uns nach kurzer Zeit mit, dass sie sich – wie die anderen „Neuen" – bei uns sehr wohl fühlte, sie sah sich von uns angenommen und hat sich problemlos in die Klasse integriert.

Als Klassenleitungsteam haben wir uns das folgende grundsätzliche Prozedere angewöhnt, um neue Schüler in die Klassengemeinschaft aufzunehmen:

Im Vorfeld klären wir zunächst, ob eine Schülerin/ein Schüler neu in unsere Schule kommt oder nur aus einer anderen Klasse in unsere Klasse versetzt wird. Für den ersten Fall gelten sicherlich grundsätzlichere Überlegungen, da die Situation der Schule vollkommen neu ist.

Um eine Neue oder einen Neuen wirklich in eine Klassengemeinschaft zu integrieren, ist es notwendig, die eigene Klassensituation für sich selber so genau wie möglich zu beschreiben oder zu analysieren. Das kann anhand von Clustern, Mindmaps (Kirckhoff, 1997) oder auch in Gesprächen mit der Klasse geschehen. Aufgrund dieser Ausgangssituation lässt sich viel besser einschätzen, wo Konflikte zwischen einzelnen Gruppen bestehen, welche Animositäten es innerhalb der Gemeinschaft gibt, wo Verhaltensauffälligkeiten Einzelner die Klassensituation stören oder beherrschen. Wenn wie bei uns meist in festen Tischgruppen gearbeitet wird, ist dies besonders wichtig, damit die Zuordnung zu einer bestimmten Tischgruppe möglichst wenig Schwierigkeiten mit sich bringt.

Nachdem diese Voraussetzungen geklärt sind, beschaffen wir uns Informationen über den neuen Schüler bzw. die neue Schülerin. Um möglichst un-

voreingenommen miteinander arbeiten zu können, verzichten wir zunächst ganz bewusst darauf, uns die letzten Zeugnisse anzusehen oder die Schulakte geben zu lassen. Die Noten sind nach unserer Einschätzung sekundär, denn wir haben die Erfahrung gemacht, dass die gemeinsame Arbeit sehr viel mehr über einen Schüler aussagt als die Einschätzung anhand von Zensuren.
Gespräche mit den Eltern sind natürlich eine wichtige Voraussetzung für das Gelingen der Integration, evtl. auch Gespräche mit Freunden. Letzteres setzt allerdings voraus, dass der Kontakt zur alten Schule aufrechterhalten werden soll – was aber von einigen „Neuen“ gar nicht gewünscht wird.

Fazit: Neue Mitschüler sind nicht nur für die Schüler, die eine Patenschaft übernehmen, sondern für die gesamte Klasse eine Herausforderung. Für beide Seiten gilt es, ein neues Gleichgewicht zu finden, das Innovation und Kontinuität neu austariert.

Checkliste zur Integration neuer Mitschüler

- Informationen über den neuen Schüler beschaffen (durch Gespräche mit dem Schüler, den Eltern, Freunden ...).
- „Gemütsverfassung“ des neuen Schülers erkunden und im Gespräch mit ihm Erwartungen, Wünsche und Vorstellungen von Lehrer- und von Schülerseite formulieren.
- Die Klasse vorbereiten und Verantwortlichkeiten bzw. Patenschaften gemeinsam festlegen.
- Gegenseitiges Vorstellen, z. B. mit einer guten und einer schlechten Eigenschaft sowie übernommenen Aufgabenbereichen innerhalb der Klassengemeinschaft (Klassensprecher, Computerexperte ...).
- Erkundung des Lernumfeldes mithilfe der Mitschüler (Patenschaft), z. B. Fachräume, Fahrradplätze, Mensa, örtliche Gegebenheiten, Schulsekretärin, Hausmeister, Stundenplan, Schulordnung ...
- Unterrichtsbücher bereitstellen und notwendige zu beschaffende Materialien auflisten.
- Klassengespräch führen über methodisches Vorgehen im Unterricht, Erwartungen des Klassenlehrers, fachliche Voraussetzungen und individuelle Schwierigkeiten.
- Das Vorwissens des neuen Schülers klären, um einerseits vorhandenes Wissen zu nutzen und andererseits Lücken durch Zusatzmaßnahmen zu schließen.

Literatur

AVCI-WERNING, MELTEM: Klischees verändern. In: Lernchancen 10/1999, S. 4–11

DERS.: Prävention und Reduktion ethnischer Konflikte in der Schule. Münster/New York 2004

ENDERS-DRAGÄSSER, UTE/FUCHS, CLAUDIA: Interaktionen der Geschlechter, Weinheim 1993

FAULSTICH-WIELAND, HANNELORE: Koedukation – Enttäuschte Hoffnungen? Darmstadt 1991

GRABBE, BEATE: Dennis: „Ich bin hier der Schulschreck!“ Donauwörth 2003

GRAUMANN, OLGA: Gemeinsamer Unterricht in heterogenen Gruppen. Bad Heilbrunn 2002

GREVING, JOHANNES/PARADIES, LIANE: Unterrichts-Einstiege. Berlin 1996

HABERMAS, JÜRGEN: Legitimationsprobleme im Spätkapitalismus. Frankfurt/M. 1973

HATTO, CHRISTIAN: Das Klassenklima fördern. Berlin 2003

HENTIG, HARTMUT V.: Die Schule neu denken. München 1993

DERS.: Die Schule und die Lehrerbildung neu denken. In: HÄNSEL, DAGMAR/ HUBER, LUDWIG (Hrsg.): Lehrerbildung neu denken und gestalten. Weinheim 1996

HORSTKEMPER, MARIANNE/WETZEL-SCHUMANN, MARISSA: Koedukation: immer noch, immer wieder ein Thema. In: Pädagogik extra 11–12/1995

JAHNKE-KLEIN, SYLVIA: Sinnstiftender Mathematikunterricht für Mädchen und Jungen. Baltmannsweiler 2001

JÜRGENS, BARBARA: Schwierige Schüler. Baltmannsweiler 2000

KAISER, ASTRID: Koedukation und Jungen. Weinheim 1997

KIPER, HANNA: Selbst- und Mitbestimmung in der Schule. Baltmannsweiler 1997

KIRCKHOFF, MOGENS: Mind Mapping. Weinheim 1997

LOHMANN, GERD: Mit Schülern klarkommen. Berlin 2003

MEYER, HILBERT: Schulpädagogik, Bd. 2. Berlin 1997

PARADIES, LIANE/LINSER, HANS JÜRGEN: Differenzieren im Unterricht. Berlin 2001

PRENGEL, ANNEDORE: Pädagogik der Vielfalt. Opladen 1995

PREUSS-LAUSITZ, ULF: Schule als Schnittstelle moderner Kinderfreundschaften – Jungen und Mädchen im Austausch von Distanz und Nähe: In: Zeitschrift für Soziologie der Erziehung und Sozialisation, 2/1999, S. 163–187

SIELERT, UWE: Jungenarbeit. Weinheim 1993

Liane Paradies/Hans Jürgen Linser

4 Das Lernen lernbar machen

„Ich hab doch gelernt und trotzdem ist es daneben gegangen." Eine typische Schüleräußerung, die wir so oder ähnlich immer wieder hören. Die Entgegnung: „Dann musst du eben mehr/besser lernen!" ist nicht nur zynisch, sie hilft auch keinem Schüler weiter, denn nur wenige Schüler wissen, wie sie besser lernen können. Deshalb ist es für sie wichtig, zu erfahren, dass Lernen lernbar ist und wie sie Lernen lernen können. Dazu brauchen sie Hilfe.
Was aber ist Lernen? „Lernen ist Wahrnehmen und Speichern, Erkennen und Wiedererkennen, Einordnen und Verarbeiten, Vergleichen und Abrufen, ja auch Suchen und Finden, Behalten und Verstehen ... ein Prozess, in dem geistige, psychische und körperliche Vorgänge untrennbar miteinander verbunden sind." (Vester 1979, S. 5)
Damit die Schüler diesen Prozess durchschauen und bewusst gestalten lernen, benötigen sie bestimmte Kenntnisse und Werkzeuge.
Die Schüler müssen u. a.

1. etwas über ihren individuellen Lerntyp erfahren,
2. Lernsituationen erleben, die ganzheitlich die Förderung der Fachkompetenz und der Sozial- und Selbstkompetenz verbinden,
3. die Bedeutung von Konzentrations- und Entspannungsübungen für das Lernen kennen und diese einsetzen können,
4. Lernprozesse reflektieren können.

In diesem Kapitel werden Anregungen gegeben zur kognitiven, affektiven und handlungsbezogenen Lernerfahrung. Übungen sollen helfen, die Methoden-, Sozial- und Selbstkompetenz der Schüler zu fördern. Im ersten Teil werden Verfahren vorgestellt, die Schülern einen besseren Zugang zu den eigenen Lernvoraussetzungen und Lernvorgängen vermitteln. Der zweite Teil stellt Methoden vor, die wir Lehrer nutzen, um das Lernen unserer Schüler zu unterstützen. Im dritten Teil werden Konzentrations- und Entspannungsübungen als Unterstützung des Lernens vorgestellt.

Die Informationen und Übungen sind so gestaltet, dass sie auch auf Elternabenden vorgestellt, teilweise auch eingesetzt werden können. Häufig sehen Eltern das häusliche Lernen vor allem als Üben, Wiederholen und Auswendiglernen. Aufgrund fehlender eigener Erfahrungen haben sie oftmals Vorbehalte gegenüber dem Nutzen neuer Lern- und Übungsmethoden. Informationen über unterschiedliche Lerntypen, über ganzheitliche Lernprozesse und den besonderen Stellenwert der Förderung von Sozial- und Selbstkompetenzen können diesen Vorbehalten entgegenwirken und Eltern neue Einsichten über mögliche Gründe für eine fehlende Lernmotivation ihrer Kinder verschaffen.
Hier eine Übung, die sich als Einstieg in das Thema eignet:

Miesmacher – Muntermacher ab Klasse 5

Intention: Jeder Schüler kennt innere „Miesmacher" und „Muntermacher", die seine Grundeinstellung beim Lernen beeinflussen. Diese Übung macht solche Gedanken bewusst und zeigt Schülern Strategien auf, wie sie mit ihnen umgehen können, um die eigene Lernmotivation aufzubauen.

Zeitbedarf: ca. 30 Minuten

Material: Arbeitsblätter mit Miesmacher- und Muntermacher-Gesicht und leeren Denkblasen, Stifte

Muntermacher 	**Miesmacher** 
Ich bin neugierig und will etwas Neues lernen.	Ich habe jetzt keine Lust zum Lernen. Ich will jetzt etwas anderes tun.
Ich will mich anstrengen, um mehr zu erfahren.	Ich habe jetzt keine Zeit.
Ich nehme mir für das Lernen genügend Zeit.	Das kann ich auch später noch machen.
Beim Lernen gehe ich konzentriert und vorsichtig vor.	Das mache ich ganz schnell und nebenbei.
Ich weiß, dass ich für den Erfolg selbst verantwortlich bin.	Ich weiß ja sowieso nicht, wie das geht.
Die Zusammenarbeit mit Mitschülern macht Spaß.	Ich habe Angst vor schlechten Noten.
…	…

Durchführung: Die Schüler werden aufgefordert, alle Mutmacher- und Miesmacher-Gedanken aufzuschreiben. Gegebenenfalls kann die Lehrperson einige Beispiele vorgeben (s. o.).

Auswertung: Alle Beispiele werden an der Tafel gesammelt. Gemeinsam entwickelt die Klasse nun Strategien, wie mit diesen Einstellungen umgegangen werden kann, um die individuelle Lernbereitschaft zu fördern.

A Jeder lernt anders, aber alle lernen mit allen Sinnen

1. Eine Reise in das Innere unseres Gehirns

In der Schule werden die Fähigkeiten der linken, mehr analytisch arbeitenden Gehirnhälfte stärker beansprucht als die der rechten Hälfte, die stärker bildhaft arbeitet. Dementsprechend fallen häufig Schüler durch das Leistungsraster, die weniger auf das verbale Denken spezialisiert sind, sondern ihre Stärken im nichtverbalen, räumlichen und visuellen Denken haben. Eine wichtige Aufgabe des Unterrichts ist es deshalb, die spezifischen Leistungen beider Gehirnhälften zu trainieren und zu fördern. Es müssen Methoden eingesetzt werden, die es Schülern ermöglichen, alle geistigen Fertigkeiten und Fähigkeiten auszuschöpfen.
Aber auch den Schülern selbst können die Erkenntnisse über das Zusammenwirken der beiden Gehirnhälften und seine Bedeutung für das ganzheitliche Lernen eine wichtige Hilfe sein. Nach den folgenden Übungen wird es ihnen leichter fallen, ihre subjektiven Verarbeitungsprozesse zu durchschauen.

Experiment: Wer erkennt etwas? ab Klasse 5

Intention: Die Schüler sollen erfahren, wie durch die Verknüpfung bildlicher und sprachlicher Informationen ein Lernstoff besser erfasst werden kann.
Zeitbedarf: ca. 15 Minuten
Material/Medien: Overheadprojektor, Folie mit Abbildung (→ S. 71)
Durchführung: Das einleitende Experiment zur unterschiedlichen Leistung der beiden Gehirnhälften kann mit folgenden Worten vorgestellt werden: „Wir werden gemeinsam ein kleines Experiment durchführen. Es soll uns erste Hinweise auf die Frage geben: Wie arbeitet unser Gehirn? Deshalb ist es wichtig, dass ihr euch nicht miteinander beratet. Jeder arbeitet für sich. Ich werde euch ein Bild zeigen, auf dem etwas verborgen ist. Schaut euch das Bild genau an. Wer etwas erkannt hat, schreibt den Namen dafür auf.“ Jetzt wird den Schülern die Folie mit der Abbildung gezeigt:

(nach K. M. Dallenbach: A puzzle picture with a new principle of concealment. Amer. J. Psychol. (1951) 64. S. 431)

Nach ein bis zwei Minuten wird der Projektor ausgeschaltet und gefragt, wer etwas erkannt hat. Das Ergebnis der Befragung wird in einer Tabelle an der Tafel (s. u.) notiert. Wichtig: Den Schülern sollte deutlich sein, dass es hier nicht um eine zu beurteilende Leistung geht. Die Auswertung wird zeigen, dass sehr viele Schüler das Objekt nicht erkannt haben.
Nun wird der Projektor erneut eingeschaltet. Doch diesmal wird eine Erläuterung dazu gegeben: „Schaut euch bitte das Bild noch einmal genau an. Diejenigen, die jetzt auf dem Bild eine Kuh erkennen, melden sich bitte.“ Die sich nun ergebenden Zahlen werden wiederum in der Tabelle eingetragen.

	Ich habe ein „Etwas“ erkannt	Ich habe kein „Etwas“ erkannt
ohne Erläuterung	z. B. 6	z. B. 21
mit Erläuterung	z. B. 20	z. B. 7

Für diejenigen, die das Bild auch jetzt nicht erkennen, kann erläutert werden: Die zusammenhängende weiße Fläche in der linken Bildhälfte zeigt

Stirn und Nasenrücken der Kuh, die beiden schwarzen Flächen in der oberen Bildhälfte sind die Ohren.

Auswertung: Wie lässt sich diese auffällige Veränderung erklären? Während der ersten Phase des Experiments sollen die Schüler auf einen bildhaften Impuls reagieren. Ohne dass es ihnen bewusst ist, wird die rechte Hälfte des Gehirns aktiviert. Sie ist für die Verarbeitung visueller Informationen zuständig. Die Bildvorlage wird nach Farbe, Form, Strichführung und Flächen entschlüsselt. Die Beobachtungen können aber bei vielen noch nicht zu einem Ergebnis zusammengebaut werden. In der zweiten Phase des Experiments wird neben der rechten auch die linke Gehirnhälfte aktiviert. Neben das Bild tritt eine sprachlich-begriffliche Information. Da beide Gehirnhälften durch ein dickes Bündel von Nervenleitungen, den sog. Balken (Corpus callosum), miteinander verbunden sind, können die Informationen ausgetauscht werden.

Nach diesem Experiment kann ein Merksatz für die Schüler lauten: Soll Lernstoff aufgenommen und verarbeitet werden, dann müssen Voraussetzungen dafür geschaffen werden, dass das Gehirn Informationen bildlich und sprachlich verarbeiten kann.

Eine Reise in unser Gehirn ab Klasse 5

Intention: Die Schüler vergegenwärtigen sich durch eine Fantasiereise, wie die Gehirnhälften ihr Arbeiten und Lernen beeinflussen.

Zeitbedarf: etwa eine Unterrichtsstunde

Material: Textvorlage, pro Schüler ein DIN-A3-Blatt, Buntstifte, Wachskreide

Durchführung: Bevor die Schüler sich auf eine kleine Reise ins Innere des Gehirns begeben, erhalten sie Informationen über die Beschaffenheit unseres Gehirns (→ S. 73).

Da dieses Schema für die Schüler abstrakt bleibt, soll die folgende Übung sie bildlich an die Leistungen der beiden Gehirnhälften heranführen. Die nachfolgende Erzählung (→ S. 74) kann als Fantasiereise (→ S. 97) eingesetzt werden. Im Anschluss erhalten die Schüler einen weißen DIN-A3-Bogen mit dem Arbeitsauftrag: Zeichnet auf diesen Bogen die Umrisse der Gehirnhälften. (Ein Vergleich mit einer geöffneten Walnuss ist dabei sehr hilfreich.) Gestaltet diese anschließend nach den Bildern, die ihr aus der Erzählung mitgenommen habt.

Auswertung: Bei der Besprechung können Begriffe herausgearbeitet werden, die die Bilder interpretieren. Diese werden in einer Tafelzeichnung um das Gehirn herum den entsprechenden Hälften zugeordnet.

Die Arbeit der beiden Gehirnhälften

Das Lernen ist eine Leistung unseres Gehirns. Heute sind bereits sehr viele Details der Arbeitsweise des Gehirns bekannt. Eine sehr wichtige Erkenntnis ist die, dass die beiden Hälften des Großhirns, die Hemisphären, eine Art Arbeitsteilung praktizieren:

1. Die *linke* Hemisphäre, die auch für die Bewegungen und Sinnesorgane der rechten Körperhälfte (rechtes Ohr, rechtes Auge) zuständig ist, arbeitet analytisch und denkt in Begriffen.
2. Die *rechte* Hemisphäre, die dementsprechend für die linke Körperhälfte und deren Sinnesorgane zuständig ist, denkt in Bildern.

Der „Balken" verbindet die beiden Hälften. Er enthält unzählige Nervenleitungen, die die Funktionen der beiden Hälften miteinander vernetzen.
Eine effektive Arbeitsweise des Gehirns liegt beim Lernen vor, wenn hierbei beide Gehirnhälften benutzt/aktiviert werden.
Das folgende Schema gibt einen Überblick über die Funktionen der beiden Gehirnhälften (nach KRÜGER 1997, S. 16).

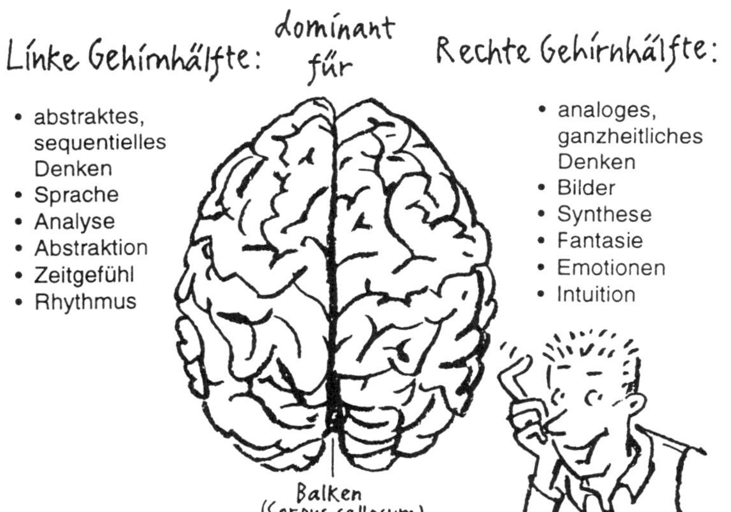

Die beiden Hemisphären des Gehirns mit ihren Funktionen

Hier einige Beispiele:

Linke Gehirnhälfte	Rechte Gehirnhälfte
Logik, Sprache, Lesen, Schreiben, Zuhören, Regeln, Zahlen, Ordnung, Einzelheiten erkennen	Gefühle, Tastsinn, Vorstellungen, Fantasie, Musik, Bewegung, Kreativität, Kunst, Farbempfinden, ganze Bilder

Fantasiereise ins Innere des Gehirns

Stell dir vor, du betrittst ein dir unbekanntes Gebäude. Du öffnest die Tür und betrittst einen langen Flur. Überall sind Kabel und Leitungen verlegt. Sie verbinden sich und laufen wieder auseinander. Du erreichst eine Stelle des Flures, wo sich links und rechts je eine Tür befindet. Viele Leitungen führen in sie hinein. Welche Tür willst du zuerst öffnen? Du entscheidest dich für die linke.

Du bist erstaunt. Dieser Raum erscheint ganz aufgeräumt. Die Wände sind wie frisch gestrichen. An den Wänden befinden sich viele Regale und geschlossene Schränke. In der Mitte stehen große Schreibtische. Jeder Gegenstand, der auf ihnen liegt, hat seinen festen Platz. Jede Einzelheit ist genau zu erkennen. Die Menschen, die hier arbeiten, tragen alle eine Kleidung wie eine Uniform. Sie scheinen alle eine ganz bestimmte Aufgabe zu haben. Der eine überprüft die Ordnung in den Regalen, ein anderer notiert Zahlen und Regeln. Und wieder ein anderer schreibt auf, was ihm diktiert wird. Wenn sie miteinander reden, so klingt das wie monotone Anweisungen und Befehle. Du bist beeindruckt von der Übersicht und der Klarheit, die in diesem Raum herrschen.

Nun bist du aber neugierig geworden. Wie mag es wohl in dem anderen Raum aussehen? Du verlässt den Raum und trittst vor die andere Tür. Kaum hast du die Tür einen Spaltbreit geöffnet, hörst du lustige Stimmen und eine Musik, zu der du am liebsten gleich tanzen würdest. Nun betrittst du den Raum. Einen Raum mit solch farbenfrohen Wänden hast du noch nie gesehen. Der ganze Raum erscheint dir wie ein großes Kunstwerk. Der Fußboden ist gar kein Fußboden. Es ist eine bunte Blumenwiese. Die Menschen tragen bunte, fantasievolle Kleidung. Keiner sieht aus wie der andere. Sie sind alle vergnügt. Einige tanzen, andere pflücken Blumen oder flechten Körbe. Du siehst auch eine Person, die weint. Aber gleich ist jemand bei ihr, spricht mit ihr und versucht sie wieder aufzumuntern.

Nach kurzer Zeit verlässt du auch diesen Raum und begibst dich wieder auf den Flur. Auf deinem Weg zum Ausgang wird dir klar: Du bist in beiden Räumen zu Hause. Du kannst nur richtig lernen, wenn du in beiden Räumen lebst. Du brauchst Ordnung, aber auch Fantasie. Regeln und Zahlen sind genauso wichtig wie Kreativität und Gefühle. Wenn das Lernen besser funktionieren soll, müssen beide Hälften des Gehirns aktiv sein.

Schülerzeichnung

2. Mein persönliches Lernverhalten

Es ist heute unumstritten, dass zum Lernen Selbstständigkeit und Selbsttätigkeit gehören. Aufgabe der Schule ist es, diese Aspekte zu fordern und zu fördern. Eine wichtige Voraussetzung dafür ist, dass Schüler befähigt werden, sich und ihr Lernverhalten besser einschätzen zu können. Sie müssen also ihren individuellen Lerntyp kennen, um eigene Lernwege zu finden.
Der *Lerntyp* ergibt sich daraus, welche *Sinnesorgane* beim Lernen im Vordergrund stehen, auf welche Weise Informationen am leichtesten aufgenommen werden. Dabei ist zu berücksichtigen, dass es sich im Einzelfall immer um Mischformen handelt.
Die vier wichtigsten *Lerntypen* sind:

1. Auditiver Lerntyp: Das Zuhören steht im Vordergrund
2. Visueller Lerntyp: Das Sehen und Beobachten stehen im Vordergrund
3. Haptischer Lerntyp: Das eigene Tun und Fühlen stehen im Vordergrund

4. Verbaler-abstrakter Lerntyp: Das Gespräch, das Fragen und Erzählen stehen im Vordergrund

Jeder Schüler hat seine individuelle Art, Wissen aufzunehmen, zu verarbeiten und zu speichern. Mithilfe von Lerntypen-Tests können Schüler und Lehrer wichtige Hinweise zum persönlichen Lernstil erhalten (z. B. Vester 1993, S. 144 ff. und Miller 1995, S. 194 ff.).
Die Vielfalt des individuellen Lernens macht es unmöglich, Unterricht so zu gestalten, dass jeder Schüler sich immer optimal angesprochen fühlt. Je früher Schüler aber ihre individuellen Lernweisen kennenlernen, desto eher können sie Lernstoff in die Sprache und Assoziationsformen ihres eigenen Grundmusters übertragen.
Die folgende Übung zum Lerntyp soll helfen, sich bewusster mit den eigenen Lernstrategien auseinanderzusetzen.

Behalten – vergessen ab Klasse 5

Intention: Die Schüler stellen Vermutungen darüber an, wie sie Lerninhalte am besten behalten, vergleichen diese mit einem Durchschnittswert und ziehen daraus Rückschlüsse für ihr Lernen.
Zeitbedarf: ca. 15 Minuten
Material: Säulendiagramm (s. u.), Stifte (evtl. verschiedenfarbig)
Durchführung: Von ihrem Gefühl ausgehend notieren die Schüler eine Selbsteinschätzung zu den verschiedenen Lernkanälen. Hinweis: „Beim Lernen werden alle Sinne eingesetzt. Wie schätzt du die Anteile bei dir ein? Treffe für jede Säule eine Entscheidung und markiere den Wert in der linken Hälfte."

Behalten durch

in %	Lesen		Hören		Sehen		Hören + Sehen		Darüber-reden		Handeln	
100												
90												
80												
70												
60												
50												
40												
30												
20												
10												
0												

links: eigene Einschätzung, rechts: ermittelter Durchschnittswert

Auswertung: Die Schüler stellen Beziehungen her zwischen ihren Angaben und den Aussagen folgender Verse:

> Erkläre mir,
> und ich vergesse.
> Zeige mir,
> und ich werde erinnern.
> Lass es mich tun,
> und ich werde verstehen.
> *(Volksgut)*

Anschließend werden die folgenden wissenschaftlich ermittelten Durchschnittswerte in die jeweils rechts Spalte eingetragen: Die Menschen behalten durch Lesen 10 %, Hören 20 %, Sehen 30 %, Hören + Sehen 50 %, Darüberreden 70 %, Handeln 90 % (vgl. Miller 2001, S. 43).
Die Schüler vergleichen diese Werte mit ihren Angaben und stellen Überlegungen an zu der Frage: Welche Rückschlüsse kann ich daraus z. B. für das Vokabellernen ziehen?

B Methoden, die das Lernen unterstützen

Seit Humboldt und dem Königsberger Schulplan von 1809 wird immer wieder mit unterschiedlicher Schärfe und Gewichtung das *Lernen-Lehren* neben der *Lernstoffvermittlung* als wichtiges Bildungsziel der Schule genannt. Heute sind das Einüben von Lernstrategien und die Förderung von Lernhaltungen aus dem Schulalltag nicht mehr wegzudenken. Die Gründe hierfür sind vielfältig. Auf einige wesentliche soll an dieser Stelle hingewiesen werden:

1. Die Berufswelt fordert auf der einen Seite immer spezielleres Fachwissen, auf der anderen Seite besteht durch den raschen Wandel des Fachwissens ständig die Notwendigkeit, sich neues Wissen selbstständig anzueignen.
2. Die Selbsttätigkeit ist ein zentrales Moment der Persönlichkeitsentwicklung (vgl. Gaudig 1922).
3. Nach Erkenntnissen der Entwicklungspsychologie ist das Lern- und Arbeitsverhalten des Menschen abhängig von der Art und Weise der Anregungen und Anleitungen zum Lernen. Das Lern- und Arbeitsverhalten entwickelt sich nicht autonom.

4. Die gezielte Anwendung erfolgversprechender Lernstrategien fördert die Lernbereitschaft, steigert die Motivation und verhindert Resignation.
5. Begabungspotenzial kann nur dann in adäquate Schulleistungen umgesetzt werden, wenn Lern- und Arbeitstechniken beherrscht und bewusst von Schülern eingesetzt werden können. Für diese Stützfaktoren sind 30–40 % der Lernleistungen anzurechnen (vgl. KELLER 1993).

Durch das Kennenlernen von Methoden, die das Lernen unterstützen, wächst die Selbststeuerungs- und Selbstbestimmungsfähigkeit und damit die Mündigkeit des Schülers. Das heißt, Schüler gewinnen an persönlicher Autonomie und Handlungskompetenz, wenn sie gelernt haben, selbstständig und im Team zu arbeiten, zu entscheiden, zu planen, zu organisieren, Probleme zu lösen, Informationen auszuwerten, Prioritäten zu setzen und kritisch-konstruktiv zu argumentieren. Erst wenn Schüler sich vor Augen geführt haben, was sie zum Lernen anregt oder dabei blockiert, erfahren sie die Bedeutung ganzheitlichen Lernens. Sie wählen Methoden, die unterschiedliche Lernkanäle ansprechen und das gemeinsame Lernen unterstützen, und stärken dadurch ihre Sozial- und Selbstkompetenz.

1. Ein Thema erschließen

Zu Beginn einer Unterrichtseinheit ist es besonders wichtig, Schüler ganzheitlich in die Anfänge eines Lernprozesses einzubinden. Im Folgenden werden zwei Methoden vorgestellt, die helfen, neue Themen inhaltlich und strukturell in ihrer Vielfalt zu erfassen, emotionale Bezüge herzustellen und über nonverbale Aktionen die persönliche Positionierung zu erfassen.

Meinungslinie ab Klasse 5

Intention: Die Methode dient dem Umgang mit Meinungsverschiedenheiten zu einem bestimmten Diskussionsthema. Dabei werden Meinungen differenzierter betrachtet und Extrempositionen relativiert.

Zeitbedarf: 20 Minuten

Material: Kreppklebeband, zwei verschiedenfarbige DIN-A3-Blätter

Durchführung: Zunächst wird das Diskussionsthema festgesetzt (z. B. Sollen Jungen und Mädchen im Sportunterricht getrennt unterrichtet werden?). Daraus ergeben sich zwei Positionen, die auf zwei DIN-A3-Blättern notiert werden. *Position A:* Ja, Jungen und Mädchen sollen im Sportunterricht immer getrennt unterrichtet werden (grün). *Position B:* Nein, Jungen und Mädchen sollen im Sportunterricht nie getrennt unterrichtet werden (rot).

Die Tische und Stühle werden nun beiseitegeräumt, sodass ein möglichst großer freier Raum entsteht. Die Lehrperson benennt das Grundthema der Meinungsverschiedenheiten und verdeutlicht noch einmal, dass das Thema unterschiedliche Standpunkte hervorruft, und nennt die beiden Extrempositionen. Anschließend erläutert sie die *Meinungslinie* als eine gedachte Raumdiagonale mit den Extrempositionen als Endpunkten. Sie kann auch durch das Klebeband visualisiert werden. Die Schüler werden aufgefordert, sich entsprechend ihrer Meinung zu dem Thema auf der gedachten Diagonale zu verteilen. Auf diese Weise wird die Verteilung und das Ausmaß der Meinungsverschiedenheiten erfahrbar und optisch verdeutlicht, die beiden Schüler, die am meisten voneinander entfernt sind, repräsentieren die Extrempositionen.

Nun wird die Gruppe in der Mitte der Linie geteilt und die beiden Schüler, die die Extrempositionen eingenommen haben, werden derjenigen Gruppe als Zuhörer zugeteilt, deren Meinung sie nicht vertreten. Die Teilgruppen haben nun ca. 15 Minuten Gelegenheit, ihre Argumente auszutauschen. Anschließend müssen die beiden Beobachter/Zuhörer miteinander diskutieren, wobei sie jeweils die gerade gehörten Argumente vertreten sollen. Sie übernehmen also eine Argumentation, von der ihr eigener Standpunkt am deutlichsten abweicht. Gegebenenfalls kann neben die beiden Diskutierenden jeweils noch ein zweiter Stuhl gestellt werden. Auf den dürfen sich dann für eine kurze Zeit andere Schüler setzen, um sie mit neuen Argumenten zu unterstützen.

Auswertung: Im Klassengespräch wird nun der Nutzen des Verfahrens für den Umgang mit Meinungsverschiedenheiten bzw. Klassenkonflikten herausgearbeitet:

1. Die einzelnen Gruppen sammeln Argumente für ihre eigene Meinung. Da die Gruppenmitglieder sich gegenseitig nicht überzeugen müssen, können in dieser Phase eventuell aufgeschaukelte Emotionen „abkühlen".
2. Die Beobachter, die die Extrempositionen vertreten, müssen den anderen Argumenten zuhören. Da sie anschließend diese Argumente auch noch vertreten müssen, lernen sie ihre Standpunkte zu differenzieren. Das bedeutet, Extrempositionen werden abgeschliffen, was einer Klassengemeinschaft guttut.

Stummes Schreibgespräch ab Klasse 5

Intention: Das bewusste Schweigen bei einem schriftlichen Meinungsaustausch hat den Effekt, dass Interesse und Konzentration auf das geschriebene Wort gerichtet werden und nichts zerredet wird. Assoziationen werden freigesetzt und können aufgegriffen werden oder neue eigene Gedanken hervorrufen. Die Methode hat starken Aufforderungscharakter und macht je nach Art des Impulses auch Spaß. Sie vermittelt ein Stimmungs-, Meinungs- oder Wissensbild in einer Gruppe.

Zeitbedarf: ca. 15 Minuten

Materialien: Papierrolle, Stifte (möglichst dickere, evtl. verschiedenfarbige)

Durchführung: Für jede Gruppe (4–6 Schüler) werden auf zwei zusammengestellten Tischen große Plakate (Packpapier oder Zeitungsrollen) ausgelegt. In der Mitte des Plakates steht der Schreibimpuls (z. B. „Mülltrennung" oder „Das Leben im alten Ägypten"), zu dem die Schüler schriftlich Stellung nehmen. Dazu gehen sie um das Plakat herum. Die Tische müssen frei stehen, um genügend Platz für den Rundgang zu lassen.

Die notierten Stellungnahmen der „Vorschreiber/Vorgänger" werden ebenfalls schriftlich kommentiert und ergänzt. Es können auch neue Gedankengänge initiiert werden. Die Zahl der „Runden" ist nicht begrenzt. Die Schüler gehen so oft schreibend um das Plakat, bis ihnen der „Dialog" abgeschlossen erscheint. Das Wichtigste ist: Es darf nicht miteinander gesprochen werden! Anschließend werden die Ergebnisse besprochen. Meist ergeben sich hierbei Schwerpunkte: Diese Gedanken werden rot eingekreist. Sie bilden die Arbeitsschwerpunkte der folgenden Unterrichtseinheit und machen den Schülern deutlich, dass in den folgenden Stunden an ihren Fragen gearbeitet wird.

2. Erkenntnisse gewinnen und festigen

Schüler müssen Strategien zum Problemlösen besitzen. Einen Ansatz hierzu und zur Diskussion von Themen bietet die folgende Übung.

Listen – Think – Pair – Share ab Klasse 5

Intention: Die Methode macht den Schülern Folgendes bewusst: Wenn ihnen nach dem Stellen einer Frage Zeit zum Nachdenken und zum Austausch gegeben wird, können sie bessere und ausführlichere Antworten geben und mehr logische Argumente finden, um Schlussfolgerungen zu stützen. Die Methode kann vielseitig eingesetzt werden: zur Wiederholung, zur gemeinsamen Erarbeitung eines Lernstoffes oder auch, um einen freien Diskussionsbeitrag zu erschließen. Die Strategie nutzt eine kooperative Lernsituation, fördert die verbale Interaktion und unterstützt eine positive Lernhaltung.

Zeitbedarf: je nach Aufgabenstellung

Material: Papier, Stift

Durchführung: Die Übung ist zunächst in vier Schritte unterteilt:

1. *Listen* (hören/zuhören):
   Schüler hören einen Arbeitsauftrag oder nehmen Informationen auf (z. B. „Was versteht ihr unter Landgewinnung an der Nordseeküste?“ oder „Lest euch das Kapitel über die Landgewinnung an der Nordseeküste durch“ oder „Wie ist eure Meinung zu der These ‚Das Wahlalter sollte auf 16 Jahre herabgesetzt werden‘?“)
2. *Think* (nachdenken):
   Schüler notieren in Einzelarbeit ihre Gedanken (2–3 Minuten).
3. *Pair* (austauschen):
   Jeder Schüler tauscht seine Meinung/sein Wissen mit einem Partner aus (Partnersuche, klare Mitteilung, aktives Zuhören, gegebenenfalls Rückfragen stellen).
4. *Share* (mitteilen):
   Die Lehrperson fordert einen der beiden Partner auf, der Klasse den gemeinsamen Erkenntnisstand mitzuteilen.

Auswertung: Im Klassengespräch werden die Ergebnisse ausgewertet. Die Schüler erkennen, dass sie durch die gemeinsame Auseinandersetzung zu vollständigeren und fundierteren Aussagen gelangen.

Aus vier mach eins ab Klasse 5

Intention: Diese Methode regt vor allem kognitive Aktivitäten an. Dabei wird Einzelarbeit sinnvoll in einen Gruppenprozess integriert. Die Schüler denken zunächst alleine über eine Fragestellung nach und notieren ihre Ideen/Antworten, bevor sie ihre Gedanken austauschen und strukturieren. Das Verfahren eignet sich zur Zusammenfassung gewonnener Erkenntnisse nach einer Unterrichtseinheit oder zur Projektauswertung, kann aber auch gut zur Vorbereitung einer Klassenarbeit eingesetzt werden.

Zeitbedarf: 30–45 Minuten

Material: Plakat (DIN A1), das in fünf Felder eingeteilt ist (vier für die Einzelarbeit, ein Feld in der Mitte für die Ergebnisse); Stifte

Durchführung: Die Schüler setzen sich in Vierer-Gruppen zusammen. Jede Gruppe erhält einen großen Bogen Papier und erstellt zunächst die Aufteilung in fünf Felder (bei anderer Gruppengröße wird die Anzahl der Außenfelder angepasst). Nun schreibt jeder Schüler zur vorgegebenen Fragestellung in sein Außenfeld seine Gedanken (Zeitrahmen vorgeben). Anschließend tauschen sich die Schüler in der Gruppe über ihre individuellen Antworten/Ideen aus. Danach einigen sie sich, welche Antworten/Ergebnisse in das mittlere Feld eingetragen werden sollen. Hierdurch erfolgt eine Fokussierung auf das Wesentliche.

Auswertung: Die Plakate werden aufgehängt und die Ergebnisse anschließend im Klassenverband diskutiert.

3. Ideen und Informationen präsentieren

Zum eigenverantwortlichen Lernen gehört auch das Beherrschen verschiedener Präsentationsmethoden. Die Schüler müssen lernen, Anschauungsmittel selbst auszuwählen, anzufertigen und zu präsentieren.

Die Schüler sollten dazu selbst eine Liste mit wichtigen Aspekten einer guten Präsentation erstellen. Die Liste auf Seite 83 kann genutzt werden, um hierfür Impulse zu geben.

Ergänzend können Präsentationsregeln erarbeitet und von den Schülern z. B. als Plakat gestaltet und mit passenden Zeichnungen illustriert werden. Die Aspekte einer guten Präsentation und die Präsentationsregeln können auch gleichzeitig zur Beurteilung der Präsentation herangezogen werden (s. hierzu auch www.wikipedia.de, Suchwort: Präsentationstechnik, oder www.stangl-taller.at unter Arbeitsblätter, Präsentation).

Checkliste für eine gute Präsentation

Zum Inhalt:
- Sind die wesentlichen Punkte erfasst?
- Werden sie korrekt wiedergegeben?
- Wird das Problem deutlich?
- Werden die Informationen verständlich und anschaulich vorgestellt?

Zur Gliederung:
- Werden die Gliederungspunkte deutlich?
- Werden Zusammenhänge deutlich (Überleitungen beim Referat)?

Zum Medieneinsatz:
- Haben wir uns für die richtige Darstellungsform entschieden?
- Steht die Form der Darstellung (Layout) in einem sinnvollen Zusammenhang mit dem Inhalt?
- Stehen Bild- und Textinformation in einem ausgewogenen Verhältnis?

Zum Auftreten bei einem Vortrag:
- Ist die Vortragsweise/Sprechweise verständlich?
- Ist der Vortrag/die Dokumentation kreativ und motivierend?
- Wirkt der Vortragende glaubwürdig?
- Wird der Vortrag sinnvoll durch die Körpersprache unterstützt?

4. Feedback geben und Arbeitsprozesse reflektieren

Wenn Schüler etwas präsentieren, dann wollen sie auch ein Feedback bekommen. Oft fehlt den Mitschülern hierzu das entsprechende Handwerkszeug und sie bleiben bei Aussagen wie „Die Wandzeitung gefällt mir gut" oder „Den Vortrag fand ich langweilig" stehen.
Die folgenden Methoden sollen helfen, die Klasse in kleinen Schritten an eine Feedback-Kultur heranzuführen, die wiederum zum Ziel hat, die gegenseitige empathische Unterstützung zu fördern und neue Motivation zum weiteren Lernen aufzubauen. Feedbackübungen fördern zusätzlich das Klassenklima, setzen aber auch die Bereitschaft voraus, aktiv an der Entwicklung guter Beziehungen innerhalb der Klasse arbeiten zu wollen.

Das Gelbe vom Ei ab Klasse 5

Intention: Schüler visualisieren ihre persönliche Einschätzung zu einer Präsentation.

Zeitbedarf: ca. 5 Minuten

Material: Zeichnung eines überdimensionalen Spiegeleis auf Tafel oder Plakat

Durchführung: Die Schüler dokumentieren ihre Meinung zu einem Referat/ einer Wandzeitung/einer szenischen Darstellung durch Klebepunkte oder Kreuze. Die Verteilung gibt dem Referenten ein Feedback darüber, wie sein Referat bei den Mitschülern angekommen ist: Punkte oder Kreuze im Eigelb stehen für eine sehr positive Bewertung, Markierungen im Eiweiß oder außerhalb des Spiegeleis für eine entsprechend negative Bewertung.

Auswertung: Ein Gespräch über die Verteilung führt nun gezielter zu den positiven und verbesserungswürdigen Aspekten des Referats.

Erweiterung: Die Klebepunkte/Kreuze können sich auch auf gezielte Arbeitsaufträge beziehen. (Sind die fachlichen Hinweise für jeden verständlich gewesen? Konnte der Referent durch seine Vortragsart überzeugen? Oder: Ist die Struktur der Wandzeitung klar gegliedert? Stehen Bild und Text in einem sinnvollen Verhältnis?)

Fünf-Finger-Feedback ab Klasse 5

Intention: Präsentierende und Zuhörer/Betrachtende geben gezielt Rückmeldung zu wesentlichen Beobachtungen.

Zeitbedarf: je nach Zielsetzung

Material: ausgeschnittene Papphand

Durchführung: Vorrangig ist die Selbstreflexion. Ein Vortragender oder eine Gruppe äußern sich nach der Präsentation zu den Fragestellungen, die durch die fünf Finger symbolisiert werden.

	Sicht des Präsentierenden	Schülersicht/Zuhörer
Daumen	Was war top?	Das ist euch top gelungen.
Zeigefinger	Was war ärgerlich?	Darauf solltet ihr achten.
Mittelfinger	Was war mir wichtig?	Wir haben gemerkt, das war euch wichtig.
Ringfinger	Was liegt mir am Herzen?	Das war euch ein besonderes Anliegen.
Kleiner Finger	Was ist zu kurz gekommen?	Das ist aus unserer Sicht zu kurz gekommen.

Auswertung: Auch hier sollten die Aussagen unkommentiert bleiben.

Blitzlicht-Feedback zur Gruppenarbeit ab Klasse 5

Intention: Schüler können ohne großen Zeitaufwand ihre Einschätzung der Gruppenarbeit austauschen.

Zeitbedarf: 5–10 Minuten

Material: Blitzlichtkarte, Stift

Durchführung: Am Ende einer Gruppenarbeitsphase erhält jeder Schüler eine Karte für ein persönliches Blitzlicht-Feedback (s. u.), die er alleine ausfüllt.

Auswertung: Die Gruppenmitglieder tauschen sich über ihre Einschätzungen anhand der Karten aus.

Alternative: Die Lehrerperson sammelt alle Karten (ohne Namen) ein und gibt der Klasse eine Rückmeldung zum Resultat des Feedbacks. Anschließend werden Perspektiven zur Weiterentwicklung der Gruppenarbeit aufgezeigt. (s. auch www.pi-wien.at/kms/Materialien/Blitzlicht-Kaertchen.htm)

Blitzlicht-Feedback

So fühle ich mich in dieser Gruppe:

Das hat die Gruppe erarbeitet:

So war die Zusammenarbeit in der Gruppe:

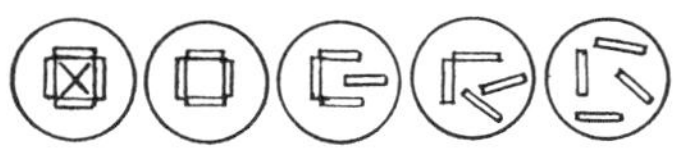

Arbeitsprozesse reflektieren ab Klasse 8

Intention: Auch Gruppen müssen lernen, ihre Arbeit detailliert zu reflektieren. Mithilfe des folgenden Fragebogens geben die einzelnen Gruppenmitglieder sich selbst und der Gruppe ein Feedback über ihre Arbeit auf der Sach- und Beziehungsebene.

Zeitbedarf: 30–45 Minuten

Material: Fragebogen (→ S. 86)

Durchführung: Nach einer Gruppenarbeit füllt jedes Gruppenmitglied den Fragebogen aus.

Auswertung: Die Antworten werden in der Gruppe gemeinsam besprochen. Im Klassenverband können anschließend die Einschätzungen vorgetragen werden und Anforderungen und Problemfelder der Gruppenarbeit neu formuliert werden.

Die Auswertung unserer Gruppenarbeit

1. Was ist deine Meinung zu folgenden Punkten? (0 = ganz schlecht, 5 = besser geht es nicht)
2. Wie ist die Meinung aller Gruppenmitglieder (A–F)? Diktiert euch reihum eure Bewertungen.

Name: ______________________________

Meine Meinung						**Darüber haben wir uns Gedanken gemacht**	**Die Meinung der Gruppenmitglieder**					
0	1	2	3	4	5	**ICH**	A	B	C	D	E	F
						Ich habe mich in der Gruppe wohlgefühlt.						
						Ich habe gute Beiträge geleistet.						
						Ich habe viel gelernt.						
						Ich bin mit unserem Ergebnis zufrieden.						
						WIR						
						Wir haben uns gegenseitig unterstützt.						
						Wir haben uns zugehört und uns ausreden lassen.						
						Wir haben alle Ideen der Gruppenmitglieder berücksichtigt.						
						Wir haben planmäßig an der Aufgabe gearbeitet.						
						Unsere AUFGABE						
						Die Aufgabe war interessant.						
						Die Aufgabenstellung haben wir immer im Blick gehabt.						
						Die Aufgabe haben wir zielgerichtet bearbeitet.						
						Die Aufgabe haben wir arbeitsteilig bewältigt.						
						…						

5. Lernwege und Lernerfolge selbstständig dokumentieren und evaluieren

Schüler sollen in der Schule nicht nur lernen, sie sollen auch befähigt werden, ihre Lernentwicklung als individuelle Lerngeschichte wahrzunehmen. Sie müssen erfahren, wie sie ihre eigenen Lernwege reflektieren und wie sie besser und selbstständiger lernen können. Bearbeitete Inhalte, angewandte Methoden und erkannte Zusammenhänge werden dazu noch einmal unter veränderten Rahmenbedingungen in den Blick genommen.
Drei Möglichkeiten, diese Reflexionsprozesse zu begleiten, werden im Folgenden vorgestellt. Solche Reflexionsmethoden sind heute besonders wichtig, da Schüler oftmals wenig Gelegenheit haben, in der Familie von Schule und Unterricht zu erzählen und so Freude oder Ärger zu verarbeiten.

Ein Brief an mich selbst — ab Klasse 5

Intention: Die Beobachtung des eigenen Lernprozesses kann bereits am Anfang eines Schuljahres mit einem Brief beginnen, den die Schüler an sich selbst richten. Sie erhalten so Gelegenheit, sich aktiv mit ihren Erwartungen an das neue Schuljahr auseinanderzusetzen. Ein solcher Brief unterstützt zudem das Durchhaltevermögen beim Lernen, denn er hilft, Erwartungen an das eigene Leistungsvermögen zu überdenken und zu relativieren.
Zeitbedarf: 30–45 Minuten
Material: Briefpapier, Briefumschlag, Stift
Durchführung: Der „Brief an mich selbst" kann als ein Ritual am Anfang eines Schuljahres oder Schulhalbjahres eingesetzt werden.
Leitfragen für den Inhalt sind:

1. Was sind meine besonderen Wünsche an das neue Schuljahr?
2. Was nehme ich mir für das neue Schuljahr vor?
3. Warum sind mir diese Vorsätze wichtig?
4. Was sind meine Ziele?
5. Wie will ich arbeiten?
6. Was will ich verbessern?

Die Schüler schreiben in selbst gewählter Form ihre Gedanken auf und stecken den Brief in einen Briefumschlag, den sie zukleben und an sich selbst adressieren. Der Lehrer nimmt sie zur Aufbewahrung an sich. Am Ende des Halbjahres erhalten die Schüler ihren Brief zusammen mit dem Zeugnis ausgehändigt.

Auswertung: Die Schüler erfahren für sich Bestätigungen und Abweichungen und können die Ursachen hierfür reflektieren. Was hat zu einer erfolgreichen Umsetzung geführt? Wo liegen die Gründe für eine Fehleinschätzung. Sie erkennen ihre eigene Verantwortung für das Lernen, werden sich ihrer Handlungsstrategien bewusst und können mithilfe der Eltern und Lehrer Rahmenbedingungen verändern und neue Perspektiven für ihr Arbeits-, Lern- und Sozialverhalten entwickeln.

Wir führen ein Lerntagebuch ab Klasse 5

Intention: Das Lerntagebuch gibt den Schülern unterrichtsbegleitend Raum und Zeit für eigene Beobachtungen und Gedanken. Das Führen des Lerntagebuches kann sich auf das ganze Schuljahr erstrecken, aber auch gezielt den Lernprozess während einer Unterrichtseinheit begleiten.

Zeitbedarf: abhängig von der gemeinsam erarbeiteten Zielsetzung (Zeit für das Anlegen des Buches mit einplanen)

Durchführung: Die Schüler müssen schrittweise mit dem Anlegen eines Lerntagebuchs vertraut gemacht werden. Zunächst ist der Hinweis wichtig: Das Lerntagebuch ist kein Leistungsnachweis, sondern ein persönlich geführtes Buch, das helfen soll, über bestimmte Fragen des Lernens nachzudenken:

- An welchen Inhalten habe ich gearbeitet?
- Wie bin ich bei meiner Arbeit vorgegangen?
- Was habe ich in der Stunde/Einheit Neues gelernt?
- Wie habe ich mich während der Arbeit gefühlt?
- Wie zufrieden bin ich mit meiner Arbeit und den Ergebnissen?
- Was möchte ich in der nächsten Zeit weiterentwickeln/anders machen?

Anschließend können Ideen gesammelt werden, wie mit dem Lerntagebuch gearbeitet werden kann und welche Gestaltungsmöglichkeiten es gibt.

Ideen für ein Lerntagebuch

- Ich sammele Eindrücke mit einem Cluster.
- Ich verschaffe mir einen Überblick über das Gelernte mit einer Mindmap.
- Ich verdeutliche Zusammenhänge mithilfe von Diagrammen.
- Ich dokumentiere etwas in Skizzen.
- Ich berichte von einem besonderen Ereignis unserer Gruppenarbeit.
- Ich schreibe meinen Ärger an eine „kritische" Freundin.
- Ich male ein Bild, das mir bei dem Thema im Kopf rumgeht.

  …

Nun können Rahmenbedingungen für das Führen des Tagebuchs besprochen werden. Ist es das erste Lerntagebuch, kann zunächst nach jeder Stunde etwas Zeit (ca. 5 Minuten) für einen Stundenrückblick entlang eines Leitfadens eingeräumt werden. Später können Wochenberichte erstellt und die Schüler angeregt werden, die Lerntagebücher auch zu Hause zu ergänzen.

Auswertung: Die Inhalte der Lerntagebücher können Grundlage und Ausgangspunkt sein für beratende Gespräche über benutzte Lernwege, deren Stärken und Schwächen, und ihre Auswirkungen auf die Lernergebnisse. Schüler gewinnen so neue Einsichten und entwickeln selbstständig alternative Lernwege.

Beispielaufbau eines Lerntagebuchs in Kurzform:

Lerntagebuch von:	**Fach:** ____________________
____________________	**Zeitraum: von** ________ **bis** ________
Datum	An diesen Inhalten habe ich gearbeitet:
	So habe ich meine Arbeit geplant:
	Zu diesen Ergebnissen bin ich gekommen:
	Wenn ich meine Arbeit überdenke, fällt mir ein:
Datum	...

Weitere Hinweise → S. 247 (Leitfragen zum Leistungsstand).
In Absprache mit den Schülern kann eventuell überlegt werden, ob und in welcher Form das Tagebuch auch als Leistungsnachweis verwendet werden darf.

Wir erstellen ein Portfolio ab Klasse 5

Im schulischen Bereich versteht man unter *Portfolio* eine Mappe oder einen Ordner, in dem Daten und Material gesammelt werden, die Erfahrungen, Lernprozesse und Ergebnisse dokumentieren. Ein Portfolio gehört damit zu den Elementen des selbstbestimmten Lernens. Nach der Fertigstellung wird das Portfolio von der Lehrkraft kommentiert, sodass Selbsteinschätzung (Schülersicht) und Fremdeinschätzung (Lehrersicht) zueinander in Beziehung gebracht werden.

Intention: Ein Portfolio ermöglicht eine Lernstandseinschätzung:

- Es verdeutlicht Lernfortschritte.
- Es ist eine ergänzende Grundlage zur Leistungsbewertung.
- Es verdeutlicht Ursachen für Lernprobleme.

Hinzu kommt der pädagogische Wert:

- Schüler übernehmen Verantwortung für eigene Lernprozesse.
- Sie achten verstärkt auf strukturiertes und sorgfältiges Arbeiten.
- Sie lernen, über eigenes Arbeitsverhalten nachzudenken.
- Die Kommunikation zwischen Schüler und Lehrer über Lernziele, Inhalte, Methoden und Beurteilungskriterien wird intensiviert.

Voraussetzungen:

- Die Schulen stellen inhaltlich ein geeignetes Angebot bereit.
- Das Portfolio wird über einen längeren Zeitraum geführt.
- Die Arbeit mit dem Portfolio wird im Unterricht begleitet.

Beispiel: Erstellen eines Portfolios zum Thema „Unser Planet Erde" (Erdkunde, Klasse 6)

Vorbereitung:

- mein Vorwissen
- Fragen, die mich besonders interessieren
- Hilfsmittel, insbesondere Bücher, die ich benutzen kann

Arbeitsphase:

Dies will ich ausführlich erarbeiten:

- Ich lege Steckbriefe über die einzelnen Planeten an. (Quelle: Internet/Lexikon)
- So entstehen Tag und Nacht. (Ich führe mit einem Globus und einer Lichtquelle einen Versuch durch/schriftliche Erläuterung.)
- Ich bastle einen Globus. (So bin ich vorgegangen.)
- So sind Land- und Wasserflächen auf der Erde verteilt. (Ich zeichne ein Säulendiagramm.)
- Ein Blick zurück: Weltkarten früher (Abbildungen/Reiseberichte des Columbus)
- Ich zeichne das Gradnetz der Erde.
- Ich erstelle ein Quiz.

Auswertung:

- Meine Meinung über den Unterricht.
- Das war mir besonders wichtig.
- Darauf hätte ich stärker achten können.

Praktische Hinweise:

Das Erstellen eines Portfolios lässt sich in folgende Schritte unterteilen:

1. Entwerfen
2. Überarbeiten und korrigieren
3. Gestalten
4. Präsentieren
5. Evaluieren

Die Schüler sammeln und sichten Material, das die Lehrperson gegebenenfalls auf fachliche Richtigkeit überprüft. Sie werten das Material aus, stellen Zusammenhänge dar und formulieren Erkenntnisse. Die Ergebnisse und reflektierende Ausführungen werden in der Mappe gesammelt. Außerdem kommentieren die Schüler ihren Arbeits- und Lernprozess. (*Wie* habe ich gelernt? *Was* habe ich gelernt?) Die Ergebnisse werden mündlich präsentiert. (Eine PowerPoint-Präsentation kann angeregt werden.) Weitere Hinweise → S. 247 (Leitfragen zum Leistungsstand).

C Entspannungs- und Konzentrationsübungen tun allen gut

„Reiß dich zusammen, konzentrier dich!" „Sei nicht so verkrampft, entspann dich doch erst einmal!" So oder ähnlich lauten viele Tipps, die Schüler beim Lernen anspornen sollen, aber in dieser Form wenig hilfreich sind. Dabei sprechen sie wichtige Aspekte an, die für effektive Lernprozesse zu beachten sind. Der natürliche Rhythmus von Aktivität und Passivität bzw. von Anstrengung und Entspannung ist ein wesentliches Element des Lernens. Unter Konzentration verstehen wir „die gebündelte Aufmerksamkeit auf einen Gegenstand, einen Sachverhalt, auf einen Denkinhalt oder ein Tun" (LENNINGER 1995, S. 10). Die Konzentrationsfähigkeit der Schüler wird jedoch durch viele Faktoren behindert: durch Hektik, Reizüberflutung, Stress, Konkurrenz, aber auch durch Ängste oder Störungen in den sozialen Beziehungen und einer daraus resultierenden emotionalen Verarmung.

Entspannungsübungen sollen deshalb dazu beitragen, die Ablenkung durch Reize von außen zu verringern. Bin ich unkonzentriert, unaufmerksam oder aufgeregt, so fehlt mir die innere Ruhe. Zur inneren Ruhe gehört unterstützend die körperliche Entspannung. Sie setzt Kräfte frei, die uns helfen, unsere Aufmerksamkeit auf einen Punkt zu richten, sie setzt Kreativität frei, die es jedem auf seine Art ermöglicht, in tiefere Schichten des Wissens vorzudringen.

Entspannungsübungen fördern die Selbstwahrnehmung, geben verlorene Muße zurück und unterstützen zielgerichtetes Lernen, indem sie die Aufnahme- und Konzentrationsfähigkeit fördern. Informationen können so besser verarbeitet und kognitive Lernprozesse gestützt werden. Wenn heute Entspannungsübungen in der Schule eingeübt werden, so setzt sich hier eine Tradition fort, die in Pestalozzis Einsatz für eine Erziehung mit Kopf, Herz und Hand begründet ist. Die heute unbestrittene Notwendigkeit einer ganzheitlichen Erziehung sieht die lernfördernden Auswirkungen, die sich durch den Einsatz bewusst ausgewählter Entspannungsübungen ergeben. Sie leisten einen Beitrag zur ganzheitlichen Selbstwahrnehmung. Aus ihr erwachsen Selbstbewusstsein und Selbstakzeptanz, „Bedingungen und Voraussetzungen schlechthin, um ein selbstverantwortliches Leben führen zu können" (Miller 1997, S. 90) – und darauf will ja unsere Schule ihre Schüler vorbereiten. „Ich empfinde, ich fühle, ich handle, ich bin …" (ebd. S. 87).

Dem Klassenlehrer kommt in diesem Zusammenhang eine besondere Aufgabe zu. Er ist in der Regel die Lehrkraft, die ein gutes Vertrauensverhältnis zu den Schülern entwickeln kann. Vertrauen ist eine wichtige und hilfreiche Voraussetzung für den Einsatz von Entspannungsübungen im Unterricht. Kann dieses Verhältnis zu den Schülern – aus welchen Gründen auch immer – nicht aufgebaut werden, so sollte der Klassenlehrer nach Absprache mit der Klasse und anderen Lehrkräften diesen Bereich des Unterrichts vertrauensvoll in andere Hände legen. Eine solche Entscheidung wird bestimmt von der Klasse honoriert und führt nicht zu einem Autoritätsverlust.

Die in diesem Kapitel vorgestellten Übungen sind nicht als ein geschlossenes Programm zu verstehen. Sie sollen dazu anregen, Konzentrations- und Entspannungsübungen zu einem festen Bestandteil des Unterrichts werden zu lassen. Die Übungen sind leicht durchzuführen und benötigen wenig Vorbereitung und Zeit.

Grundsätzlich sollte aber bedacht werden, dass Entspannungs- und Konzentrationsübungen lernfördernde Angebote sind, sie

- sind keine therapeutischen Hilfsmittel,
- sind keine Beruhigungs- oder Disziplinierungsmaßnahmen,
- ersetzen nicht inner- oder außerschulische Beratungsdienste.

Um die Schüler bei den Übungen richtig anleiten zu können, ist es für den Lehrer wichtig, die Übungen zuvor alleine oder zusammen mit interessierten Kollegen durchgeführt zu haben.

1. Hinweise für den Einstieg

Die folgenden Hinweise erheben nicht den Anspruch auf Vollständigkeit, die Reihenfolge will weder gewichten noch Prioritäten setzen. Einzelne Hinweise können auch mit den Schülern durchgesprochen, ergänzt oder verändert werden oder Gesprächsanlässe für Elternabende und Orientierungshilfen für einen Erfahrungsaustausch im Kollegium sein.

Hinweise zum Einsatz von Konzentrations- und Entspannungsübungen

1. Schüler und Eltern über den Zweck der Übungen aufklären. (Antipathien erschweren die Arbeit und verhindern den Erfolg.)
2. Mit kleinen Übungen anfangen. (Oft reicht schon eine Minute.)
3. Bei den Übungen improvisieren und variieren. (Neue Übungen können für die eigene Lerngruppe motivierender sein.)
4. Einfache Übungen einsetzen. (Sie sollten mühelos zu verstehen sein.)
5. Die Umgebung beachten. (Nicht jeder Raum ist geeignet.)
6. Durchführungsrituale festlegen.
7. Auf sprachliche Formulierungen achten: Ich möchte euch zu einer Entspannungsübung/Fantasiereise einladen ... Schließe die Augen, wenn du magst. (Nicht jedes Kind mag die Augen schließen.)
8. Bestimmte Zeiten festlegen. (Übungen sollten konsequent und kontinuierlich eingesetzt werden.)
9. Jeder ist für seine Konzentration/Entspannung selbst verantwortlich. (Jeder hat dabei sein eigenes Tempo und seine eigene Methode.)
10. Zeit geben. (Gespräche, Malen/Zeichnen oder Bewegung nach der Übung dienen der Verarbeitung.)
11. Ablehnung und Unlust akzeptieren. (Nicht jeder Schüler ist am Anfang bereit, sich auf die Übungen einzulassen.)
12. Sich von Erwartungen frei machen. (Es gibt kein Erfolgs- oder Lernziel.)
13. Die persönliche Befindlichkeit überprüfen. (Ärger und Aufregung wirken sich störend auf die Anleitungen aus.)
14. Anfang/Zeiträume festsetzen. (Nach den Ferien sind Schüler offener für neue Erfahrungen.)
15. Weniger ist mehr.

2. Beispiele für Entspannungsübungen

Die stille Zeit

Intention: Die Schüler konzentrieren sich in entspannter Haltung auf ihre akustischen Wahrnehmungen und tauschen sich dann über ihre Erfahrungen aus.

Anleitung: „Setz dich auf deinem Stuhl bequem hin, du kannst den Kopf auch auf den Tisch legen. – Wenn du magst, schließe nun die Augen. – Achte nur auf die Geräusche, die du wahrnimmst. – Du hast dafür eine Minute Zeit. – Pause – Jetzt ist eine Minute vergangen. – Öffne langsam wieder die Augen. – Rekle dich, wenn du magst, und sei wieder ganz in diesem Raum."

Varianten: Die Aufmerksamkeit kann auch auf bestimmte Geräusche gerichtet werden, z. B.: „Achte nur auf die Geräusche im Klassenzimmer." „Achte auf die Geräusche, die von außen zu uns hereindringen."

Die Übung lässt sich auch außerhalb des Klassenraumes durchführen (auf dem Schulhof, an einem Gewässer, auf dem Sportplatz, während einer Rast auf einer Wanderung ...). Dabei ist es wichtig, vorher sicherzustellen, dass die Schüler eine bequeme Sitzhaltung einnehmen können.

Kommentar: Die Schüler werden in der Anleitung persönlich angesprochen. Sie sollen wissen, dass sie die Übung für sich und nicht für den Lehrer durchführen. Nach der Übung ergeben sich durch gezielte Fragen wichtige Gesprächsanlässe, z. B.: „Wie hast du dich während der Übung gefühlt?" „Wie lang hast du die Phase der Stille empfunden?" „Welche Geräusche hast du wahrgenommen?"

Wichtig: Erhalten die Schüler zu ihren Äußerungen eine Rückmeldung, so dürfen hierbei keine Analysen oder Bewertungen stattfinden.

Progressive Muskelentspannung

Intention: Oft verhindert die Anspannung bestimmter Muskelpartien den Erfolg jeder Entspannungsübung. Mit der „Progressiven Muskelentspannung" entsteht Entspannung durch gezielte, kurzzeitige Muskelanspannung. Diese Methode hilft Schülern, in Entspannungsübungen „hineinzugleiten", und kann auch eingesetzt werden, um dem Stress im Unterrichtsalltag (z. B. Prüfungsangst) zu begegnen.

Durchführung: Die Schüler sitzen aufrecht und bequem auf ihren Stühlen. Sie schließen die Augen und achten darauf, wie sich ihre Muskeln anfühlen (warm, schwer, angespannt oder entspannt). Bestimmte Muskeln werden nun für kurze Zeit (ca. 4 Sekunden) mit aller Kraft angespannt und dann plötzlich wieder entspannt. Zwischen die Anspannungsphasen wird eine kleine Pause gelegt. Zur Einstimmung können die Schüler aufgefordert werden, sich eine besonders angenehme, entspannende Situation vorzustellen (z. B.: „Stell dir vor, du liegst an einem einsamen Strand oder du sitzt in der wärmenden Sonne"). Dann wird die Übung folgendermaßen angeleitet:

Atme tief in deinen Bauch hinein und nimm die Schwere wahr, die sich langsam ausbreitet. Atme dann langsam wieder aus. Atme langsam ein ... langsam aus ... ein ... aus ...

1. Verschränke die Hände hinter dem Hinterkopf. Drücke Hände und Kopf gegeneinander. Achte auf die Spannung im Nacken und in den Armen. Halte kurz aus. Atme dabei ruhig ein und aus.
   Nun entspann wieder, lockere die Muskeln und lege deine Hände locker auf die Oberschenkel.
2. Verschränke die Hände wieder hinter dem Kopf und drücke Hände und Kopf gegeneinander. Versuche nun die Füße so hoch wie möglich zu heben. Die Fußspitzen zeigen zum Körper. Achte darauf, dass du kein Hohlkreuz machst.
   Nun entspann wieder, lockere die Muskeln und leg deine Hände locker auf die Oberschenkel. Atme dabei ruhig ein und aus.
3. Verschränke die Hände wieder hinter dem Kopf und drücke Hände und Kopf gegeneinander. Hebe die Füße wieder so hoch wie möglich. Die Fußspitzen zeigen zum Körper. Achte wieder darauf, dass du kein Hohlkreuz machst. Kneife nun deine Augen und deine Lippen kräftig zusammen, sodass dein Gesicht ganz angespannt ist.
   Nun entspann wieder, lockere die Muskeln und lege deine Hände locker auf die Oberschenkel. Atme dabei ruhig ein und aus.

3. Mein persönlicher Merksatz

Das Formulieren und Vergegenwärtigen von Merksprüchen kann der Entspannung in Stress-Situationen dienen, z. B. vor oder während einer Klassenarbeit. Zur Einübung sollten aber zunächst stressfreie Situationen gewählt werden.

Eingeleitet wird die Übung mit Sätzen, die auf die anstehende Situation hinweisen. Es folgt eine allgemeine Entspannungsformel (s. u.). Zum Schluss wird ein Merksatz-Beispiel genannt.

Wichtig ist, dass die Merksätze kurz und eindeutig formuliert sind und eine positive Grundstimmung wiedergeben. Die Sprüche können von den Schülern im Klassengespräch oder in Kleingruppen erarbeitet werden. Aus den Beispielen sucht sich dann jeder Schüler seinen persönlichen Merksatz heraus.

Mein persönlicher Merksatz (Beispiele)

Immer ruhig, etwas Mut, dann geht alles gut.

Mit Mut geht's gut.

Konzentriert geht's wie geschmiert.

Ruhig und still geht's, wie ich will.

Nicht verzagen, auch was wagen.

Mit Gefühl durch das Gewühl.

Augen wach, ich denk erst nach.

Ruhig und klar geht's wunderbar.

Ich bin frisch und wach – wie ein Fisch im Bach.

An jedem Ort, zu jeder Zeit, Ruhe und Gelassenheit.

Klar und kühl in dem Gewühl.

Bei der Einführung wird die folgende Anleitung von der Lehrerperson gesprochen. Später können die Schüler die Übung je nach Bedarf vor oder während einer Arbeit selbstständig und still durchführen. Sie setzen sich dazu bequem hin, atmen ruhig ein und aus und sprechen innerlich zu sich einige einleitende Sätze, die auf die anstehende Situation hinweisen:

- Ich habe mich gründlich vorbereitet.
- Ich bin ruhig und sicher.
- Ich werde die Aufgaben erfolgreich erledigen.

Es folgt die Entspannungsformel:

- Ich bin ganz ruhig,
- ich bin ganz schwer,
- ich bin ganz warm.

Und nun folgt der Merksatz, z. B.:

- Ruhig und klar geht's wunderbar.

Variante: Die Anleitung wird vor einer Lernkontrolle von der Lehrperson gesprochen. Damit die Schüler Vertrauen und Sicherheit entwickeln, können bei kleineren unzensierten Lernkontrollen (z. B. Übungsdiktate) an geeigneter Stelle Hinweise zu Formeln, Merksätzen, schwierigen Wörtern oder Vokabeln gegeben werden.

4. Fantasiereise

Fantasie wird als Einbildungskraft, schöpferischer Geist oder Erfindungsgabe bezeichnet. Sie ist eine ganzheitliche innere Wahrnehmung, bei der die Wechselwirkung von Emotion und Kognition gezielt angesprochen wird.
Über Texte werden innere Bilder und Gedanken aktiviert, die Schüler „leben" für eine kurze Zeitspanne in der Welt des Textes und kombinieren dabei Sinneseindrücke und Erlebnisinhalte. Da sie hierbei immer neue Erfahrungen machen und neue kreative Formen der Auseinandersetzung mit den angebotenen Texten oder Bildern entwickeln werden, ist es sinnvoll, Schülern nach einer Fantasiereise Zeit für einen Austausch und Ausklang zu geben (s. u.).
Die Wirkung von Fantasiereisen ist sehr vielschichtig. Sie können entspannen, Freude bereiten, Bilder „wachsen" lassen, Gefühle ansprechen/-rühren, Unbewusstes bewusst machen, Kreativität anregen, Wissen vermitteln, Sprechanlässe schaffen, Neugier wecken, Grenzen erfahrbar machen, einen Beitrag zur Psychohygiene leisten … Dabei wird jeder Schüler seinen eigenen Weg gehen und eigene Verarbeitungsformen entwickeln. Auf diesem Weg gibt es kein Richtig und kein Falsch. In der Schule sollten Fantasiereisen so eingesetzt werden, dass sie bei einer positiven Erfahrung ansetzen.
Für eine Fantasiereise wird eine Textvorlage oder ein eigener Text mit ruhiger Stimme vorgetragen. Der Text kann auch auf ein bestimmtes Thema bezogen sein und mit Musik untermalt werden.
Wichtig: Über Sinn und Zweck einer Fantasiereise, ihren Ablauf und die sie bestimmenden Rituale wird mit den Schülern im Vorfeld gesprochen. Während der Fantasiereise finden solche Gespräche nicht statt. Die Lehrperson bekommt durch die *freiwillige Verarbeitung* und die *Gesprächsrunden* (s. u.) sehr viele Rückmeldungen zu ihrer Anleitung und kann für spätere Fantasiereisen entsprechende Rückschlüsse ziehen.
Variante: In vielen Fällen – besonders im Deutsch- oder Kunstunterricht – wird es sich anbieten, neben der freiwilligen Verarbeitung und den Gesprächsrunden weitere Phasen der kreativen Auseinandersetzung mit den erfahrenen Bildern anzuschließen. Durch Versprachlichung oder eine künstlerische Darstellung werden die inneren Bilder bewusst gemacht, konkretisiert oder weiter bearbeitet. Hierzu bieten der handlungs- und produktionsorientierte Unterricht und im Besonderen das kreative Schreiben zahlreiche Möglichkeiten.

Hinweise zum Einsatz von Fantasiereisen

Material
- ggf. Wolldecken
- Türschild: „Bitte nicht stören! – Danke!“ (unbedingt anbringen!)
- für den Innenkreis z. B.: Decke mit Steinen, Blumen, Kerzen oder thematische Gestaltung
- Musik/Textvorlage
- Sprechstein
- Arbeitsmaterialien (Papier, Wachskreide, Zeichenstifte ...)

Rahmenbedingungen, die zu beachten sind
- Bodenbeschaffenheit
- Raumtemperatur
- mögliche Störfaktoren (Nachbarklasse, Straßenlärm ...)
- Sitzordnung/Lage (ideal: kreisförmig um den Innenkreis)
- kein Körperkontakt
- eigene Verfassung des Lehrers (innere Ruhe, Erkältung ...)

Durchführung
- Hinweise zu Ablauf und Dauer der Übung (Ablauf jedes Mal wieder erklären)

Einstimmungsphase
- Hinweis auf bequeme Körperhaltung
- Ruheformeln
- Hinführung/Überleitung (z. B.: „Ihr seid nun ganz bei euch selbst. Ich erzähle euch nun eine Geschichte und ihr versucht, mir in Gedanken zu folgen, eure Gedanken gleiten zu lassen. – Wenn du deinen eigenen Gedanken nachgehst, ist das auch in Ordnung.“)

Imaginationsphase
- Vortrag des Imaginationstextes (Pausen beachten)

Rückführungsphase
- Verabschiedung aus dem imaginären Raum (z. B.: „Deine Reise geht nun langsam zu Ende. Verabschiede dich von ... und kehre wieder zu uns zurück.“)
- „Rückkehr“ in den realen Raum, tiefes Durchatmen
- Spannungsausgleich (Fäuste machen – sich rekeln – strecken – gähnen)

Austausch/Ausklang
- Freiwillige Verarbeitung der Erlebnisse/Eindrücke durch Malen bzw. Schreiben oder durch Austausch mit Gesprächspartnern.
- Gesprächsrunden/Sprechsteinrunden, um sich zu Empfindungen und Bildern zu äußern: 1. Wie habe ich mich gefühlt? Was hat mich gestört? 2. Was habe ich gesehen? (Ggf. Erläuterung der Zeichnung/des Geschriebenen)
  Regeln für die Sprechsteinrunden: Es darf nur reden, wer den Stein hat! Keine Frage! Kein Kommentar! Keine Unterbrechung! Die Wortbeiträge sind freiwillig (gilt auch für den Lehrer).
- Eine Auswertung oder Besprechung durch den Lehrer sollte – wenn überhaupt – erst dann erfolgen, wenn allen Teilnehmern klar ist, dass die Fantasiereise beendet ist. Die Gesprächsrunden sind Teil der Fantasiereise.

Literatur

Burkard, Christoph/Eikenbusch, Gerd: Praxishandbuch Evaluation in der Schule. Berlin 2000

Endres, Wolfgang, u. a.: So macht Lernen Spaß. Weinheim 1995

Gaudig, Hugo: Die Schule im Dienste der werdenden Persönlichkeit. Leipzig 1922 (teilweise abgedruckt in: Reble, A. (Hrsg.): Die Arbeitsschule. Bad Heilbrunn 1979, S. 72–90)

Horster, Leonhard/Rolff, Hans-Günter: Unterrichtsentwicklung. Weinheim 2001

Keller, Gustav: Lehrer helfen lernen. Lernförderung, Lernhilfe, Lernberatung. Donauwörth 1993

Kliebisch, Udo/Schmitz, Peter: Methodentrainer. Berlin 2001

Klippert, Heinz: Methoden-Training. Weinheim 1997

Krüger, Frank: Mind Mapping. München 1997

Lenninger, Isolde: Entspannung und Konzentration. Frankfurt/M. 1995

Miller, Reinhold: Beziehungsdidaktik. Weinheim 1997

ders.: Lehrer lernen. Weinheim 1995

ders.: Lernwanderungen. Weinheim 2001

Müller, Else: Du spürst unter deinen Füßen das Gras. Frankfurt 1983

Paradies, Liane, u. a.: Leistungsmessung und -beurteilung. Berlin 2005

Rabenstein, Reinhold: Lernen kann Spaß machen! Münster 1996

Realschule Enger (Hrsg.): Lernkompetenz I. Berlin 2001

Reichgeld, Manfred: Wege zur Stille. Kinder finden zu sich selbst. München 1995

Schräder-Naef, Regula D.: Schüler lernen Lernen. Weinheim 1996

Spitzer, Manfred: Geist im Netz. Heidelberg 2000

Thal, Jürgen/Ebert, Uwe: Methodenvielfalt im Unterricht. München 2004

Vester, Frederic: Aufmerksamkeitstraining in der Schule. Heidelberg 1979

ders.: Denken, Lernen, Vergessen. Stuttgart 1993

Siga Diepold

5 Individuelle Förderung und Diagnostik

A Fördernotwendigkeit und die Rolle des Klassenlehrers

Die individuelle Förderung von Schülern ist keine grundsätzlich neue schulische Aufgabe. Durch die alarmierenden Ergebnisse der PISA-Studie wurde jedoch deutlich, dass künftig besondere schulische Anstrengungen notwendig sind, um Schüler gezielter zu fördern und leistungsgemäß zu fordern. Denn im internationalen Vergleich ist in Deutschland das Gefälle zwischen leistungsschwächeren und leistungsstärkeren Schülern und die Anzahl der Wiederholer einer Klasse zu groß (vgl. Ministerium für Schule, Jugend und Kinder des Landes NRW, S. 3).

Wenn es gilt, fachliche Lerndefizite zu beseitigen und Lernstärken auszubauen, sind wir sicherlich zuerst als Fachlehrer gefragt. Soll der Förderprozess insgesamt gelingen, spielen dabei zusätzlich die Klassenlehrer eine zentrale Rolle. Durch die Gestaltung des Klassenraums und den prägenden Einfluss auf die Lernatmosphäre beeinflussen sie die organisatorischen und sozialen Rahmenbedingungen erfolgreichen Lernens in ihrer Klasse (→ S. 35 f.). Darüber hinaus koordinieren sie die Förderzusammenarbeit der Fachlehrer und entwickeln den Kontakt zu den Eltern.

1. Handlungsmöglichkeiten der Klassenleitung

Insbesondere die Schüler, deren Versetzung gefährdet ist, benötigen rechtzeitig gezielte Rückmeldungen über ihren Lernstand und entsprechende Hilfsangebote. Vielfach wird aber erst bei der Halbjahres-Notenkonferenz oder am Schuljahresende das volle Ausmaß der angehäuften Notendefizite ersichtlich. Hier kann die Klassenleitung durch frühzeitige Maßnahmen dazu beitragen, eine Versetzung abzusichern.

Einzelmaßnahmen als „Frühwarnsystem"

Es ist sinnvoll, als Klassenlehrer bei einer ersten Dienstbesprechung am Schuljahresbeginn verbindliche Vereinbarungen mit den Fachlehrern der Klasse zu treffen, die frühzeitig auf Lerndefizite aufmerksam machen:

- Unmittelbare Rückmeldung an die Klassenleitung bei Lern- oder Verhaltensstörungen. Wenn sich Klassenleiter um steten Kontakt zu den Fachlehrern ihrer Klasse bemühen, erfahren sie frühzeitiger von Lernstörungen oder Verhaltensproblemen in ihrer Klasse und können schneller und wirkungsvoller reagieren.
- Unmittelbares Eintragen von Hausaufgaben- und Verhaltensdefiziten ins Klassenbuch. Meist erfolgen Klassenbucheintragungen zu unkoordiniert. Manche Kollegen tragen zu oft ein, andere dagegen erst im absoluten Notfall, sodass Lern- und Verhaltensdefizite viel zu spät auffallen und für rechtzeitige Gegenmaßnahmen wertvolle Zeit verstreicht.
- Eintragung der Noten in die Notenlisten unmittelbar nach den Klassenarbeiten. Der Klassenlehrer erhält so einen Gesamtüberblick über alle Fächer, kann Fehlentwicklungen frühzeitig feststellen und beratend eingreifen.
- Rückmeldung der Kollegenwünsche zur Sitzplanveränderung aus Leistungsgründen. Oft werden Sitzpläne nur nach den Wünschen der Lerngruppe realisiert, die aber weder besondere Störanfälligkeiten noch wechselseitige Fördermöglichkeiten der Schüler untereinander berücksichtigen. Spätestens im Falle von Schwierigkeiten sollte der Sitzplan nach Rücksprache mit dem Klassenkollegium optimiert werden.
- Frühzeitiges Beratungsgespräch mit betroffenen Schülern und den Eltern auf der Basis der Kollegenrückmeldungen sowie eigener Beobachtungen und Notizen. Förderempfehlungen, die erst mit den Zeugnissen ausgestellt werden, kommen viel zu spät und in schwierigen Fällen viel zu geballt, um pädagogisch wirksam werden zu können.

- Einsatz von Diagnosebögen (→ S. 113 ff.) zur Erfassung des Lernstandes. Bei Schülern mit besonders intensiven Lernschwierigkeiten kann eine Kriterienliste, von den Fachlehrern einzeln ausgefüllt, ein differenziertes Gesamtbild des Lernstands, bei Wiederholung auch der Lernentwicklung ergeben (vgl. Beispiel Klassen 5/6, S. 114).

Eine „geordnete Lernwelt" organisieren

Viele Klassenräume gleichen im Laufe eines Schulvormittags eher Räuberhöhlen als stimulierenden Lernräumen. Hier tragen Klassenlehrer eine besondere Verantwortung (→ S. 35 f.). Die Erfahrung einer kontinuierlich gewährleisteten Ordnung im Klassenraum kann zudem Kindern mit Ordnungsproblemen helfen, diese besser zu bewältigen und so bessere Lernerfolge zu erreichen. Es fördert schwächere Schüler, wenn sie Verantwortung für die Ordnung in der Klasse oder für Teilbereiche (Geräte, Klassenschrank, Klassenbibliothek) übernehmen. Damit es nicht nur bei den guten Vorsätzen bleibt, sollten Klassenlehrer und Stellvertreter auch außerhalb ihrer Fachstunden möglichst oft kurz im Klassenraum präsent sein.

Organisationshilfe im Unterrichtsalltag geben

Da viele Schüler mit unvollständigen Schulunterlagen erscheinen und hierbei oft auch aus unterschiedlichen Gründen das Elternhaus nicht für Abhilfe sorgen kann, sollten Klassenlehrer Hilfe zur Selbsthilfe vermitteln:

- Einführung und regelmäßige Durchsicht eines Heftes für die Aufgabenstellungen der Hausaufgaben.
- Hilfe bei der Führung der Hefte durch Absprachen der Lehrer einer Klasse über gemeinsame Anforderungen: Heftart und -größe, breiter Korrekturrand, klare Strukturierung (Abstände, Überschriften, Hausaufgabe oder Übung, Datum, Thema, Aufgabenstellung, evtl. mit Seitenzahl des Bezugsbuches).

Diese Förderung der Selbstorganisation ruft anfangs sicherlich Widerstände hervor. Viel Lob für erreichte Verbesserungen und das Erfahren der Vorteile einer strukturierten Heftführung wird jedoch dazu beitragen, dass die Schüler ihre Hefte und Materialien zunehmend selbstständiger und effektiver nutzen.

2. Förderansätze

Förderung methodischer Kompetenzen

Fehlerhaftes und unvollständiges Wissen in zentralen Inhaltsbereichen eines Faches oder Fehlschlüsse bei der Wissensanwendung sind häufige Ursachenfaktoren für Lernschwierigkeiten. Hier können wir als Fach- und Klassenlehrer ansetzen:

- Gezielte *Übungen*, *Wiederholungen* der relevanten Buchpassagen, besser jedoch *Vertiefungen*, sichern das automatische Beherrschen der jeweiligen Inhalte.
- Zusätzliche *Arbeitsmaterialien* (z. B. im Fach Deutsch die ergänzenden Arbeitshefte zu Lese- und Sprachbüchern) bieten durch variantenreiche Aufgaben motivierende Übungsmöglichkeiten.
- Sollen Aufgaben im Unterricht erfolgreich bearbeitet werden, müssen die dazu notwendigen *Fachbegriffe* ebenso präsent sein wie die zur Lösung benötigten *fachspezifischen Methoden*. Diesbezügliche Lücken lassen sich daran erkennen, dass die Lerngruppe, statt zielstrebig und methodisch vorzugehen, planlos ausprobiert und willkürliche Daten einsetzt. Hier kann u. a. dadurch Abhilfe geschaffen werden, dass bei der Anschaffung von Lernbüchern darauf geachtet wird, ob sie über *Methodenkapitel* oder andere zusätzliche *Methodenhilfen* verfügen.
- Außerdem hat es sich bewährt, in jedem Fach eigene *Regel-* oder *Methoden-Merkhefte* einzuführen. Nützlich ist ein fester Einband, da diese Hefte regelmäßig mitgeführt werden, unlinierte Seiten lassen sich besser strukturieren (Einrücktechnik, Tabellen, eigene Skizzen usw.).
  Ziele und Vorteile: Merkhefte
  - sind jederzeit für die Lernenden, die Eltern und für Nachhilfezwecke greifbar (Wiederholung usw.),
  - dienen der Sicherung von Unterrichtsergebnissen und Zusatzinformationen (Kurzformeln, Merksätze),
  - enthalten Konkretisierungen: Lernschritte, Methoden, Fallbeispiele, Lösungshilfen und -beispiele,
  - ermöglichen eine fächerverbindende Anwendung (z. B. Rückgriff auf Grammatikbegriffe in Deutsch und Englisch oder auf Kriterien für Bericht und Protokoll aus dem Deutschunterricht für andere Fächer).

Auch wenn die einzelnen Fachlehrer diese Merkhefte im Detail betreuen, kann doch der Klassenlehrer zu einer nachhaltigeren Förderung seiner Lerngruppe beitragen, indem er die Führung dieser Hefte für alle Fächer anregt.

Förderung des Lern- und Arbeitsverhaltens

Auch für die Förderung des Lern- und Arbeitsverhaltens werden wir als Klassenlehrer in unserem Fachunterricht mehr als bisher die Initiative ergreifen müssen. Störungen in diesem Bereich haben sich oft langfristig aufgebaut. Permanente Misserfolge und Enttäuschungen leistungsschwächerer Schüler im Lernalltag verhindern die notwendige Motivation, sich mit schwierigen Themen und Inhalten sorgfältig auseinanderzusetzen. Die Palette der Schwierigkeiten reicht von der Vernachlässigung der Hausaufgaben bis zur fehlenden oder ineffektiven Vorbereitung von Leistungsüberprüfungen.

Um falsches oder ineffektives Lernverhalten zu verändern, brauchen diese Schüler mehr als bisher systematische Begleitung. Dazu müssen – koordiniert durch die Klassenleitung – die Fachlehrer untereinander und mit den Eltern zusammenarbeiten.

Die folgenden Beispiele sollen Anregungen vermitteln für Initiativen, die sowohl vom Klassenlehrer als auch von den Fachlehrern ausgehen können.

1. *Realistische Teillernziele* vereinbaren und *sinnvolle Zeit- und Inhaltspläne* zur Umsetzung aufstellen, zusätzliche spezielle Übungsmaterialien bereitstellen:
   - Viele Lernende überfordern sich durch unrealistische Zielsetzungen. Klar umgrenzte, sinnvoll aufeinander aufbauende Übungseinheiten erleichtern das Lernen.
   - Um der misserfolgsbedingten, negativen fachlichen Selbsteinschätzung vieler Lernender entgegenzuwirken, ist es wichtig, selbst kleine Lernerfolge durch intensives Lob herauszuheben.
2. *Feste Lernzeiten* verabreden, dabei auch eine nochmalige spätere *Kontrolle des Geschriebenen* veranlassen:

   Viele Schüler konzentrieren sich in Übungen und Hausaufgaben nur darauf, schnell die inhaltlichen Aufgaben zu erledigen. Besonders wenn attraktive Freizeitbeschäftigungen locken, fehlt dann die Zeit für eine kontrollierende Nacharbeit. Deshalb sollte diese Kontrollphase bei den Unterrichtsübungen aller Fächer regelmäßig trainiert werden, um die fachlichen Ergebnisse noch einmal kritisch zu überprüfen. Dabei ist es sinnvoll, die Ergebnisse in mindestens drei separaten Durchgängen gründlich zu überprüfen auf:
   - inhaltlich-argumentative Richtigkeit,
   - sprachliche Genauigkeit,
   - orthographische Korrektheit.

Durch den Unterricht an dieses Verfahren gewöhnt, können die Schüler die Ergebnisse der Hausaufgaben optimieren. Dabei ist es vorteilhaft, wenn die Kontrolle mit einigem zeitlichen Abstand geschieht.
Bei Schülern, die besonders oberflächlich arbeiten oder die in allen Fächern noch viele Rechtschreib- und Zeichensetzungsfehler machen, ist es hilfreich, mit den Eltern zu vereinbaren, dass sie den Korrekturprozess begleiten. Sie können dies,
- indem sie dafür sorgen, dass die dazu nötige Zeit zur Verfügung steht,
- indem sie ihren Kindern durch eigenes Korrekturlesen oder die Mithilfe eines älteren Geschwisterkindes eine Fehlerrückmeldung geben und so rechtzeitige Korrekturen anregen.

Auf Klassenebene kann dieses Verfahren durch zusätzliches wechselseitiges Kontroll-Lesen nach einer Übungsaufgabe trainiert werden.

3. Rechtzeitig *fremde Hilfe* bei offensichtlich sehr gravierenden Lern- und Verhaltensproblemen einholen:
So sollten dauerhaft auftretende massive Rechtschreibschwierigkeiten Anlass sein, den Eltern einen gezielten Test bei diesbezüglichen Beratungsstellen zu empfehlen. Erst durch genaue fachliche Diagnose können hier die tieferen Ursachen der Störungen ermittelt werden. Auf dieser Basis lassen sich gezielte Förderprogramme entwickeln, die begleitend zum Normalunterricht und in enger Kooperation zwischen außerschulischen Fachleuten und Fachlehrern langfristig Erfolge erzielen.

3. Schulische Fördermaßnahmen

Auch wenn eine engagierte Klassenleitung viel für eine vielseitige individuelle Förderung bewirken kann, bleiben doch zahlreiche Möglichkeiten gebunden an die Unterstützung der gesamten Schule und damit auch der Schulleitung. Nachfolgend sollen einige in der Praxis vieler Schulen bewährte Maßnahmen aufgezeigt werden, die Anregungen für Förderinnovationen an der eigenen Schule sein können.

1. Auf- und Ausbau schulischer *Selbstlernzentren*:
Viele Schulen verfügen über Bibliotheken oder schulische Selbstlernzentren, teilweise sogar mit Medienausstattung (Audio- und Video-Player, Computer).
Durch die Anschaffung geeigneter Lernprogramme und zusätzlicher Arbeitsmaterialien können vielseitige individuelle Fördermaßnahmen

unterstützt oder neu initiiert werden (z. B. Sprachlernprogramme, fachspezifische Leseförderung, computergestützte Lernprogramme).

2. Entwicklung von *Vertretungskonzepten mit Förderschwerpunkten*: Ausfallender Unterricht kann genutzt werden, um Schüler individuell zu fördern (z. B. durch zusätzliche Freiarbeit mit Übungsmaterialien, Rechtschreibförderung auf der Basis der häufigsten Fehlergruppen).
3. Spezialveranstaltungen zum Thema *„Das Lernen lernen"*: Bei Schullandheim-Aufenthalten oder im Rahmen von Projektwochen können besonders für Schüler mit Lernschwierigkeiten Lernmethoden vertieft erarbeitet und eingeübt werden.
4. *Hausaufgabenbetreuung* bzw. *„schulische Nachhilfe"*: Mit Unterstützung von Eltern, älteren Schülern oder aus Zusatzmitteln finanzierten studentischen oder anderen Hilfskräften werden an vielen Schulen die Kinder nachmittags bei der Erledigung der Hausaufgaben wirkungsvoll unterstützt. Auf diesem Wege kann auch gezielte Nachhilfe zur Bewältigung schwieriger Unterrichtsstoffe organisiert werden.
5. Einrichtung von *Arbeitsgemeinschaften* und *Förderkursen*: Bei Förderung gilt es, nicht nur bei Defiziten anzusetzen, sondern besonders die *Stärken der Lernenden* zu fördern (vgl. BERTELSMANN STIFTUNG, S. 6). Hier bieten schulische Arbeitsgemeinschaften gute Möglichkeiten, selbstständiges Arbeiten im Gruppenkontext zu unterstützen. Insbesondere für Ganztagsschulen bieten sich hier vielfältige Möglichkeiten, auch in Zusammenarbeit mit außerschulischen Trägern (Vereine, Kirchen usw.) und ihren Fachleuten, sinnvolle Arbeitsgemeinschaften und zusätzliche Förderkurse einzurichten.
6. Gezielte *Koordination der Lernaktivitäten* an der Schule: Durch die Beauftragung eines Förderungskoordinators oder von dafür eigens fortgebildeten Beratungslehrern, die Ansprechpartner für die Beratung von Schülern mit spezifischen Lernproblemen sind, können Förderungsmaßnahmen nachhaltiger verfolgt werden.
7. Durchführung von *Fortbildungen* und *Elternseminaren*: Gezielte schulinterne Fortbildungen mithilfe von kompetenten Referenten können das Kollegium darin schulen, die unterschiedlichen Lernschwierigkeiten besser zu diagnostizieren und sie durch geeignete Fördermaßnahmen zu beheben. In ähnlicher Weise können Elternseminare zu erziehungs- und lernrelevanten Themen organisiert werden, um die individuelle Förderung durch das Elternhaus zu verbessern.

4. Lern- und Förderempfehlungen (Beispiel NRW)

Um Leistungsdefiziten und Lernschwierigkeiten wirksamer und konstruktiver als bisher zu begegnen, hat das Bundesland Nordrhein-Westfalen sogenannte „Lern- und Förderempfehlungen“ eingeführt. Auf einem dazu entwickelten Formblatt tragen die Fachlehrer bei nicht ausreichenden Leistungen ergänzend zum Zeugnis Beobachtungen und Förderempfehlungen zum jeweiligen Defizitfach ein. Eine möglichst prägnante und verständliche Benennung der Lernschwierigkeiten und erste Hinweise dazu sollen den Lernenden über das Warnzeichen der Zeugnisnote hinaus konkrete Hinweise für ein erfolgreicheres Weiterarbeiten geben (s. das Beispiel auf Seite 108).

Wichtig ist ein anschließendes *Beratungsgespräch*, in dem genauer auf die Defizite und deren mögliche Ursachen eingegangen werden kann. Dabei sollten gezielte individuelle Fördermaßnahmen vereinbart werden. Im Einzelfall kann es hilfreich sein, wenn sich alle Beteiligten in einem „Förderkontrakt“ zu konkret festgehaltenen Unterstützungsleistungen verpflichten (vgl. MINISTERIUM FÜR SCHULE, JUGEND UND KINDER DES LANDES NRW, S. 8).

Erste Erfahrungen zeigen, dass das Instrument der Lern- und Förderempfehlung grundsätzlich hilfreich sein kann, weil es das Augenmerk besser als die bloße Note auf die wesentlichen Lernprobleme und gezielte Hilfe zu deren Überwindung legen kann. Allerdings besteht bei zunehmender Formblattgewöhnung die Gefahr einer rein bürokratisch-schematischen Abwicklung sowohl bei den schreibenden Lehrern als auch bei den entgegennehmenden Schülern und Eltern. Dies ist besonders dann der Fall, wenn sich bei Lernenden mehrere „Lern- und Förderempfehlungen“ von Zeugnistermin zu Zeugnistermin häufen und diese dann nicht mehr ermutigen, sondern eher demotivierend wirken. Vielfach fallen auch die Empfehlungen nicht konkret genug aus und bleiben damit unergiebig.

Hilfreicher als eine entmutigende Papierflut zu den Zeugnisterminen kann eine rechtzeitige, weniger offizielle Rückmeldung unmittelbar nach dem Auftreten von Defiziten sein (z. B. nach misslungenen Klassenarbeiten, Hausaufgaben oder Unterrichtsphasen). Wichtig ist hierbei, dass sie ermutigend und fördernd ausfallen. Solche Rückmeldungen können auch helfen, Beratungsgespräche zu konkretisieren.

Darüber hinaus können die Fachkonferenzen der einzelnen Fächer *fachspezifische Förderhinweise* erarbeiten und diese je nach Alter der Schüler weniger als steriles Formblatt, sondern als motivierende Arbeitshilfe gestal-

Beispiel: Formblatt für Lern- und Förderempfehlungen

(Ministerium für Schule, Jugend und Kinder des Landes NRW, S. 23)

Lern- und Förderempfehlungen

für ______________________ zum Zeugnis des ____________ Halbjahres

der Jahrgangsstufe ____________ im Fach ______________________

Beobachtungen: ____

Empfehlungen: ____

Die schulischen Maßnahmen zur individuellen Förderung sind auf die Unterstützung durch die Eltern und die engagierte Mitarbeit der Schülerin/des Schülers angewiesen.
Um die Möglichkeit der Zusammenarbeit in der Förderung zu klären und gemeinsame Maßnahmen zu vereinbaren, bitten wir Sie zu einem gemeinsamen Gespräch am ________________

Fachlehrer/in Klassenlehrer/in

Kenntnis genommen:

Erziehungsberechtigte/r Schüler/Schülerin

Beispiel: Empfehlung für Mathematik zum Halbjahresende Klasse 6

(Ministerium für Schule, Jugend und Kinder des Landes NRW, S. 18)

Beobachtung: Du hast beim Rechnen mit Bruchzahlen noch große Schwierigkeiten.
Empfehlung: Dies wird sich ändern, wenn du dir noch einmal die wichtigsten Regeln (Addition, Subtraktion, Multiplikation und Division, das Kürzen und Erweitern) einprägst und dir eigene Beispiele dazu überlegst, Aufgaben dazu intensiv übst (z. B. Buch Seite ...), das große Einmaleins sicherer beherrschst (lege eine Lernkartei an!).
Weitere Aufgaben gebe ich dir gerne, sehe sie auch nach und spreche mit dir über die Fehler.

ten. Hier lassen sich ergänzende *Bemerkungen über besondere Lernfortschritte und individuelle Stärken* wirkungsvoller und zweckmäßiger einbauen als im Formblatt zum Zeugnis.
Ergänzend kann auch das *Sozialverhalten* in die Förderempfehlungen einbezogen werden, denn dieses hängt vielfach mit fachlichen Leistungsstörungen ursächlich zusammen. Als Grundlage für ein Gespräch mit Schülern und Eltern über die Entwicklung des Sozialverhaltens und der Methodenkompetenz kann der *Feedback-Bogen* auf Seite 248/249 dieses Buches dienen.

B Kriterien für einen fördernden Unterricht

Die nachfolgenden Überlegungen zu den Einzelfaktoren eines fördernden Unterrichts konzentrieren sich auf zentrale in der Literatur angesprochene Aspekte (vgl. WILDE 1996, S. 2 ff. und BERTELSMANN STIFTUNG, S. 4 ff.). Diese Faktoren sollten in jedem Regel- wie Förderunterricht berücksichtigt werden. Sollen die aufgezeigten Faktoren jedoch wirklich nachhaltig verbessert werden, kommt dabei den Klassenlehrern eine zentrale Rolle zu. Denn sie tragen in besonderer Weise Verantwortung für das Lernklima in der Klasse und können in Einzelgesprächen und Konferenzen wirkungsvoll darauf hinarbeiten, dass alle Kollegen die Ziele und Prinzipien effektiven Förderns in der gemeinsamen Lerngruppe auch zuverlässig umsetzen.

1. Anforderung

Förderung sollte nicht als bloße Nachhilfe missverstanden werden und lediglich reaktiv nacharbeitend vorgehen. Lernende nachhaltig zu fördern heißt, vorausarbeitenden Unterricht zu gestalten. Das bedeutet, dass Lernschwierigkeiten antizipiert und Lerninhalte vorbereitet werden und damit kontinuierliche Anforderungen an die Lernenden gestellt sind.
Förderung meint, die Lernenden entscheidend voranzubringen, nicht nur von den Schwächen, sondern besonders von den vorhandenen Stärken auszugehen und diese auszubauen.

„Im fördernden Unterricht muss fordernd gefördert werden, denn Förderung schließt Anforderungen ein, muss Leistung (dosiert) gefordert werden, müssen individuelle (anstrengungsbezogene) Leistungsmaßstäbe gesetzt werden ...“ (Wilde 1996, S. 1).
Da Lernschwierigkeiten oft auch dadurch entstehen, dass Lernherausforderungen ausgewichen wird und Lernanstrengungen vermieden werden, dürfen Kinder und Jugendliche nicht völlig auf sich gestellt arbeiten. Eltern und Lehrer sollten den Arbeitsprozess kontinuierlich begleiten und dabei bewusst Leistung einfordern. Erst durch klar gestellte Anforderungen können die Lernenden zu Erfolgen gelangen und so auch die für eine langfristige Motivation wichtigen Erfolgserlebnisse sammeln.

2. Ansporn und Ermutigung

Die Anerkennung der individuellen Lernanstrengung auszubauen und den Schülern kontinuierlich Erfolgserlebnisse zu vermitteln, ist wichtig für ein zunehmend selbst gesteuertes, nachhaltiges Lernen.
Im Unterricht angespornt und ermutigt zu werden, erfahren leistungsstarke Schüler wohl öfter als die auf diese Lehrerzuwendung besonders angewiesenen Schüler mit Lernschwierigkeiten. Um gerade ihnen ein zunehmend stabileres Selbstwertgefühl zu vermitteln, sollten Unterrichtende im Regel- wie im Förderunterricht häufiger loben.
Dies kann besser gelingen, wenn man nicht nur von den erreichten Ergebnissen ausgeht, sondern mehr als bisher ergänzend die *Fortschritte im individuellen Lernprozess* lobend herausstellt. Machen Kinder und Jugendliche häufiger die positive Erfahrung, etwas leisten zu können, erhöht das ihre Bereitschaft, weitere und schwierigere Anforderungen zu bewältigen.
Eine andere wichtige Voraussetzung dazu sind *realistische Teilziele*, die am besten in konkreten *Förderplänen* aufgestellt werden. Diese erleichtern die Verständigung mit den Lernenden über die angestrebten Ziele und die bereits erzielten Lernerfolge. „Jedem Kind sollte vermittelt werden, was es bereits gut kann und was es in nächster Zeit besser können sollte. Dabei sollten ihm erreichte Lernschritte immer wieder aufgezeigt und – gemeinsam mit dem Kind und der Gruppe – neue Zielvereinbarungen getroffen werden.“ (Wilde 1996, S. 2).

3. Lernklima und Lernzeit

Eine weitere Voraussetzung für fördernden Unterricht besteht darin, dass die Klassenleitung sich kontinuierlich dafür einsetzt, ein positives, entspanntes Lernklima in der Klasse zu schaffen. Die ideale *Lern- und Arbeitsatmosphäre* sollte durch *Ermutigung, Bestätigung* ebenso geprägt sein wie durch *Anspornen*, also auf *Fördern und Fordern* gleichermaßen zielen.
Auf die Verantwortung der Klassenführung für die wichtige *Klassenraumgestaltung* und auf Möglichkeiten einer atmosphärischen Verbesserung wurde oben bereits intensiv eingegangen (→ S. 35 f.).
Da unangemessener Zeitdruck eine Ursache für Lernversagen darstellen kann, sind *ausreichend Zeit, Geduld und Zuwendung* wichtige Voraussetzungen für erfolgreiches Förderlernen. Es sollte ausreichend Zeit zur Verfügung stehen für begleitende Gespräche mit denjenigen Schülern, die besonders gefördert werden müssen. Aber auch für das eigenständige Finden individueller Lösungswege muss Zeit sein, wobei auch Umwege und Fehler zugestanden werden sollten.

4. Das Lernen lernen

Soll Lernen zunehmend selbstständig gelingen, setzt dies voraus, dass die Lernenden über angemessene Lern- und Arbeitstechniken verfügen. Es gilt also, geeignete *Methoden und Techniken zu erlernen* und kontinuierlich einzuüben, die den zu Fördernden helfen, selbstständig und erfolgreich üben zu können. Vorteilhaft ist es, wenn das *Methodenlernen* fachlich eingebettet ist. So lernt z. B. die Lerngruppe den Umgang mit dem Wörterbuch, während sie Texte für ein Zeitungsprojekt erstellt.
Zahlreiche Methodenhinweise finden sich in den Unterrichtswerken oder in fachspezifischen Methodensammlungen (vgl. auch Klippert). Zu vielen Unterrichtsbüchern gibt es außerdem Arbeits- oder Übungshefte, die eine Vielzahl zusätzlicher Übungsmöglichkeiten erschließen. In Verbindung mit Lösungsheften ermöglichen sie im Unterricht und zu Hause vielseitiges selbstständiges Üben.
Werden die wichtigsten Methoden in ein *Methoden-Merkheft* (→ S. 103) übertragen, prägen sie sich besser ein und stehen auch noch nach Rückgabe der Schulbücher zur Verfügung (s. hierzu auch das Kapitel „Das Lernen lernbar machen").

C Beobachtungs- und Diagnosehilfen

1. Diagnosekriterien und Diagnoseprozess

Um die individuelle Lernentwicklung besser unterstützen zu können, benötigen Unterrichtende vermehrt diagnostische Kompetenzen. Bei dieser Schlüsselqualifikation, die für die Lehrerbildung verstärkt eingefordert wird (vgl. BERTELSMANN STIFTUNG, S. 11), geht es nicht darum, ein umfassendes psychologisches Methodeninstrumentarium zu erlernen und einzusetzen. Die intensive professionelle Betreuung von Schülern mit besonderen Schwierigkeiten bleibt weiterhin die Aufgabe der speziell ausgebildeten Fachkräfte der Erziehungsberatung oder der sonderpädagogischen Förderung. Lehrer des allgemeinen Schuldienstes sollen vielmehr befähigt werden, Stärken und Schwächen, Lern- und Leistungsentwicklungen der ihnen anvertrauten Schüler durch genaues Beobachten intensiver wahrzunehmen, um ihnen gezielter und wirkungsvoller helfen zu können als bisher.
„Intuitives Wahrnehmen genügt ebenso wenig wie das Zählen der Fehler im Diktat: Erst eine zielgerichtete, planmäßige und kriterienorientierte Beobachtung ermöglicht es, den individuellen Lernstand zu diagnostizieren, um einem Kind beim Lernen zu helfen“ (WILDE 1996, S. 6).
DAGMAR WILDE nennt als wichtige *Kriterien zur Erfassung der Lernvoraussetzungen* von Normalklassen oder kleinen Fördergruppen: „Lerntypus, Lerntempo, Leistungsstand, Begabungen und Widerstände, Neigungen und Interessen“. Um die jeweilige *Ausgangslage des Lernens* für jede Fördermaßnahme besser zu erfassen, sollten „Lernvoraussetzungen, Lernbiografie, Leistungsmotive, Motivationsgrundlage“ (ebd.) erfasst und kontinuierlich überprüft werden. Einer nur einmaligen „Statusanalyse“ ist die langfristig beobachtende *„Prozessanalyse“* vorzuziehen.
Zum Vorgang einer kontinuierlichen Beobachtung und Beurteilung gehören regelmäßige Aufzeichnungen der zahlreichen Eindrücke zum „Lern- und Arbeitsverhalten, zu Lernwegen ebenso wie Lernergebnissen“ (ebd.). Dabei kommt es darauf an, Lernschwierigkeiten im Detail zu erfassen und auf dieser Basis Maßnahmen zu ihrer Überwindung festzuhalten. Um dies zu ermöglichen, müssen die Unterrichtenden häufiger Still- und Partnerarbeitsphasen einrichten. Dann können sie diese für die genaue Beobachtung, für Gespräche mit einzelnen Kindern und Aufzeichnungen nutzen.

Um Lernprozesse in einer Klasse einzuschätzen und Ansatzpunkte für die Förderung zu gewinnen, können auch mehrere Arbeitsschritte miteinander verbunden werden (vgl. MISCHKE, S. 19 und 23 ff. zum „Monitoring", bei dem es um kooperatives Abschätzen von Lernvorgängen geht):

- Augenscheindiagnose: Beobachtung beim Arbeiten
- Zwischenfragen stellen
- Fehler analysieren, die im Unterricht auffallen
- Tafelaufgabe mit „lautem Denken" bei der Lösung verbinden
- Überprüfen des Lernerfolgs mit einfachen Lernzielkontrollblättern

2. Pädagogische Tagebücher und Beobachtungsbögen

Als Hilfsinstrumente zur ungebundenen, freien Beobachtung dienen sogenannte *pädagogische Tagebücher*. In wenigen Stichworten lassen sich wesentliche Beobachtungen zur Lernentwicklung festhalten (kognitiver, sprachlicher, motorischer, sozialer Entwicklungsstand, Lernverhalten, Lernmotivation usw.).

Arbeitsentlastend und erinnerungstützend sind auch fachspezifische *Beobachtungsbögen*, die den Blick auf zentrale Fach- und Methodenkompetenzen und auf das Lern- und Arbeitsverhalten richten. In den Fachkonferenzen müssen dazu die jeweiligen fachlichen Wahrnehmungskriterien (Lernhaltungen, Fachkompetenzen) vereinbart werden (vgl. MINISTERIUM FÜR SCHULE, JUGEND UND KINDER DES LANDES NRW, S. 13). Kriterien bieten auch die neuen *Kernlernpläne* (z. B. Kernlehrplan Deutsch in NRW).

Dem *Deutschunterricht* kommt im Hinblick auf die sprachliche Bewältigung der anderen Fächer eine Schlüsselrolle zu. Deshalb wurde nachfolgend für die Klassen 5/6 auf der Basis der Kernlernpläne Deutsch (vgl. Kernlehrplan Deutsch in NRW, S. 2–47) ein Kompetenzen-Raster zusammengestellt, das sich als Beobachtungs- und Diagnosegrundlage für Beratungs- und Förderanlässe eignet. Es wurden dabei vor allem solche Kompetenzen berücksichtigt, die auch für die sprachliche Verständigung und die methodische Arbeit in anderen Fächern wichtig sind.

Klassenlehrer können diese *Diagnosebögen* von Kollegen mehrerer Fächer auf Folien ausfüllen lassen und die Einzelergebnisse dann durch Linien verbinden. Durch Übereinanderlegen der Einzelfolien kann so das sprachlich-methodische Leistungsprofil eines Schülers für mehrere Fächer gleichzeitig erfasst werden. Rückschlüsse zur gezielten *sprachlich-methodischen Förderung* – nicht nur im Fach Deutsch – sind so leichter möglich.

Diagnosebogen sprachlich-methodischer Kompetenzen zur Ermittlung von Förderbedarf (Klasse 5/6)

Fach: ______________ Schülername: ______________ Muttersprache: ________

Kompetenzerreichung	nicht	ansatzweise	allgemein	gut/besonders
Zuhören				
sachgemäßes Verstehen				
Notizen von Gehörtem				
Sprechen/Gespräche				
deutliches Sprechen				
lebendiges, geordnetes Erzählen				
Begriffserläuterung/eigene Worte				
Informationsbeschaffung und adressatenbezogene Weitergabe				
gestaltendes Sprechen				
konstruktive Teilnahme am Unterrichtsgespräch				
Einhalten von Gesprächsregeln				
Lesestrategien/Umgang mit Texten und Medien				
zusammenhängendes Textverstehen				
Informationsentnahme aus Sachtexten				
Nutzung von Informationsquellen				
Arbeitstechniken der Textbearbeitung: – Begriffsklärung – Markierung – Gliederungsüberschriften				
– Informationsentnahme – Formulierung Fragen				

Kompetenzerreichung	**nicht**	**ansatzweise**	**allgemein**	**gut/ besonders**
Schreiben von Texten				
Methoden: Planung, Formulierung, Überarbeitung von Texten				
Information über einfache Sachverhalte in sachbezogener Darstellung: berichten, beschreiben, erklären				
Formulierung und Begründung von eigenen Meinungen				
Inhaltswiedergabe von Kurztexten in eigenen Worten				
lebendiges Erzählen von Begebenheiten und Erlebnissen				
Aussagen zu diskontinuierlichen Texten: einfache Tabellen, Grafiken				
Verfassen von Texten nach Textmustern, Umschreibung				
Sprachstrukturen				
Kenntnis und Anwendung von Sprachformen: Wortarten, Flexionen, Satzarten, Satzverbindungen				
Nutzung von Stilebenen: schriftlich, mündlich, Standard-Umgangssprache, Variation Wortwahl, Satzbaumuster				
Schreibfertigkeit/-richtigkeit				
Lesbarkeit				
angemessenes Schreibtempo				
richtiges Abschreiben				
Grundregeln der Rechtschreibung: – Laut-Buchstaben-Zuordnung – Wortebene – Satzebene: Zeichensetzung				

3. Förderdiagnostik per Internet (Beispiel LRS)

Eine gezielte diagnostische Unterstützung und Vorschläge für die weitere Förderung für Schüler mit Problemen im Bereich des Lesens und der Rechtschreibung bietet der *„Lernserver"* (vgl. PETER-WEHNER 2004), ein Online-Projekt der Universität Münster. Dabei handelt es sich um ein flexibles computergestütztes Lernsystem, das es ermöglicht, Rechtschreibschwierigkeiten individuell zu diagnostizieren und auf dieser Basis die Förderschwerpunkte festzulegen. Das Angebot umfasst auch geeignete Arbeitsmittel und methodische Unterstützung, sodass hiermit differenziertes Fördern von Schülern mit Lese-Rechtschreib-Schwierigkeiten im Klassenverband möglich wird. Die bereitgestellten Testbögen zur Rechtschreibung sind Lückendiktate für die Grundschuljahrgänge und die Klassen 5/6, die von den Schülern handschriftlich ausgefüllt werden. Anschließend können die Fehler über eine Eingabemaske online eingegeben werden. Auf dieser Basis erstellt der „Lernserver" in kurzer Zeit die Diagnose der Rechtschreibleistung (Adresse s. Internethinweise im Anhang dieses Kapitels).

4. Sprachstandserhebung und Förderbegleitung bei Migrantenkindern

Die angemessene Beherrschung der deutschen Sprache ist für den Schulerfolg unerlässlich. Daher ist es besonders wichtig, diejenigen Schüler, die nicht mit Deutsch als Muttersprache aufwachsen, möglichst früh und gezielt zu fördern. Bei Bedarf müssen die Schulen hier zusätzlichen sprachlichen Förderunterricht anbieten.

Eine rechtzeitige *Sprachstandserhebung* erleichtert und legitimiert die Zuweisung der Schüler in geeignete Regel- oder Förderklassen oder die passende Lerngruppe des zusätzlichen Förderunterrichts. Die Ergebnisse sollen den Schülern mitgeteilt werden, damit diese eine realistische Einschätzung ihrer Sprachfähigkeiten gewinnen und so mehr Eigenverantwortung beim kompetenten Spracherwerb übernehmen können.

Der Sprachstand lässt sich zunächst durch *Gespräche* mit den Schülern ermitteln, in denen besonders auf Artikulations-, Ausdrucks- und nonverbale Kommunikationsfähigkeit zu achten ist. Ergänzend findet ein *schriftlicher Test* statt, der aus selbst konzipierten Materialien oder aus Bausteinen besteht, die geeigneten Vorlagen entnommen werden. Bestandteile werden sein:

- Texte zur Überprüfung der Lesefähigkeit
- Texte zur Feststellung des Leseverständnisses
- Lückentexte zur Überprüfung der Grammatikbeherrschung
- Aufgaben zum Erfassen des Wortschatzes
- altersgemäße Diktate oder Übungen, die wesentliche Bereiche der Rechtschreibung wie auch zentrale grammatische und syntaktische Regeln berücksichtigen.

Hierzu und zu weiteren Kriterien für Schüler der Sekundarstufe II stellen OLAF BÖNICK und auch IZABELA KLYSZ zwei in Erprobung befindliche Berliner Sprachstandsbeobachtungsverfahren vor (s. Internethinweise im Anhang). Professionelle Hilfe vermittelt zudem der Lehrmittelmarkt, z. B. das Testpaket von ANNA HOBUSCH (vgl. HOBUSCH u. a. 2002). Es enthält schnell und einfach durchführbare Tests (1. bis 4. Schuljahr) und eine Audio-CD zur Erfassung des Hörverständnisses im Deutschen und zur Überprüfung des muttersprachlichen Wortschatzes in der Erstsprache (ca. 16 Sprachen berücksichtigend). Auf der Basis einer genauen Fehleranalyse kann ein individueller oder ein Gesamtförderplan für die Fördergruppe erstellt werden.
Hilfreich für eine Einstufung und die darauf basierende Zuordnung geeigneter Lernmaterialien ist die Orientierung am *„Gemeinsamen europäischen Referenzrahmen für Sprachen“*, der Kompetenzstufen auf sechs Niveaus unterscheidet und genauer beschreibt (vgl. TRIM u. a.). Eine Übersicht über die Globalskala und ein Raster zur Selbstbeurteilung findet sich im Internet bei *learn-line.nrw* (s. Internethinweise im Anhang).
Eine genauere Beschreibung der Anforderungsprofile leistet auch das Lehrwerk für Deutsch als Fremd- bzw. Zweitsprache „Profile Deutsch“ (vgl. GLABONIAT u. a. 2002). Orientiert am europäischen Referenzrahmen hilft es u. a., Niveaus und Lernziele zu bestimmen sowie Materialien für Tests und Unterricht zu erstellen.
Um Stress und damit Verfälschungen der Ergebnisse zu vermeiden, sollten Sprachstandserhebungen keinen Testcharakter haben. Sie dürfen auch nicht einmalig punktuell erfolgen, sondern stellen eine permanente, den Unterrichtsprozess begleitende Aufgabe des Förderlehrers dar.
Das Anlegen eines *Begleitbogens zum Förderunterricht* erleichtert diese notwendige prozessorientierte Beobachtung. Sie gewährleistet auch die wichtige Rückmeldung über die Leistungsentwicklung an den Klassenlehrer und die Lehrperson des regulären Deutschunterrichts. Der Begleitbogen enthält die wesentlichen persönlichen Daten und richtet das Augenmerk auf die Lernentwicklung:

Begleitbogen Förderunterricht

Name: ______________________________

Klasse: __________ Deutschlehrer: ______________________________

Muttersprache: ______________________________

Förderunterricht seit: ___ Stundenzahl: ___ Förderlehrer: __________

Bisherige Förderschwerpunkte: ______________________________

Leistungsstand/Leistungsentwicklung: ______________________________

Weiterer Förderungsbedarf?
☐ nein
☐ ja, in folgenden Bereichen:
Umfang: ______________________________

Besondere Beobachtungen: ______________________________

Leistungsstärken: ______________________________

Defizite: ______________________________

Sozialverhalten: ______________________________

Sonstiges: ______________________________

Literatur

Bambach, Heide: Ermutigungen. Nicht Zensuren. Zeugnisse ohne Noten in der Grundschule. Lengwil 1994

Brügelmann, Hans/Richter, Sigrun (Hrsg.): Wie wir recht schreiben lernen. Konstanz 1994

Christiani, Reinhold: Auch die leistungsstarken Kinder fördern. Frankfurt/M. 1994

Glaboniat, Manuela, u. a.: Profile Deutsch. (Buch und CD-ROM) München 2002

Hobusch, Anna, u. a.: Sprachstandsüberprüfung und Förderdiagnostik für Ausländer- und Aussiedlerkinder (SFD). 4 Hefte, 14 Blätter, 13 Folien, Neuenkirchen 2002

KLIPPERT, HEINZ: Methoden-Training. Übungsbausteine für den Unterricht. Weinheim, Basel 1994

LORENZ, JENS/RADATZ, HENDRIK: Handbuch des Förderns im Mathematikunterricht. Hannover 1993

MILZ, INGEBORG: Rechenschwächen erkennen und behandeln, Teilleistungsstörungen im mathematischen Denken. Dortmund 1994

MINISTERIUM FÜR SCHULE, JUGEND UND KINDER DES LANDES NORDRHEIN-WESTFALEN (Hrsg.): Kernlehrplan Deutsch Gymnasium Sekundarstufe I. Frechen 2004

MINISTERIUM FÜR SCHULE, JUGEND UND KINDER DES LANDES NORDHEIN-WESTFALEN (Hrsg.): Schwächen abbauen – Stärken fördern. Hinweise zu den individuellen Lern- und Förderempfehlungen. Frechen 2003

MISCHKE, WOLFGANG: Lehr- und Lernstrategien in heterogenen Gruppen (einschließlich Diagnostik und Formen kleinschrittiger Rückmeldung an Schülerinnen und Schüler). Skript zu Modul 3, Projekt Qualitätssicherung in Unterricht und Schule. Oldenburg, Didaktisches Zentrum der Universität, 2003

SANDFUCHS, UWE: Förderunterricht konkret. Materialien und Unterrichtsbeispiele für die Jahrgangsstufen 5–9. Bad Heilbrunn 1990

TRIM, JOHN, u. a.: Gemeinsamer europäischer Referenzrahmen für Sprachen: lernen, lehren, beurteilen. München 2001

ULBRICHT, HELGA: Von der Förderdiagnostik zur Förderung. Dienstbesprechung der staatlichen Schulberatung München. Schuljahr 2004/2005

WILDE, DAGMAR: Förderung fordert uns heraus. In: Grundschulzeitschrift 91/1996 (vgl. www.dagmarwilde.de)

Internethinweise

BERTELSMANN STIFTUNG: Wir brauchen eine andere Schule. Konsequenzen aus Pisa, Positionen der Bertelsmann Stiftung. Gütersloh 5.8.2002, www.bertelsmann-stiftung.de

BÖNICK, OLAF: Sprachstandserhebung. www.germanistik.fu-berlin.de/studierende/DAZ-Page/Texte/WS0102/Boenick.html

Gemeinsamer europäischer Referenzrahmen für Sprachen: www.learn-line.nrw.de/angebote/egs/info/fortbildung/europ_referenz.html

KLYSZ, IZABELA: Sprachstandserhebungen. www.germanistik.fu-berlin.de/studierende/DAZ-Page/Texte/WS0102/KlyszKroh.html

LERNSERVER: www.lernserver.de

PETER-WEHNER, ANDREA: Der Lernserver: Förderdiagnostik per Internet. 10.8.2004, www.lehrer-online.de/url/lernserver

Jürgen Marx

6 Störungen im Unterricht

„Unterrichtsstörungen sind Ereignisse, die den Lehr-Lernprozess beeinträchtigen, unterbrechen oder unmöglich machen, indem sie die Voraussetzungen, unter denen Lehren und Lernen erst stattfinden kann, teilweise oder ganz außer Kraft setzen.“ (LOHMANN 2003, S. 12) Ohne kompetentes Störungsmanagement kann kein Unterricht stattfinden. Deshalb „haben Störungen Vorrang“ in jedem Gruppengeschehen, wie RUTH COHN postuliert (1975, S. 121 f.). Sie müssen bearbeitet werden, um nicht zu Zer-Störungen des Unterrichts zu werden. Unter Umständen beansprucht die Beseitigung der Störung auch viel Zeit. Diese Zeit ist jedoch nicht „vertan“, da die Gruppe erfahrungsgemäß nach Beseitigung der Störung umso intensiver zusammenarbeitet.

In diesem Kapitel geht es um die Frage, wie Störungen möglichst effektiv bearbeitet werden können, vor allem solche, die die Kommunikation bzw. Interaktion zwischen Schülern und Lehrern beeinflussen.

A Störungen sind Botschaften, die entschlüsselt werden müssen

Die vielfältigen Ursachen für Störungen im Unterricht können ausgehen vom Einzelnen, von der Gruppe, von der Lehrperson, vom Unterrichtsinhalt und vom schulischen bzw. privaten Umfeld (vgl. LOHMANN 2003). Mehrere Faktoren können dabei auch Ursachensysteme bilden.

Arbeitsvorschlag: Sich und andere in Störungssituationen genau wahrnehmen

Notieren Sie nach einer Unterrichtsstunde alles, was Ihnen zu den Störungen einfällt, die Sie in dieser Stunde wahrgenommen bzw. empfunden haben.
Dabei kann der folgende *Reflexionsbogen* eine Hilfe sein.

Reflexionsbogen: Störungsanalyse

1. Was geschieht genau?
   (Möglichst wertfreie) Beschreibung der beobachteten Störung.
2. Wer agiert gerade?
   Beobachtete Aktionen des Schülers, der meine Aufmerksamkeit einnimmt?
   Beobachtete Aktionen anderer Schüler?
   Meine eigenen Aktionen?
3. Welche vermuteten Ursachen und Zusammenhänge?
   Wen oder was halte ich für einen Verursacher der Störung?
   Welchen Verlauf nimmt der Störungsprozess?
   Welche vermuteten Hintergründe spielen eine Rolle?
4. Welche vermuteten Folgen?
   Welche Folgen hat die Störung (vermutlich) für mich, für das Lernfeld, für einzelne Schüler?
   Wofür bin ich in dieser Situation verantwortlich?
5. Meine eigene emotionale Reaktion?
   Was ist eigentlich in diesem Moment mit mir selbst los gewesen?
   Welche Emotionen habe ich gespürt?
   Kenne ich diese Gefühle auch aus anderen Situationen?
   Gibt es bei mir eine Art Mechanismus der Emotionen? Wodurch wird er ausgelöst?

Beispiel einer Unterrichtsstörung

Felix (5. Klasse) meldet sich im Unterricht nur selten, verkündet aber in jeder Stunde – ohne sich zu melden – mehrmals lautstark die Ergebnisse seiner Einzel- oder Gruppenarbeit. Er setzt seinen ganzen Ehrgeiz darein, als Erster fertig zu werden. Die anderen schnell arbeitenden Schüler rufen nun ebenfalls ihre Ergebnisse in die Klasse. Der Lehrer vermutet, dass Felix ehrgeizig und unbeherrscht ist. Die Mitschüler verhalten sich ähnlich, um gegenüber Felix nicht benachteiligt zu sein und auch zu zeigen, was sie können. Schwächere und vorsichtigere Schüler klinken sich immer mehr aus dem Unterrichtsgespräch aus. Sie teilen aber ihren Nachbarn ihr Ergebnis mit und es entsteht weiteres Gemurmel. Insgesamt steigt nach mehreren Einwürfen durch Felix der Lärmpegel in der Klasse stark an. Der Lehrer reagiert bereits auf die erste Störung durch Felix sehr zornig und autoritär. Bei weiteren Einwürfen resigniert er zusehends, denn er spürt den Zwiespalt zwischen der Anerkennung von Felix' Leistungen und der Ablehnung seines Verhaltens. Seine Drohung, Felix einen Verweis zu erteilen, setzt er nicht um. Felix und die Klasse beobachten dies genau. Wenn der Lehrer Felix keinen Verweis erteilt, darf er dies auch nicht bei anderen. Der Druck wächst und die Folge des autoritären Lehrerverhaltens ist – paradoxerweise – Autoritätsverlust.

Beispiel einer Störungsanalyse

Der Lehrer beginnt die Sachverhalte zu trennen und zu notieren:

1. *Was geschieht genau?* Felix arbeitet mit und spricht laut in die Klasse, ohne sich zu melden. Meine Aufmerksamkeit wird auf ihn gelenkt.
2. *Wer agiert gerade?* Felix ist ehrgeizig und äußerst schnell in der Auffassung neuer Sachverhalte. Seine alleinerziehende Mutter kann nach eigenem Bekunden dem Temperament ihres Sohnes, der als Einzelkind aufwächst, nichts entgegensetzen. Felix fühlt sich oft unterfordert und ist nicht gewohnt, auf Schwächere Rücksicht zu nehmen.
3. *Vermutete Ursachen?* Felix kann sich nicht disziplinieren, weil er es von zu Hause nicht kennt. Konsequenzen für sein störendes Verhalten widerfahren ihm nur selten. Er braucht viel Anerkennung. Oft ist er unterfordert und langweilt sich.
4. *Vermutete Folgen?* Wenn Felix in die Klasse ruft, beginnen auch andere mit dem störenden Verhalten. Es wird laut, und die ruhigeren Schüler kommen nicht mehr zu Wort. Sie stellen langsam ihre Mitarbeit ein, da sie nicht genügend Anerkennung dafür erhalten. Ich verliere die Kontrolle.
5. *Meine eigene emotionale Reaktion?* Mich ärgert es, wenn ich die Schwächeren und die Stillen nicht beschützen kann. Außerdem befürchte ich, dass ich die Autorität verliere und sich dies auf den gesamten Unterricht

überträgt. Ich erlebe Felix als einen Herausforderer und das empört mich so, dass ich manchmal wütend werde, wenn er das Reinrufen trotz aller Vorhaltungen nicht sein lässt.

Fazit: Wenn es uns nur einmal pro Woche gelingt, eine solche Störungsanalyse für unsere Klasse anzufertigen, haben wir bereits wichtiges Material gesammelt für die nächsten Schritte der Störungsbearbeitung, auf die im folgenden Abschnitt eingegangen wird.

B Störungen bearbeiten

(Klassen-)Lehrertätigkeit besteht zu einem großen Teil aus dem Management zwischenmenschlicher Beziehungen. Der proaktive und reaktive Umgang mit Störungen gehört zum professionellen Kern der Tätigkeit des Klassenlehrers. Ziel sollte sein, Störungen so zu bearbeiten, dass die zwischenmenschlichen Beziehungen aller Beteiligten möglichst erhalten oder verbessert werden.

1. Wie kann ich auf Störungen angemessen reagieren?

Betrachten wir zunächst die reaktive Störungsbearbeitung. Wenn Sie auf Störungen professionell reagieren wollen, müssen Sie über eine Art „Werkzeugkasten" der Kommunikation verfügen, der Ihnen den situationsadäquaten Zugriff aufs richtige Werkzeug ermöglicht. In diesem Kasten sollten möglichst viele Werkzeuge liegen, fürs Grobe und Feine, fürs Allgemeine und Spezielle. Und um die vorhandenen Werkzeuge auch bedienen zu können, ist es nötig, ihre Verwendung zu üben. Dazu ist es erforderlich, über das Unterrichten hinaus vor allem im Einzel- und Kleingruppengespräch auf Störungen einzugehen, die wir selbst wahrgenommen haben oder die uns berichtet wurden. Gefordert ist also auch eine Kompetenz zur vertrauens- und respektvollen Kommunikation. Wenn wir mit Du-Botschaften auf unerwünschtes Verhalten reagieren („Du störst schon wieder!"), erzeugen wir in der Regel Widerstände. Meist versucht das Gegenüber sich zu wehren oder zu rechtfertigen („Hab' ich gar nicht!"), die Situation zu verharmlosen („Ich habe ja nur …") oder andere verantwortlich zu machen („Tim redet viel mehr als ich").

Wirksamer ist es, solche „Du-Botschaften“ durch „Ich-Botschaften“ zu ersetzen. Sie drücken klar aus, welche Folgen das Verhalten des Schülers hat, ohne diesen bzw. sein Verhalten abzuwerten.
Anhand eines Beispiels aus dem Kunstunterricht werden hier zunächst einige „Du-Botschaften“ vorgestellt, die die weitere Kommunikation zwischen Lehrer und Schülern eher blockieren als befördern (nach GORDON 1977).
Beispielsituation: Am Ende der Kunststunde haben einige Schüler ihren Arbeitsplatz nicht aufgeräumt.

Die wichtigsten konfrontierenden Du-Botschaften und ihre Funktion

1.	Du wirst nach Schulschluss hier bleiben und diese Unordnung aufräumen.	Befehlen
2.	Wenn du noch einmal deine Malsachen liegen lässt, kriegst du einen Hinweis nach Hause.	Drohen
3.	Du könntest deinen Mitmenschen gegenüber wirklich rücksichtsvoller sein.	Moralisieren
4.	Mit ein wenig gesundem Menschenverstand sieht man doch ein, dass man bloß diese paar einfachen Regeln befolgen müsste.	Ratschläge erteilen
5.	Du könntest dieses Problem lösen, wenn du in Zukunft deine Malsachen immer sofort aufräumen würdest, wenn du sie nicht mehr brauchst.	Belehren
6.	Du räumst nie etwas auf. Du erwartest immer, dass andere für dich alles aufräumen.	Anklagen
7.	Seit einiger Zeit bist du unser Klassenferkel.	Beschimpfen
9.	Du hast absichtlich dein Malzeug auf dem Tisch gelassen. Ich glaube, du bist böse auf mich und versuchst unbewusst, mich zu ärgern.	Analysieren
10.	Warum tust du so etwas?	Verhören
12.	Ich hoffe, dass du später mal so viel Geld verdienst, dass du dir einen Diener leisten kannst.	Sarkasmus, Ironie, Spott

Arbeitsvorschlag: Du-Botschaften durch Ich-Botschaften ersetzen

Für die folgende Übung sollten Sie sich einige der Störungen aus Ihrem Unterricht heraussuchen, die Sie bearbeiten möchten.
Schreiben Sie zunächst Du- bzw. Man-Botschaften auf, die Sie im Unterricht verwendet haben bzw. in ähnlichen Situationen gerne verwenden.
Stellen Sie sich nun die konkrete Situation genau vor und wandeln Sie die Botschaft in eine eindeutige Ich-Aussage um. Hier einige Beispiele:

Du-Botschaft	Ich-Botschaft
Da muss man eben zehn Minuten mehr einplanen, um immer pünktlich zu sein. (Ratschläge erteilen)	Mich ärgert es, wenn du zu spät kommst und dich zum wiederholten Male mit einem Ampelstau entschuldigst.
Du hast ja schon wieder den Zirkel vergessen. (Anklagen)	Ich fühle mich sehr gestört, wenn du ohne Zirkel in die Stunde kommst.

Bei vielen Ich-Botschaften verbinden Sie Ihr eigenes Empfinden mit dem Verhalten des Gegenübers. Mit der *zweiteiligen Ich-Botschaft* bringen wir unsere eigene Person in Zusammenhang mit dem Verhalten eines Schülers.
Beispiel einer zweiteiligen Ich-Botschaft: „Wenn du während meiner Arbeitsanweisung mit dem Nachbarn redest, dann ärgert mich das."
Es kann natürlich sein, dass einen Schüler die Gefühle des Lehrers nicht so sehr interessieren wie sein eigenes Verhalten. Hier empfiehlt sich die dreiteilige Ich-Botschaft, bei der die konkret erlebbaren Folgen hinzugefügt werden.
Beispiel einer dreiteiligen Ich-Botschaft: „Du redest während meiner Arbeitsanweisung mit Max. Ich kann mich nicht mehr konzentrieren und es fängt an mich zu ärgern." Diese längere Intervention zeigt, wie wichtig dem Lehrer die Störung ist. Die konkrete Auswirkung des störenden Verhaltens wird benannt. Der Lehrer zeigt sich persönlich verärgert.
Die *dreiteilige Ich-Botschaft* (Konfrontierende Ich-Botschaft nach Thomas Gordon) besteht aus den Stufen:

1. *unannehmbares Verhalten* = eine vorwurfslose Beschreibung dessen, was der störende Schüler sagte oder tat,
2. *tatsächlich spürbare Folgen* = Beschreibung tatsächlicher, beobachtbarer Auswirkungen des Schülerverhaltens, das den Lehrer an der Erfüllung eines wichtigen Bedürfnisses oder Auftrages hindert,
3. *übereinstimmende Empfindungen* = Beschreibung, welche Gefühle das Verhalten des Schülers im Lehrer auslöst.

Arbeitsvorschlag: Dreiteilige Konfrontierende Ich-Botschaften formulieren

Bereiten Sie für die folgende Übung ein Blatt vor, auf das Sie im Querformat drei Spalten einzeichnen: unannehmbares Verhalten – spürbare Folgen für mich – übereinstimmende Gefühle. Spielen Sie nun nach diesem Muster möglichst viele vergangene Störungssituationen – auch mögliche künftige – durch.

Beispielsituation: Katharina redet in jeder Unterrichtsstunde sehr häufig mit ihrer Banknachbarin Anne. Es geht meist um Belange des Unterrichts und Katharina betont dies auch immer wieder zu ihrer Rechtfertigung.

unannehmbares Verhalten	**spürbare Folgen für mich**	**eigene Empfindungen und Gefühle**
Katharina spricht zu Anne, heute schon das vierte Mal.	Ich schaue dauernd hin, werde von unserer Arbeit abgelenkt, verliere den Faden.	Ich werde nervös, ärgerlich.

Je länger Sie üben und je bewusster Sie sich Ihr Ziel machen, desto häufiger werden Sie den Erfolg spüren. Ihre Schüler können Sie besser wahrnehmen und einschätzen und werden ebenfalls davon profitieren. Natürlich ist aller Anfang schwer und ungewohnt. Die Ich-Botschaften werden nicht immer gleich sicher von den Lippen kommen und nicht jede wird ihr Ziel erreichen. Eine Methode hört erst dann auf, mechanisch und aufgesetzt zu wirken, wenn sie ins eigene Denken, Fühlen und Handeln integriert ist.
Manche Dinge, von denen Sie sich gestört fühlen, haben keine erkennbaren Folgen für den Unterricht, aber sie stören Sie trotzdem. Lassen Sie in diesem Fall den mittleren Teil Ihrer Ich-Botschaft einfach weg:

unannehmbares Verhalten	**spürbare Folgen für mich**	**eigene Empfindungen und Gefühle**
Anne kaut Kaugummi im Unterricht.	(Eigentlich keine, denn ich kann meinen Unterricht fortführen.)	Ich finde es unappetitlich und befürchte, dass danach Kaugummis unter dem Tisch kleben.

Und was ist, wenn die Konfrontationen keinen Erfolg zeigen? Dann hilft nur noch die Ankündigung von Konsequenzen. Die Schüler können so immerhin lernen: Wenn ich nicht vernünftig auf Konfrontationen reagiere, muss ich mit Konsequenzen rechnen.

unannehmbares Verhalten	**eigene Empfindungen und Gefühle**	**ankündbare Konsequenzen (in chronologisch steigender Reihenfolge)**
Anne kaut am nächsten Tag weiter, ohne meine Intervention zu beachten.	Ich finde es aber unappetitlich und befürchte, dass danach Kaugummis unter dem Tisch kleben. Es stört mich und lenkt mich ab.	Kaugummis von Tischen und Stühlen entfernen lassen; Hinweis an die Eltern; ...

2. Wie lassen sich Störungen präventiv bearbeiten?

Viele Unterrichtsstörungen lassen sich auch durch Änderungen des Lernumfeldes vorbeugend beheben. Hier drei präventive Maßnahmen:

Reizverminderung: Reize oder Materialien, die zu unannehmbarem Verhalten führen, werden verringert.
Beispiel: Ein Kunstlehrer beobachtet immer wieder, dass Schüler den Papierschneider zweckentfremden und damit Bleistifte u. Ä. halbieren. Abgesehen von der Verschmutzung des Geräts erscheint dem Lehrer die Unfallgefahr erheblich.
Reizverminderung: Da der Papierschneider nicht einfach entfernt werden kann, baut die Lehrperson eine Sperrholzhaube, die leicht abgenommen werden kann, und deckt das Gerät damit ab.

Erweitern des Arbeitsfeldes: Die Arbeitsfläche wird über die Tischplatte hinaus vergrößert.
Beispiel: Eine Geschichtslehrerin will große Plakate für eine Präsentation erstellen lassen, wobei möglichst viele Schüler gleichzeitig arbeiten sollen. Aber immer wieder gibt es Leerläufe und Wartezeiten, in denen die Schüler „Unsinn machen".
Erweitern des Arbeitsfeldes: Die Lehrerin lässt Tische und Stühle zur Seite rücken, sodass alle Schüler auf dem Boden sitzen können. Gegenstände, die zum Thema gehören (Globus, historische Karten und Abbildungen, Texte, Gegenstände ...), werden in der Mitte ausgelegt. Jeder kann nun an alle Arbeitsmittel gelangen und so auch Wartezeiten sinnvoll nutzen.

Umgestalten: Das Klassenzimmer bzw. die Unterrichtsregeln werden so verändert, dass Schüler weniger versucht sind zu stören.
Beispiel: Beim Vorlesen von Aufsätzen sprechen viele Schüler so leise, dass die hinter ihnen Sitzenden kaum etwas verstehen. Diese fangen an miteinander zu reden und unaufmerksam zu werden. Es wird laut.
Umgestalten: Die Lehrperson lässt einen Stuhlkreis bilden. Alle haben nun direkten Blickkontakt und können sich beim Sprechen ansehen. Außerdem werden Gesprächsregeln zum positiven Feedback eingeführt (→ S. 21 f.). Nun können die Schüler einander selbst Rückmeldung zu den Aufsätzen geben, die die Lehrperson nur noch ergänzt. Durch die erhöhte Aufmerksamkeit und Interaktion reduziert sich die Zahl und Intensität der Störungen erheblich.

Arbeitsvorschlag: Das Lernumfeld verändern

Suchen Sie für konkrete Störungssituationen in Ihrem Unterricht Lösungen im Hinblick auf die Veränderung des Lernumfeldes. Teilen Sie dazu einen Übungsbogen in drei Spalten mit den Fragen: Welche Gegenstände verursachen das Problem? Wie zeigt es sich? Mögliche Lösungen (wegnehmen/vermindern, hinzufügen/erweitern, verändern/umgestalten)? Hier ein Beispiel:

Welche Gegenstände?	Welches Problem?	Mögliche Lösungen:
Sporttaschen ...	... liegen neben den Tischen; werden getreten und verschmutzt; Kinder können stolpern; wenn die Sporttaschen am Tisch (Haken) hängen, liegen die Schultaschen im Weg.	Zu vereinbarende Regel: Schultaschen hängen zuverlässig an den Tischhaken (umgestalten); Sportzeug hat am Tisch nichts verloren (wegnehmen); Regal anschaffen (hinzufügen) oder stabile, große Kleiderhaken an der Wand anbringen (hinzufügen).

3. Wie lassen sich Konflikte als Störungen konstruktiv bearbeiten?

Oft entstehen Unterrichtsstörungen aus Konflikten zwischen Lehrern und Schülern. So schwer der Entschluss auch fallen mag: Störungsbearbeitung beinhaltet auch das Erkennen und Lösen von Konflikten (s. hierzu auch das Kapitel „Konflikte nicht unter den Teppich kehren“).

Konfliktbearbeitung in einer „Lehrer-Schüler-Konferenz“

Thomas Gordon hat ein Modell entwickelt, Konflikte durch Anwenden der Methode „Ich gewinne – du gewinnst“ demokratisch statt autoritär zu lösen. Die sechs Schritte dieser Methode sind:

0 Voraussetzungen schaffen
1 Bedürfnisse klären
2 Lösungen sammeln
3 Lösungen bewerten
4 Beste Lösung wählen
5 Realisieren
6 Bewährungskontrolle

Beispiel einer Konfliktsituation: Unruhiger Stundenanfang

In einer 5. Klasse (Gymnasium) stehen zu Beginn der Deutschstunde ständig mehrere Schüler wartend am Lehrerpult, um ihre Anliegen sofort dem Klassenlehrer vorzutragen. Die meisten haben aus unterschiedlichen Gründen Hefte und Arbeitsmaterial zu Hause vergessen oder die Hausaufgabe nicht angefertigt. Dazu kommen Wünsche und Anfragen an den Klassenlehrer. Dieser führt eine Liste über alle fehlenden Hausaufgaben, um die nachträgliche Anfertigung zu kontrollieren. Informationsfragen werden, soweit möglich, beantwortet. Dann soll die Unterrichtsstunde beginnen. Einige kramen aber noch in den Taschen, andere stellen fest, dass sie ebenfalls etwas vergessen haben. Währenddessen verlieren die zappeligen Schüler bereits die Konzentration, es wird immer schwieriger, Ruhe einkehren zu lassen.

Der Klassenlehrer plant und moderiert die angesetzte Lehrer-Schüler-Konferenz.

0 Voraussetzungen schaffen

Geplante Zeit für die Durchführung: eine Doppelstunde (Zeitpuffer: eine Unterrichtsstunde am folgenden Tag)
Wenn sich im Verlauf der Sitzung herausstellt, dass ein umfangreiches Thema im vorgesehenen Zeitrahmen nicht befriedigend bearbeitet werden kann, sollte nur ein Teil bearbeitet werden. Die weiteren Aspekte werden vertagt.
Material: Plakate (Druckereiabfälle), dicke Filzmarker
Vorüberlegung: Welche Ziele hat die Lehrer-Schüler-Konferenz? Es können nur Bereiche angesprochen werden, in denen Lehrer und Klasse eine gemeinsame Entscheidungskompetenz haben.
Interesse des Lehrers: planbarer, möglichst rascher Unterrichtsbeginn.
Interesse der Schüler (vermutet, noch genau zu ermitteln): Zeit für Klärung anfänglicher Fragen; Konzentration zum Arbeitsbeginn; Klarheit der Strukturen; Schüler, die etwas vergessen haben, wollen dies begründen.
Interesse der Kollegen: Welche Kollegen, die in der Klasse unterrichten, könnten gefragt werden, ob sie teilnehmen wollen?

1 Bedürfnisse klären

Aufhängen eines Plakates mit der Überschrift: „Wodurch fühle ich mich hier gestört?"
Vorbereitete konfrontierende Ich-Botschaft: „Vor jeder Deutschstunde kommen einige von euch heraus, um sich zu entschuldigen oder etwas zu fragen, manchmal auch erst, wenn ich schon angefangen habe. Das stört mich sehr,

ich verliere den Faden und dringe gar nicht mehr durch zu euch. Oft kommen meine Versuche, euch zu interessieren, gar nicht mehr an. In letzter Zeit ärgere ich mich immer mehr darüber, außerdem merke ich, dass ich euch gar nicht richtig zuhören kann in dem Durcheinander."
Anweisung der Lehrperson: Überlegt kurz, was euch selber stört, und schreibt es auf!
Anhören der von den Schülern genannten Probleme; Stichpunkte auf dem Plakat notieren.
Probleme der Lehrperson nennen und ergänzen.
(Bleibt das Plakat im Klassenraum hängen, hält dies die Bedürfnisse in Erinnerung.)

Tipp: Notieren Sie die Störungen möglichst ohne Wertung. Falls es viele Störungen gibt, nehmen Sie diejenigen heraus, die den Beteiligten am wichtigsten sind. Bearbeiten Sie diese nacheinander in den Schritten 2 bis 5 bzw. vertagen Sie den Rest. Bei vielen Themen lassen sich Klebepunkte für die Auswahl einsetzen. Lassen Sie Raum für einzelne Wünsche aus der Klasse, machen Sie aber auch klar, wie wichtig Ihnen die eigenen Punkte sind.

2 Lösungen sammeln

Aufhängen eines weiteren Plakates mit der Überschrift: „Wie können wir schneller und konzentrierter anfangen?"
Lösungsmöglichkeiten sammeln, aber noch nicht diskutieren. Stichpunkte auf dem Plakat notieren.

Tipp: Beim Sammeln kann die Lehrperson Sicherheit vermitteln, wenn sie strikt auf Einhaltung der Regel *„Nicht bewerten und nicht diskutieren!"* besteht. Je nach Störungsthema und Alter der Schüler können Lösungsvorschläge im Plenum oder in Kleingruppen gesammelt werden.

3 Lösungen bewerten

Die Gruppe sitzt im Stuhlkreis, das Plakat liegt in der Mitte.
Eröffnung der Gesprächsrunde, indem die Lehrperson auf den ersten Punkt deutet: „Wer möchte zu diesem Vorschlag etwas sagen?"
Bei zahlreichen Meldungen: Jonglierball einsetzen. Wer den Ball hat, kann reden und wirft ihn danach zum nächsten Schüler weiter.

Tipp: Wenn die Lösungsvorschläge sehr vielfältig sind, kann eine Bewertung auch in Kleingruppen vorgenommen werden.

4 Beste Lösung wählen

Ein neues Plakat mit der Überschrift „Wie möchte ich anfangen?“ wird in die Mitte gelegt.
Bewertung der praktikablen Lösungsvorschläge und Konsensfindung.
Aufschreiben der Ergebnisse auf ein Klassenplakat.
Alle Anwesenden unterschreiben die Vereinbarung.

Tipp: Die derzeit beste Lösung ist erreicht, wenn sie von allen akzeptiert werden kann. Später lässt sich ja noch nachbessern.

Mögliche Lösung zum Beispiel „Unruhiger Stundenanfang“

Wie möchte ich anfangen?

1. Zu Beginn der Stunde liegen alle Hefte, Bücher, Schreibzeug usw. auf dem Tisch.
2. Die Schüler, die etwas vergessen haben, füllen einen „Jokerzettel“ aus, der als Vordruck bereitliegt, und geben ihn vor Beginn der Stunde an den Lehrer.
3. Fragen an den Klassenlehrer werden auf einen Zettel geschrieben und ebenfalls abgegeben.
4. Montags in der zweiten Pause ist Klassenlehrer-Sprechstunde für kurze Gespräche.
5. Nach dem „Countdown“ sitzen alle auf den Plätzen. Wer noch etwas sagen will, muss sich melden.

5 Realisieren

Diskussion über die Konsequenzen: Welche Belohnung wäre denkbar (z. B. Lesenacht, Spielenachmittag, Kino)? Möglich ist auch eine graduelle Abstufung (Ziel zu 100 %, zu 80 %, zu 60 % erreicht).
Welche negativen Sanktionen wären denkbar?

Tipp: Machen Sie von vornherein klar, dass die gefundene Lösung auch durchgesetzt und durchgehalten werden muss und dass die beste Belohnung für alle Beteiligten sehr gute Arbeitsbedingungen sein können, verbunden mit einem Gefühl der guten Laune und der Sicherheit. Sanktionen müssen genau überlegt werden, damit sie Einzelne (Verursacher der Nichteinhaltung) in die Gruppe holen, statt sie auszugrenzen. Die Lehrer-Schüler-Konferenz bietet die Chance, mit individuellen Lösungen zu experimentieren. Suchen Sie mit Ihrer Klasse Ihren eigenen Weg!

Mosaikteile zur Störungsbearbeitung

Im Folgenden finden Sie eine Reihe weiterer Anregungen für die Bearbeitung von Unterrichtsstörungen, die sich in die tägliche Arbeit integrieren lassen. Probieren Sie einfach aus, welches „Mosaikteil" sich für die Störungsbearbeitung in Ihrem Unterricht eignet.

Handlungsplan erstellen

Notieren Sie Ihre geplanten Schritte der Störungsbearbeitung für jeweils eine Woche. Verwenden Sie dabei möglichst eindeutige Formulierungen, z. B.: „Ich will in der nächsten Woche an ... Tagen mindestens je einmal ..." Ergänzen Sie darunter die benötigte Zahl von Kontrollfeldern, in die Sie nach Erfüllung des Vorsatzes jeweils ein Kreuz zeichnen, und legen Sie diesen Zettel für eine Woche gut sichtbar auf Ihren Schreibtisch.

Smalltalk einplanen

Sprechen Sie Schüler regelmäßig mit einem persönlichen Satz an, der nichts mit der Schule zu tun hat. Smalltalk hat die Funktion, Kontakte zu knüpfen – auch in der Schule.

Klassen-Infobuch für Positives anlegen

Gerade die „ständigen Störer" sind oft auch Opfer ihrer Etikettierung. Legen Sie neben dem Notenbuch auch ein besonderes Buch an, in das Sie alles Positive eintragen, das Ihnen jeweils bei einem bestimmten Schüler auffällt. Sagen Sie auch einem „Störer" gelegentlich mal etwas Nettes: Vielleicht können Sie einander einmal aus einer ganz anderen Perspektive wahrnehmen. Ein solches Buch ist auch eine wertvolle Hilfe bei Elterngesprächen.

Feedback geben

Geben Sie den Schülern immer wieder Feedback. Dies kann auch im Zweiergespräch stattfinden. Feedback ist beispielsweise die Antwort auf die Frage: „Wie hat das, was ich von dir wahrgenommen habe, auf mich gewirkt?" – Fordern Sie die Schüler auch auf, sich gegenseitig und auch Ihnen Feedback zu geben (→ S. 21 f.).

Bei Störungen klar intervenieren

Achten Sie auf Klarheit aller Störungsinterventionen. Überdenken Sie Ihre früheren Reaktionen: Wo liegt Ihr kritischer Interventionspunkt, von wo ab Sie sich nichts mehr gefallen lassen wollen? Am günstigsten ist es, dann zu intervenieren, wenn Sie sich bereits gestört fühlen, aber noch nicht heftig emotional reagieren. In diesem Moment sind Sie noch voll handlungsfähig, schon eine Sekunde danach können die Emotionen bereits das Handeln stärker beeinflussen als die Ratio. Überlegen Sie sich genau: Wann und wie will ich künftig bei welcher Störung reagieren?

In die Haut des anderen schlüpfen

Stellen Sie sich Ihren Hauptstörenfried einmal in Ihrer Fantasie genau vor. Versuchen Sie in seine Haut zu schlüpfen, wie er zu denken und zu fühlen. Wechseln Sie dann die Rollen, stellen Sie sich vor, wie Sie mit ihm sprechen. Versuchen Sie sich in Ihrer Fantasie ein möglichst realistisches Bild von dem Gespräch zu machen, einschließlich möglicher Veränderungen.

Um ein Gespräch bitten

Bei Konflikten ist es wichtig, dass kein Beteiligter sein Gesicht verliert. Tadeln Sie Schüler möglichst nicht vor der Klasse, sondern initiieren Sie ein Gespräch. Bei Zurechtweisungen vor der Klasse sind Schüler oft außerstande, ihr Verhalten zu verändern.

Schüler direkt und authentisch ansprechen

Sprechen Sie die Schüler bei Interventionen klar mit Namen an und nehmen Sie Blickkontakt auf. Bleiben Sie authentisch, d. h., zeigen Sie in Sprache und Körpersprache, welche Gefühle Sie bewegen. Wenn Sie z. B. ihren Ärger äußern, sollten Sie nicht gerade lächeln oder unbeteiligt wirken.

Konsequenzen sachlich benennen

Überlegen Sie sich genau, welche Konsequenzen aus dem Verstoß gegen Regeln erwachsen sollen. Stellen Sie die Konsequenzen klar dar, ohne sie als Drohung zu verwenden. Nichts macht Lehrer hilfloser als Drohungen, denen keine Taten folgen (können).

Sich mit Kollegen abstimmen

Oft bietet es sich an, einige Schritte mit anderen Kollegen zusammen zu realisieren (z. B. eine gemeinsam geplante Lehrer-Schüler-Konferenz durchzuführen).

Rituale einführen

Rituale fördern den Unterrichtsfluss, geben Sicherheit und fördern das soziale Klima. Versuchen Sie z. B. mit Ihren Schülern ein Anfangsritual zu vereinbaren. In jüngeren Klassen kann z. B. ein gemeinsam gesungenes Lied

(Popsong?) und/oder das Aufstehen und Zur-Ruhe-Kommen zur Ritualisierung des Stundenanfangs dienen. Manche Klassen mögen es sehr, wenn am Anfang ein Song von einer CD gespielt wird, den sie selbst ausgesucht haben und der wöchentlich wechselt. In diesem Fall empfiehlt es sich, zusätzlich zu vereinbaren, dass anschließend 30 Sekunden Stille herrschen soll.

Phasen der Stille einführen

Der Umgang mit Stille ist den meisten Schülern fremd geworden. Phasen der Stille sind entspannend und beruhigend. Die meisten Schüler sind am Anfang irritiert, nach kurzer Zeit finden die meisten solche Stillesequenzen aber angenehm, sofern sie nicht zu lange dauern. Am besten beginnen Sie mit 20 Sekunden und steigern die Länge ganz langsam. Solche Stillephasen können sowohl zu Beginn als auch während des Unterrichts stattfinden. Eine Stillarbeit kann denselben Zweck erfüllen.

Verantwortung für das eigene Tun fördern

Die Verantwortung für das eigene Lernen spielt eine große Rolle bei der Störungsbearbeitung. Eine wichtige Möglichkeit dabei sind – neben vorgegebenen – auch individuelle Hefteinträge. Sie können persönlich formulierte Lernergebnisse beinhalten bzw. noch ungeklärte Probleme dokumentieren. Beispiel: das Lesetagebuch.

Die Unterrichtsstunde reflektieren

Die Schüler beantworten dabei Fragen auf einem Blatt, z. B.: Was war mir (heute bzw. in dieser Einheit) wichtig? Was habe ich gelernt? Woran möchte ich noch weiterarbeiten? Was ist mir noch unklar geblieben? – Anfangs werden wahrscheinlich Irritationen auftreten. Schließlich ist es für viele Schüler ungewohnt, nach ihren Gedanken und Gefühlen gefragt zu werden. Lassen Sie nicht locker und machen Sie klar, wie wichtig Ihnen diese Äußerungen für die Unterrichtsgestaltung sind.

Das eigene Verhalten per Videokamera überprüfen

Nutzen Sie die Videotechnik und installieren Sie eine Kamera, die Sie während des Unterrichts aufnimmt. Sie selbst und die Schüler werden sich überraschend schnell an das Gerät gewöhnen und sich ganz normal verhalten. Die entstandenen Filme können Sie sich alleine ansehen, Sie können sie aber auch wechselseitig mit anderen Kollegen zusammen auswerten.
Für ganz Mutige: Der Klasse den Film in Ausschnitten zeigen und dies als Basis für Feedback-Stunden verwenden.

Schulinterne Lehrerfortbildungen zum Thema Störungen initiieren

Das „Konstanzer Trainingsmodell“ (KTM) bietet eine gute Grundlage für Fortbildungen zur Störungsbearbeitung (vgl. TENNSTÄDT 1987).

Klassenrat

Eine weitere Methode zur Verbesserung der Gruppeninteraktion in Schulklassen ist der Klassenrat nach Célestin Freinet (→ hierzu auch S. 34 f.). Diese Methode entspricht in vielem der Lehrer-Schüler-Konferenz, stellt aber eine fortlaufende Gesprächsform dar, die vor allem in der Sekundarstufe I sehr sinnvoll erscheint. (Der Videofilm „Klassenrat“, herausgegeben von der Bayerischen Akademie für Lehrerfortbildung und Personalführung in Dillingen, stellt diese Methode vor und kann über viele Medienzentralen entliehen werden.)

C Umgang mit Ordnungsmaßnahmen

1. Was ist eine Ordnungsmaßnahme?

Die föderale Struktur des Bildungswesens in Deutschland zeigt sich auch in den unterschiedlichen Schulgesetzen der Bundesländer. Erziehungsmaßnahmen (auch Erziehungsmittel genannt) und Ordnungsmaßnahmen werden unterschiedlich definiert. Auch das Erteilen von Ordnungsmaßnahmen geschieht mit unterschiedlichen Vorgaben durch Gesetze, Erlässe und Verordnungen. Sowohl frischgebackene Klassenlehrer als auch „alte Hasen“ sollten sich immer wieder rückversichern, dass die Erteilung von Ordnungsmaßnahmen auch den neuesten Rechtsvorschriften entspricht.
Meist werden Erziehungsmittel als pädagogische Maßnahmen definiert, die keine rechtlichen Folgen für die Stellung der Schülerin bzw. des Schülers haben. Sie sind nicht mittels Widerspruch anfechtbar. Zu solchen Mitteln werden beispielsweise schriftliche Hinweise an die Eltern gezählt, aber auch das Laden zur Nacharbeit versäumter Hausaufgaben in der Schule oder häusliche Zusatzarbeiten. Diese Maßnahmen werden ausgesprochen, wenn Schüler ihre Pflichten verletzen oder den Unterricht beeinträchtigen. Sie können von einzelnen Lehrkräften, aber auch von einer Klassen- oder Lehrerkonferenz erteilt werden.

Achten Sie aber auf die landesrechtlichen Unterschiede, die auch den Sprachgebrauch betreffen! Eine schriftliche Mitteilung, die beispielsweise in Niedersachsen als Erziehungsmittel gilt, ist in Bayern eine Ordnungsmaßnahme und wiegt entsprechend schwerer. Ein weiteres Beispiel: In manchen Bundesländern ist es unter bestimmten Voraussetzungen gestattet, einen Schüler aus dem Unterrichtsraum zu verweisen, in anderen nicht.
Ordnungsmaßnahmen sind in jedem Falle all jene Schritte, die einen Schüler aus dem Kontext seiner schulischen Gruppe entfernen, vor allem

- Überweisung in eine Parallelklasse,
- befristeter Ausschluss vom Unterricht,
- Verweisung von einer bestimmten Schule,
- Verweisung von allen Schulen
- sowie die Androhung einer dieser Maßnahmen.

Diese Ordnungsmaßnahmen werden – je nach Bundesland – entweder von der Schulleitung, von einem gewählten Disziplinarausschuss oder von der Lehrerkonferenz beschlossen. Solche gravierenden Eingriffe müssen genau bedacht und juristisch klar begründet sein. Den Betroffenen und ihren Erziehungsberechtigten steht ein Widerspruchsrecht zu. In manchen Fällen muss das Verwaltungsgericht über die Rechtmäßigkeit einer bestimmten Maßnahme entscheiden.

2. Wann können Erziehungs- und Ordnungsmaßnahmen sinnvoll sein?

Erziehungsmaßnahmen können sinnvoll sein,

- um auf bewusste Verstöße gegen die schulische Ordnung zu reagieren. Ähnlich wie der Strafzettel für Falschparker kann ein solches Signal notwendig sein, um Schülern, die immer wieder durch Verstöße gegen die schulische Ordnung auffallen, zu zeigen, wo sie die Grenzen der notwendigen Ordnung verletzt haben.
- um die Eltern nachdrücklich zu informieren, ihnen einen Teil der Verantwortung zu geben und sie aufzufordern, gemeinsam mit der Schule erzieherisch auf ihr Kind einzuwirken (z. B. durch ein Gespräch).
  In manchen Fällen können erst schulische Erziehungsmaßnahmen Eltern dazu bringen, den Kontakt mit den Lehrern zu suchen und mit der Schule zusammenzuwirken.

- um häufig auftretende Störungen genau zu dokumentieren.
  Da eine graduelle Verschärfung der schulischen Reaktionen möglich ist, können so weitere Maßnahmen geplant, durchgeführt und gegenüber Eltern und Schulbehörde vertreten werden.

Ordnungsmaßnahmen dienen darüber hinaus auch dem Schutz der Mitschüler und der Gewährleistung eines ordnungsgemäßen Unterrichts. In extremen Fällen (z. B. Weitergabe bzw. Verkauf illegaler Drogen) kann die Schule im Sinne einer Generalprävention handeln, um alle Mitschüler vorsorglich zu schützen.
Je nach Landesrecht *muss* bzw. *kann* der Klassenlehrer den Sachverhalt ermitteln. Darüber hinaus kommt ihm ein unterschiedliches Gewicht beim Verfahren zu.

3. Warum Strafen in der Schule nur sehr bedingt greifen

Lernpsychologisch gesehen ist eine Strafe gleich welcher Art nur wenig wirksam. Sie kann Verhalten nur unterbinden, nicht per se verändern. Oft ist allerdings das Unterbinden von störendem Verhalten zunächst notwendig, bevor eine andere, damit verbundene pädagogische Maßnahme ergriffen werden kann.
Die meisten Eltern werden versuchen, durch erhöhte Achtsamkeit, den Entzug häuslicher Vergünstigungen und/oder eingehende Gespräche mit Sohn oder Tochter auf Erziehungsmaßnahmen zu reagieren. Außerdem dienen diese Mitteilungen den Eltern als Information, wie sich ihr Kind außerhalb der Familie verhält. Trotzdem sollten alle erzieherischen Maßnahmen sensibel eingesetzt werden. Nicht alle Eltern lassen sich durch schriftliche Mitteilungen beeindrucken. Andere werden vielleicht überreagieren. Die schlimmsten Auswirkungen sind bei Eltern zu befürchten, die mit körperlicher oder psychischer Gewalt bestrafen. Klassenlehrer sollten auch aus diesem Grunde stets um einen intensiven Kontakt mit den Eltern bemüht sein.

4. Wie lassen sich Erziehungs- und Ordnungsmaßnahmen pädagogisch sinnvoll einsetzen?

- Informieren Sie betreffende Schüler klar und rechtzeitig, dass sie sich der nicht mehr tolerierbaren „Deadline“ nähern. Verwenden Sie z. B. Formulierungen wie: „Wenn … dann …“ oder „Je … desto …“, um auf die Folgen ihres Tuns hinzuweisen. Als Klassenlehrer betrachten Sie die Ordnungsverstöße in der Klasse über den eigenen Unterricht hinaus, auch im Sinne Ihrer Kollegen.
- Versuchen Sie möglichst frühzeitig und bevor sich Verstöße häufen, Kontakt zu auffälligen Schülern und deren Eltern aufzunehmen, auch um sich ein Bild von den häuslichen Erziehungs- und Lebensweisen zu machen. Vielleicht ist das ordnungswidrige Verhalten auch auf die häuslichen Verhältnisse zurückzuführen. In solchen Fällen sind ergänzende Hilfs- und Beratungsangebote sinnvoll.
- Prüfen Sie Alternativen, bevor Sie sich für das Aussprechen einer Erziehungs- oder Ordnungsmaßnahme entscheiden, denn andere Maßnahmen haben oft mehr Erfolg. Besprechen Sie dies auch mit den Fachkollegen in der Klasse. Versuchen Sie z. B., Schüler mit ihrem Verhalten zu konfrontieren und Lösungen mit ihnen gemeinsam zu finden (→ S. 128 ff. sowie das Kapitel „Konflikte nicht unter den Teppich kehren“). Erst wenn Schüler bzw. deren Eltern keine Bereitschaft zur gemeinsamen Problemlösung zeigen, sind rechtliche Konsequenzen angesagt.
- Oft genügt es, einem Schüler in einer betreffenden Situation Maßnahmen ruhig und sachlich anzukündigen und diese in der anschließenden Pause kurz zu erläutern. In der Regel wird er ein klares, konsequentes Verhalten verstehen. Versuchen Sie Ihrerseits, auch Ihr Gegenüber zu verstehen.
- Wenn Sie eine Ordnungsmaßnahme erteilen, sollten Sie wertfrei und genau das Verhalten beschreiben, das die Ordnungsmaßnahme erforderlich gemacht hat. Falls nötig, beziehen Sie sich auf die entsprechenden schulrechtlichen Sachverhalte.
- Verbinden Sie die Ordnungsmaßnahme mit einem Gesprächsangebot an Eltern und Schüler. In der Erläuterung der Ordnungsmaßnahme sollten Vorwürfe, Moralisierungen usw. unterbleiben. In einem solchen Gespräch können Sie nach der *Konfliktlösungsmethode* (→ S. 128 ff.) eine pädagogische Lösung anstreben.

Literatur

Burkhard, Christoph/Eikenbusch, Gerhard/Ekholm, Mats: Starke Schüler – gute Schulen. Wege zu einer neuen Arbeitskultur im Unterricht. Berlin 2004

Cohn, Ruth C.: Von der Psychoanalyse zur Themenzentrierten Interaktion. Stuttgart 1975

Cohn, Ruth C./Terfurth, Christina: Lebendiges Lehren und Lernen. TZI macht Schule. Stuttgart 2001

Gordon, Thomas: Lehrer-Schüler-Konferenz. Wie man Konflikte in der Schule löst. München 1977

Langmaack, Barbara: Einführung in die Themenzentrierte Interaktion. Leben rund ums Dreieck. Weinheim 2004

Lohmann, Gert: Mit Schülern klarkommen. Professioneller Umgang mit Unterrichtsstörungen und Disziplinkonflikten. Berlin 2003

Tennstädt, Kurt-Ch. u. a.: Das Konstanzer Trainingsmodell (KTM). Ein integratives Selbsthilfeprogramm für Lehrkräfte zur Bewältigung von Aggressionen und Störungen im Unterricht. Einführung. Bern 1987

Internethinweise

http://arbeitsblaetter.stangl-taller.at (Zusammenfassungen pädagogischer und psychologischer Themen, darunter auch praktikable Beiträge zu Störungen)

www.ads-hyperaktivitaet.de (Portal einer Elterngruppe in Frankfurt/M.)

www.bildungsserver.de

www.lo-net.de (Vorstellung eines Trainingsprogramms aus den USA, das Störungen im Unterricht wirksam reduziert)

www.tzi-forum.com (Informationen zur TZI und Literaturhinweise und Workshop-Angebote für Lehrer)

Dieter Enkhardt

7 Konflikte nicht unter den Teppich kehren

Gerade Lehrerinnen und Lehrer stehen täglich vor der Anforderung, kleinere und größere Konflikte schlichten zu müssen, sei es bei Streitigkeiten unter Schülern, sei es bei eigenen Konflikten mit Schülern oder – in der Funktion des Klassenlehrers – als Vermittler zwischen Fachlehrern und Schülern. Sie können in Sachen Konfliktschlichtung auf einen breiten Erfahrungsschatz zurückgreifen. Dabei führen häufig die intuitiv und quasi automatisch eingesetzten Methoden zum Erfolg. Bei genauerem Hinschauen wird deutlich, dass die Lösungen sich als haltbar und befriedigend erwiesen haben, bei der alle Beteiligten an der Lösungssuche mitgearbeitet haben und jeder für sich etwas gewinnen konnte (Win-win-Lösungen).
Konflikte werden oft „von außen" gelöst, z. B. durch Schlichtung, Verurteilungen, In-Schutz-Nahme oder Sanktionen. Dies lässt sich sicher nicht immer vermeiden. Eine Lernchance in Sachen Konflikte bietet sich, wenn den Schülern selbst Verantwortung dafür übergeben wird, ihre Konflikte frühzeitig zu erkennen und zu bearbeiten, sich gegenseitig bei Konfliktlösungen

zu unterstützen oder auch Hilfe von außen zu beanspruchen. Es geht im Kern um eine Konfliktaustragung, die Gesichtsverlust auf beiden Seiten vermeidet. Positive Erfahrungen bei der Konfliktbearbeitung führen dazu, dass das eigene Selbstbewusstsein gestärkt wird und zugleich die Empathiefähigkeit wächst – und damit auch die Konfliktkompetenz.

Eine Chance zur Verbesserung der Situationen in der Schule bieten die konstruktive Konfliktbearbeitung und die langfristige Veränderung des Konfliktklimas in der Klasse und in der Schule – beides eröffnet Möglichkeiten für die Verbesserung und Entwicklung der gegenseitigen Beziehungen und für Wachstum und Weiterentwicklung der Persönlichkeit. Ein konstruktives Konfliktklima basiert auf dem Grundsatz, nicht die Konflikte selbst als Problem zu sehen, sondern die Art, wie mit ihnen umgegangen wird. Schädlich ist es, den Konflikt „unter den Teppich zu kehren" – erfahrungsgemäß wächst er dort weiter und gelangt an anderer Stelle wieder an die Oberfläche.

Die Grundfähigkeiten, die für eine konstruktive Konfliktbearbeitung nötig sind, können im Rahmen des Schulunterrichtes vermittelt und eingeübt werden. Hier können gerade Klassenlehrer durch eingestreute Übungen, Unterrichtseinheiten, Projekttage oder auf Klassenreisen viel erreichen.

Neue Wege, die Eigenverantwortung der Schüler für Konflikte zu stärken, sind bereits als sog. *Peer-Mediations-Projekte* in vielen Schulen eingeführt. In diesen Projekten werden Schüler zu Streitschlichtern oder Konfliktlotsen (nach Ortrud Hagedorn) ausgebildet. Sie unterstützen gleichaltrige und etwas jüngere Schüler beim Finden von Win-win-Lösungen. Diese Schüler werden von ebenfalls in Mediation fortgebildeten Lehrern begleitet, unterstützt und ausgebildet. Ein Peer-Mediations-Projekt sollte eingebettet sein in ein gemeinsames pädagogisches Prinzip zum Umgang mit Konflikten, das gleichermaßen für Schüler und Lehrer Gültigkeit hat. Diese sehr empfehlenswerte Einrichtung kann im Rahmen dieses Beitrags nicht näher beleuchtet werden (vgl. Walker 1995).

Im ersten Teil dieses Kapitels werden zunächst die Merkmale und Grundstrukturen konstruktiver Konfliktbearbeitung vorgestellt. Basis dafür ist eine differenzierte Betrachtung des so häufig benutzten Begriffes Konflikt. Im zweiten Teil möchte ich Sie einladen, mit Übungen und Arbeitseinheiten an einer Veränderung des Konfliktklimas in der Klasse zu arbeiten. Im dritten Teil geht es um das noch viel zu wenig beachtete Gebiet der Körpersprache und ihre Signalwirkung. Die vorgestellten Übungen sind voneinander unabhängig einsetzbar, können aber auch im Sinne eines Sozialtrainings aufeinander aufbauend in den Unterricht integriert werden.

A Konflikte als Chance

1. Die Inflation des Konfliktbegriffs

In der Fachliteratur wird der Begriff „Konflikt“ in den seltensten Fällen klar umrissen und gewinnt immer mehr den Charakter einer Sammelbezeichnung. Er steht damit in der Gefahr, entweder bagatellisiert oder dramatisiert zu werden. Meinungsverschiedenheiten, Spannungen, Streit, Probleme bis hin zu bewaffneten Auseinandersetzungen – alles Mögliche wird unter „Konflikt“ subsumiert. Die negative Konnotation scheint allerdings weitgehend festzustehen: Jemand, der zugibt, viele Konflikte zu haben, wird stigmatisiert. Auf der Grundlage eines so schwammig-negativen Konfliktverständnisses wird es kaum gelingen, mit Schülern, aber natürlich auch mit Erwachsenen einen tendenziell angstfreien Umgang mit Konflikten einzuüben. Basis der konstruktiven Konfliktbearbeitung ist daher eine differenzierte *Konfliktdefinition.*

Friedrich Glasl hat in seinem Standardwerk zur Konfliktforschung die folgende Definition formuliert (1992, S. 15):

„Ein sozialer Konflikt ist eine Interaktion

- zwischen Aktoren (Individuen, Gruppen, Organisationen usw.),
- wobei wenigstens ein Aktor
- Unvereinbarkeiten
  im Denken/Vorstellen/Wahrnehmen
  und/oder Fühlen
  und/oder Wollen
- mit dem anderen Aktor (anderen Aktoren) in der Art erlebt,
- dass im Realisieren eine Beeinträchtigung
- durch einen anderen Aktor (die anderen Aktoren) erfolgt.“

Ein *sozialer Konflikt* ist demnach ein Konflikt *zwischen* Personen (Aktoren), die in einer aufeinander bezogenen Kommunikation (verbal oder nonverbal) oder in einem aufeinander bezogenen Verhalten (nicht zwangsläufig ein Gewalthandeln) aktiv handeln (Interaktion).

Die Unvereinbarkeit im Denken/Vorstellen/Wahrnehmen, Fühlen oder Wollen kann auch subjektiv erlebt werden; ob zu Recht oder zu Unrecht ist dabei gleichgültig. Ein Konflikt entsteht dann, wenn sich mindestens einer der Aktoren durch den anderen beeinträchtigt fühlt.

Meinungsverschiedenheiten, Unterschiede in der Wahrnehmung und Spannungen allein sind nach dieser Definition also kein Konflikt.

2. Was ist konstruktive Konfliktbearbeitung?

Das Gefühl, im Konflikt verloren zu haben, führt auf die Dauer zu einem Verlust von Selbstbewusstsein und Selbstwirksamkeitserwartung. Es bleibt uns meist viel deutlicher im Gedächtnis als ein Erfolgserlebnis. Diese Erinnerung führt auch zu der negativen Bewertung von Konflikten. Konstruktive Konfliktbearbeitung setzt darauf, dass der verinnerlichte Konfliktbegriff sich verwandelt und Konflikte als Motor von Selbstreflexion und Beziehungsentwicklung erkannt werden. Im Verlauf einer konstruktiven Konfliktbearbeitung werden deshalb die Parteien ausdrücklich darin bestärkt, sich über ihre eigenen Interessen und Bedürfnisse im Klaren zu sein und diese auch zu vertreten. „Konflikte konstruktiv auszutragen" (wörtlich: aufbauend, auf die Erhaltung, Stärkung und Erweiterung des Bestehenden gerichtet) „bedeutet, eine Lösung für das Problem zu suchen, ohne die Person des Gegenübers anzugreifen." (Besemer 1993, S. 25)
Grundvoraussetzung für eine gemeinsam erarbeitete Lösung ist der zumindest rudimentär vorhandene Wunsch, weiterhin eine wie auch immer zu gestaltende Beziehung mit der/den anderen Konfliktpartei/en zu unterhalten. Motivationen in diesem Sinne können sein: der Besuch derselben Schule oder derselben Klasse, die Nutzung derselben Ressourcen wie Klassenräume, Materialien oder Freizeitgeräte und einfach das Interesse an den bzw. dem beteiligten Menschen.
Ziel der konstruktiven Konfliktbearbeitung ist es,

- die Beziehung der Konfliktparteien zu erhalten oder sogar zu festigen,
- kreative (Win-win-)Lösungen zu finden,
- die Konfliktkompetenz der Beteiligten zu erweitern.

Die gemeinsame Konfliktbewältigung stärkt in aller Regel das Gefühl gegenseitigen Vertrauens und das eigene Selbstwertgefühl.
Daraus ergeben sich *vier Grundsätze konstruktiver Konfliktbearbeitung*:

1. Unterscheide zwischen Person und Problem.

Christoph Besemer stellt dies grafisch so dar (1993, S. 25):

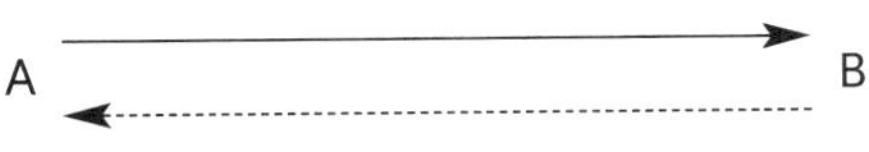

Die andere Person/Partei wird als Problem angesehen. Es kommt zu destruktiver Konfliktaustragung.

Konstruktive Konfliktaustragung unterscheidet sich hiervon, indem alle Konfliktbeteiligten Verantwortung für das Problem übernehmen und im Kontakt miteinander nach Lösungen suchen.

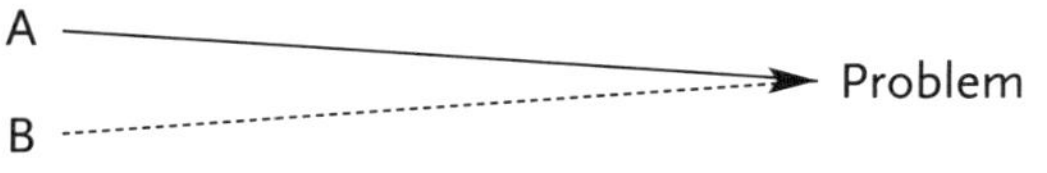

2. Unterscheide zwischen Position und Bedürfnis/Interesse.
Die Position einer Partei und ihre Interessen und Bedürfnisse sind nicht identisch. Hierzu ein Beispiel aus dem Schulalltag:

> Die Lehrerin erklärt gerade eine komplizierte Gleichung. Schüler Benno öffnet ein Fenster. Von draußen dringt Straßenlärm herein.
>
> *Variante 1:* Die Lehrerin, Frau A., verlangt, dass das Fenster wieder geschlossen wird (Position A). Benno behauptet, fast zu ersticken, und verlangt, dass das Fenster offen bleibt (Position B). Schnell ist ein Machtkampf zwischen Frau A. und Benno entbrannt.
>
> *Variante 2:* Die Lehrerin nennt ihr Interesse (sie will Ruhe, wenn sie etwas erklärt) und Benno das seinige (er will frische Luft). Die Problemlösung (Lüftpause) liegt jetzt auf der Hand.

Beide Varianten sind sicher nicht selten, die zweite ist aber bestimmt diejenige, die weniger Energie kostet.

3. Unterscheide verschiedene Ebenen des Konfliktes.
Weiter im Beispiel:

> Stellen wir uns vor, Frau A. und Benno haben schon den ein oder andern Streit in der letzten Zeit ausgefochten. Benno langweilt sich gerade, außerdem hat er sich neulich furchtbar über Frau A. geärgert, weil sie ihn vor allen anderen als Faulpelz bezeichnet hat. Da will er Frau A. mal ein bisschen aus der Reserve locken! Frau A. merkt: Benno langweilt sich, er hat als Einziger die Gleichung längst begriffen. Benno soll aber auch Rücksicht auf die anderen nehmen. So was wie das mit dem Fenster macht Benno in letzter Zeit öfter. Frau A. versteht das als Provokation!

In diesem Fall ist der offenkundige Konflikt (Fenster auf/zu) nicht der ausschlaggebende, sondern es gibt Hintergrundkonflikte, die im Sinne einer nachhaltigen Lösung und einer Verbesserung der Beziehung angesprochen werden müssen.

4. Beachte Konflikthintergründe und Gefühle.
Konstruktive Konfliktbearbeitung versucht einen Weg zu finden, bei dem auf der ausschlaggebenden Konfliktebene alle Konfliktbeteiligten Lösungen suchen, die *jedem Vorteile* bringen. In der Fachliteratur wird dies als „Win-win-Lösung" bezeichnet.
Eine solche Herangehensweise wird nur möglich, wenn jede Partei bereit ist, die andere Person mit ihren Gefühlen, Wünschen und Befürchtungen zu erkennen. Damit ändert sich das Konfliktklima und kreative Lösungen werden möglich.

B Übungen zum konstruktiven Konfliktverhalten

Ich möchte Sie einladen, die folgenden Übungen und Unterrichtseinheiten auszuprobieren, die Sie darin unterstützen, schrittweise eine Veränderung des Konfliktklimas in der Klasse zu bewirken.
Weitere Übungen finden Sie in FALLER/KERNTKE/WACKMANN (2005) und SPLINTER/WÜSTEHUBE (1998).

1. Wege aus der Eskalationsspirale – Übung zum Umgang mit Wut und Hilflosigkeit

Wenn ein Konflikt uns bedrohlich erscheint, wenn Kränkungen den Konflikt aufheizen, ist es schwer, einen kühlen Kopf zu bewahren. Wut, Trauer, das Gefühl der Bedrohung oder der Machtlosigkeit – das sind heftige Emotionen, die jeder von uns kennt. Auffällig ist, dass die Innenwahrnehmung sich umso stärker von Beobachtungen und Interpretationen von außen unterscheidet, je stärker die Gefühle sind. Leicht kann es zu Missverständnissen kommen. Nicht selten signalisieren wir dann, quasi als Prävention vor weiterer Enttäuschung oder Kränkung, Unnahbarkeit und Stärke.
Je mehr ich mir über Vorstadien der Wut und die oft angrenzenden Gefühle von Ohnmacht und Trauer bewusst bin und die zu mir passenden Hilfsstrategien erkenne, desto größer ist die Chance, dass ich meine Wut habe und sie steuern kann und nicht die Wut mich steuert.

Fantasiereise zur eigenen Wut ab Klasse 5

(Die Idee zu dieser „Reise" lernte ich bei Dissens e. V., Berlin, kennen.)

Intention: Die Schüler lernen eigene und fremde Konfliktmuster und Eskalationsspiralen genauer kennen. In der zweiten Phase werden neue Möglichkeiten entwickelt, mit der eigenen Wut und Hilflosigkeit umzugehen. Die Übung stärkt das Vertrauen und die Bereitschaft, sich über Gefühle auszutauschen.

Sozialform: Einzelarbeit und Arbeit im Klassenverband (bis zu 15 Schüler, ggf. Klasse teilen)

Zeitaufwand: ca. 80 Minuten bei 15 Schülern. Auf keinen Fall darf Zeit in der Rückkehrphase der Fantasiereise eingespart werden, da die Reise in einen Spannungszustand hineinführt und daraus wieder herausführen muss.

Material: Wachsmalstifte (ca. vier Kästen, besser mehr), 15 weiße DIN-A3-Blätter, 15 DIN-A4-Blätter mit der Überschrift: „Wenn du so wütend bist, möchte ich …"

Durchführung (in drei Schritten):

1. Schritt – Fantasiereise (ca. 20 Minuten): Laden Sie die Schüler zu einer Fantasiereise ein. (Vorbereitungen und Hinweise → S. 97 f.)

Einstimmungsphase: Die Schüler werden durch Formulierungen wie „Spür deine Füße, wie sie auf dem Boden stehen/liegen" dazu aufgefordert, ihren ganzen Körper und ihre Atmung bewusst wahrzunehmen.

Imaginationsphase: „Stell dir nun eine Situation vor, in der du ganz furchtbar wütend warst, wo du dich unglaublich geärgert hast … Welche Personen waren beteiligt, was passierte, und wie hast du dich gefühlt … Lass die Wut für einen kurzen Moment noch einmal in deinem Körper wachsen und spüre, wie es sich anfühlt … Wie fühlt sich die Wut in deinen Händen an, wie im Bauch und im Gesicht …

Stell dir vor, deine Wut hätte eine Farbe, welche Farbe wäre das … Lass die Farbe vor deinem inneren Auge kräftig werden … Wenn deine Wut eine Form hätte, welche wäre das … Stell dir eine Form für deine Wut vor, vielleicht ist sie spitz oder rund … Vielleicht hat deine Wut auch eine Konsistenz, aus welchem Material könnte sie sein …"

Rückkehrphase: „Und nun lasse die Farben und das Bild deiner Wut langsam verblassen, atme tief aus, lass die Wut immer kleiner und blasser werden, bis sie verschwindet …" Auch in dieser Phase sollen die Schüler ihren Körper und ihre Atmung noch einmal bewusst wahrnehmen. Beenden können Sie die Reise mit: „Herzlich willkommen!"

2. Schritt – „Wutbilder" (ca. 15 Minuten): Das DIN-A3-Blatt wird durch Knicken in drei gleich große Felder unterteilt. Die Felder werden mit den Überschriften (von links nach rechts) „vorher", „Wut", „nachher" versehen. Die Schüler malen für jede Phase ein Bild, abstrakt oder auch figürlich. Abschließend schreiben sie in jedes Feld einen Kommentar, der mit den Worten „Wenn ich so bin, möchte ich …" beginnt.

3. Schritt – Gegenseitiger Kommentar (ca. 25 Minuten): Die Schüler legen jetzt das vorbereitete DIN-A4-Blatt („Wenn du so wütend bist, möchte ich …") neben ihre Zeichnung. Lehrerkommentar: „Wechselt jetzt zum Bild eures rechten Nachbarn. Schaut euch sein Bild und die Kommentare an und schreibt spontan auf das DIN-A4-Blatt, was ihr tun möchtet, wenn ihr jemanden erlebt, der so wütend ist, wie es auf dem Bild zu sehen ist."
Reihum schreibt jetzt jeder Schüler bis zu drei Sätze zu dem Bild jedes Mitschülers. Gewechselt wird immer gleichzeitig nach etwa anderthalb Minuten. Wenn jeder Schüler wieder bei seinem eigenen Bild angekommen ist, liest er den inzwischen gefüllten Arbeitsbogen genau durch.

vorher	Wut	nachher
… dann sammelt sich alles in mir auf, oft sage ich lange nichts	… und irgendwann platzt es und alles kommt raus, … es kann sehr gefährlich sein	… dann frage ich mich auch: Warum … dann fühle ich mich leer, meist auch einsam, allein … dann kann ich es lange danach nicht verstehen

Wutbilder (Schüler, 16 J.)

4. Schritt: Abschlussdiskussion (ca. 20 Minuten): Leitfragen: Welche der Kommentare kannst du gebrauchen? Was würde dir, wenn du so wütend bist, helfen? Welche der Aussagen auf deinem Zettel ist eher wenig hilfreich für dich oder würde dich vielleicht sogar noch wütender oder hilfloser machen?

Auswertung: Die Diskussion macht deutlich, dass es sehr unterschiedliche Ausdrucksweisen von Wut gibt, die nach außen hin zum Teil bedrohlich wirken, zum Teil als Traurigkeit oder als abweisendes Verhalten wahrgenommen werden. Dies spiegelt sich auch deutlich in den Bildern der Schüler.

Tipp: Erfahrungsgemäß malen insbesondere Mädchen häufig sehr traurige Bilder oder solche, aus denen hervorgeht, dass sie ihre Wut nicht zeigen. Sie können dann darauf hinweisen, dass es wichtig ist, seiner Wut Ausdruck zu verleihen, weil sie sonst im Inneren weiter rumort und quält.

2. „Ich kann dich einfach nicht verstehen!" – Übungen zu Empathie und Wahrnehmung ambivalenter Gefühle

Einfühlungsvermögen scheint in unseren Zeiten wachsender Konkurrenz und Individualisierung und auch angesichts einer Medienwelt, die Mitgefühl oft geradezu verbietet, in der Gefahr zu stehen zu verkümmern. Eine indianische Weisheit bringt die Rolle von Einfühlungsvermögen bei der konstruktiven Lösung von Konflikten auf den Punkt: „Urteile nie über jemanden, ohne einen Tag in seinen Mokassins herumgelaufen zu sein!" Allerdings: Bei heftigem Streit und bei Antipathie regen sich – um in dem Bild zu bleiben – erhebliche Widerstände, die Schuhe des Gegners auch nur anzufassen, geschweige denn sie auszuprobieren; und der Gegner wird sie mir auch schwerlich überlassen. Es braucht Überwindung und Übung, sich im Streitfall in Einstellungen der anderen Seite hineinzuversetzen und diese zu respektieren. Wichtig ist dabei, dass „verstehen" nicht gleichbedeutend mit „einverstanden sein" ist.
Aktives Zuhören und die konsequente Verwendung von Komplett-Botschaften (auf der Basis des Kommunikationsmodells von Schulz von Thun, 1999) sind die Techniken, die die Empfindung von Empathie kommunizierbar machen. Beim *aktiven Zuhören* wird besonders darauf geachtet, was der Partner auf der Gefühlsebene, der appellativen Ebene und der Beziehungsebene zum Ausdruck bringen möchte. Das Verstandene kann wiederholt werden.

Der Partner fühlt sich so verstanden und akzeptiert und hört dann seinerseits offener zu. *Komplett-Botschaften* (als Weiterentwicklung der bekannten Ich-Botschaften) haben einen Gefühls- und einen Faktenteil. Der Sprecher verdeutlicht, welches konkrete Verhalten bei ihm welche Gefühle ausgelöst hat. Zum Beispiel: „Ich war enttäuscht und traurig, als du die Verabredung nicht eingehalten hast" anstelle von „Auf dich kann man sich einfach nicht verlassen".

Auf eine besonders harte Probe wird die Fähigkeit und der Wille zur Einfühlung gestellt, wenn es um die Wahrnehmung und das Respektieren von Ambivalenzen geht, Gefühlen, die sich gegenseitig zu widersprechen scheinen, aber doch gleichzeitig vorhanden sind. Mit der folgenden Übung kann dies erprobt werden.

Foto-Roman mit Gutgeh-Punkten ab Klasse 8

(Diese Übung habe ich gemeinsam mit Dirk Splinter entwickelt und in Schulen, Jugendarbeit und mit gewalttätig gewordenen Jugendlichen erprobt, vgl. Splinter/Wüstehube 1998. Sie wird u. a. im Projekt „Chili" des Schweizerischen Roten Kreuzes in der Arbeit mit Jugendlichen regelmäßig angewandt.)

Intention: Beim Erstellen des „Foto-Romans" werden das Einfühlen in andere Personen sowie das Beschreiben von Gefühlen und Ambivalenzen ausgiebig geübt. Thematik und Personen des Romans sollten dem Alltagsleben der Jugendlichen nahe sein, sodass ein Transfer auf eigenes Verhalten und persönliche Erlebnisse nicht schwerfällt.

Sozialform: Gruppenarbeit; Präsentation im Klassenverband oder auch in größerem Rahmen

Zeitaufwand: ein Projekttag; bei sehr sorgfältiger und kunstvoller Ausführung zwei Tage. Möglich ist auch, die Aktion an einem Schultag durchzuführen und die schriftlichen Arbeiten auf mehrere Schulstunden zu verteilen.

Material: Digitalkameras, Computer, Drucker, farbige DIN-A4-Bögen zum Aufkleben der Fotos, ein Arbeitsblatt; evtl. ein kleiner Fundus Verkleidungsmaterial (Altkleider, Tücher, Hüte, Haarspray und Schminke)

Die Foto-Story

Hauptpersonen:
Nick (17) und Tina (16) gehen in eine Klasse. Sie sind schon seit drei Monaten zusammen. Nick verbringt allerdings eigentlich mehr Zeit mit seinen Fußballkumpels als mit Tina. Nadja (16) ist neu in der Klasse.

1. Foto: Auf der Klassenparty sieht Tina, wie Nadja mit Nick eng umschlungen tanzt. Tina rennt raus ...

Beispielseite: Foto-Roman

Auf der Party bei Atze sieht Tina ihren Freund Nick, mit dem sie schon drei Monate zusammen ist, mit Nadja eng umschlungen tanzen und rennt wütend raus.

Nick: 4 Gutgeh-Punkte:
bisschen nachdenklich wegen Tina
er fühlt sich bestätigt, weil nicht nur eine Frau sich für ihn interessiert

Nadja: 5 Gutgeh-Punkte oder mehr:
fühlt sich bei Nick wohl
Tina hat sie im Moment vergessen

Tina: 1 Gutgeh-Punkt:
ist stinksauer, aber sie weiß, dass sie sich so leicht nicht abservieren lässt

Tipp: Die Arbeit in geschlechtsgetrennten Gruppen erwies sich als sehr sinnvoll, da so eine Diskussion über geschlechtsspezifische Einstellungen, Normen und Werte initiiert werden kann.

Fotoaktion: In Kleingruppen (ca. zehn Schüler) werden „Foto-Romane" angefertigt. Der Romananfang ist für jede Arbeitsgruppe gleich, darauf aufbauend sind die verschiedensten Geschichten denkbar, das Drehbuch dazu entwickeln die Jugendlichen selbst.

Zuordnen von Sprechblasen und Gutgeh-Punkten: Die Fotos werden einzeln auf DIN-A4-Blätter geklebt und mit entsprechenden Sprech- oder Denkblasen versehen. In einer Gruppendiskussion wird für jede Person in jeder Szene der momentane Stand der Befindlichkeit festgelegt und in „Gutgeh-Punkten" ausgedrückt. Die Skala dieser Punkte reicht von null (der Person geht es sehr schlecht) bis fünf Punkte (der Person geht es supergut). Die Punktvergabe wird auf jedem Blatt mit der Gefühlslage (meist mehrere Gefühle) der Person schriftlich begründet.

Kommentar: Dies ist eine etwas aufwändigere Übung, die sich aber lohnt! In unseren Trainings war sie durchgängig ein großer Erfolg: Sie macht viel Spaß, weckt nicht selten bei Schülern, die sonst wenig im Vordergrund stehen, plötzlich Ehrgeiz und stärkt die Kooperation in der Gruppe. Sie eignet sich insbesondere auch für Jungen, die auf dieser Ebene gut über Gefühle sprechen und die Perspektive wechseln können, ohne einen Gesichtsverlust befürchten zu müssen.

3. Konflikthintergründe erkennen – Übungen zur Konfliktanalyse

Nachdem allgemeine Empathiefähigkeit und die Wahrnehmung ambivalenter Gefühle geschult worden sind, wird es leichter sein, konkret auftretende Konflikte gemeinsam mit den Schülern differenziert zu analysieren und dann gemeinsam zu lösen. Die Schüler können üben, im Konfliktfall Person und Problem auseinanderzuhalten und nicht länger auf Positionen zu verharren, sondern an den verschiedenen Interessen orientierte konkrete Win-win-Lösungen zu finden (→ S. 145).

Konflikt-Perspektiv-Analyse® ab Klasse 5

(Diese von *inmedio* entwickelte Konfliktbearbeitungsmethode wird in erweiterter Form als Instrument kollegialer Beratung in Lehrerkollegien, aber auch in Wirtschaftsunternehmen und Verwaltungen eingesetzt, vgl. WÜSTEHUBE 2004).

Vorbemerkung: Die *Konflikt-Perspektiv-Analyse* ist ein wirksames Instrument Konflikthintergründe überschaubar und dadurch oft weniger bedrohlich zu machen. Genauso wichtig wie das Arbeitsergebnis ist der Gruppenprozess, der auch Hinweise für künftiges Konfliktverhalten gibt. Im Mittelpunkt steht der Perspektivwechsel. Im alltäglichen Leben ist die Möglichkeit, sich in andere hineinzuversetzen, eine geradezu profane und simple Angelegenheit und vollzieht sich oftmals ganz wie von selbst. Im Konflikt aber wird diese menschliche Fähigkeit und Bereitschaft zur Empathie und Anerkennung verschüttet. Andere Denkweisen einzunehmen und andere Lösungen als die eigenen in Betracht zu ziehen, geht umso mehr verloren, je stärker der Konflikt eskaliert. Doch ist der Perspektivwechsel getan, erleben die Parteien ihn häufig als „magischen Moment"; die Transformation des Konflikts beginnt. Die Übung beschäftigt sich mit Ängsten und Wünschen der Konfliktbeteiligten. Sie setzt daher das Einverständnis der Parteien voraus, sich in dieser Form mit dem Konflikt zu beschäftigen. Es sollte zudem klar darauf hingewiesen werden, dass es nicht darum gehen wird, Schuld oder Unschuld der Beteiligten festzustellen.

Intention: Analyse von aktuellen Konflikten in der Klasse bis hin zu Lösungsoptionen, Stärkung des Einfühlungsvermögens der Schüler.

Sozialform: Gruppenarbeit und Klassengespräch

Zeitbedarf: ca. 80 Minuten

Material: Plakate oder Tapete, dicke Filzstifte

Durchführung (in fünf Schritten):

1. Schritt (Klassengespräch, ca. 10 Minuten): Das Vier-Ebenen-Modell eines Konfliktes wird der Klasse vorgestellt:

Vier Ebenen eines Konfliktes

1. Ebene: Beteiligte – Wer ist beteiligt?
2. Ebene: konfliktrelevante Handlungen – Was tun oder sagen die einzelnen Parteien konkret?
3. Ebene: Hintergründe – Gefühle/Wünsche/Befürchtungen der Parteien
4. Ebene: Optionen – Inklusivlösungen, d. h. Lösungen, die die Sicht der anderen Parteien integrieren

Die ersten beiden Ebenen werden von allen gemeinsam erarbeitet und auf einem großen Plakat visualisiert.

1. Ebene: Wer sind die Konfliktbeteiligten? (Achtung: Auch Personen, die auf den ersten Blick unbeteiligt wirken, können Beteiligte sein. Bei der „schweigenden Mehrheit", „den Genervten" oder auch Freunden der Parteien lohnt sich oft genaueres Hinschauen.)

2. Ebene: Was tun die Beteiligten? Zu einem Konflikt gehören meist mehrere „Taten" und „Worte". Diese sind jeweils in eigene Kästchen zu schreiben. Auch etwas *nicht tun* kann in diese Ebene gehören, z. B. „Ida wehrt sich nicht", „Die schweigende Mehrheit schaut weg". Wichtig ist es, keine Interpretationen des gezeigten Verhaltens aufzuschreiben, sondern nur das konkrete Verhalten selbst. Fragen Sie gegebenenfalls nach, welches Verhalten die Schüler zu der Aussage veranlasst hat oder was genau sie beobachtet haben. Zum Beispiel wenn Ida sagt: „Die lästern über mich!“, kann das konkret bedeuten: „Sie reden, schauen dabei in meine Richtung und lachen dann!“ Auch können hier „Originaltöne“, also das, was tatsächlich gesagt wurde, aufgeschrieben werden.

2. Schritt (Gruppenarbeit): Die Gruppe wird – den Konfliktparteien entsprechend – in verschiedene „Unterstützergruppen“ geteilt. Jede Kleingruppe hat die Aufgabe, sich in eine der beteiligten Konfliktparteien hineinzuversetzen, aus diesem Blickwinkel heraus „mögliche Gefühle, Wünsche und Befürchtungen von ...“ zu notieren und so die 3. Ebene zu erarbeiten. So entstehen sogenannte Einfühlungslisten, die Vermutungen enthalten, warum diese Partei so und nicht anders gehandelt hat. *Leitfragen:* Welche Gründe hat die Person/Partei für ihr Verhalten? Vorgegebener Anfang für jeden Satz: „Ich, (Name), fühle, wünsche, befürchte ...“ Erklären Sie, dass es immer „gute Gründe für manchmal blödes Verhalten“ gibt.

3. Schritt (Klassengespräch): Die Einfühlungslisten jeder Konfliktpartei werden von den einzelnen Gruppen anhand der Plakate vorgetragen. Die Vermutungen werden jetzt durch direkte Fragen an die Konfliktparteien verifiziert, modifiziert oder (deutlich sichtbar!) gestrichen.

4. Schritt (Fortsetzung des Klassengespräches, ca. 15 Minuten): Auf der Grundlage der in den Listen sichtbar gewordenen „Brücken der Verständigung“ – also der gemeinsamen Gefühle, Wünsche und Befürchtungen – werden nun Vorschläge für Lösungen gemacht. Diese sind zunächst *Optionen* und werden undiskutiert gesammelt. Erst im Anschluss werden daraus Lösungspakete geschnürt, mit denen alle Beteiligten einverstanden sind, weil sie sich und ihre Bedürfnisse darin wiederfinden (Inklusivlösungen).
Leitfragen zur Auswertung der Arbeitseinheit: Wie war diese Form der Konfliktbearbeitung für euch? Was war angenehm bzw. unangenehm? Was habt ihr Neues über den Konflikt und über euch selbst herausgefunden? Das letzte Wort haben auf jeden Fall die Konfliktparteien.

Fallbeschreibung: „Außenseiter in der Klasse“

Thorsten, Kemal und Ida gehen in die 7. Klasse. Ida ist ein wenig attraktives, dickes Mädchen. Immer wieder gibt es unaufgeklärte Zwischenfälle. Ab und zu fehlt Ida etwas aus ihrem Rucksack. Zum wiederholten Mal haben Thorsten und Kemal Ida Prügel angedroht, „weil sie nervt und eine blöde Kuh ist“. Diesmal hat Ida sich zusammen mit Mirijam und Ilona, die öfter mit ihr die Pause verbringen, an die Lehrerin gewandt.

Konflikt-Perspektiv-Analyse® (Fallbeispiel)

	Kemal und Thorsten	Ida	Ilona und Mirijam	„Der Rest“
I	**Kemal und Thorsten**	**Ida**	**Ilona und Mirijam**	**„Der Rest“**
II	Reden über Ida, zeigen auf Ida und lachen danach.	Redet viel und manchmal auch laut.	Unternehmen öfter etwas mit Ida.	Reden häufig über Idas Aussehen.
	Sagen zu Ida: „Wir verprügeln dich!“	Wehrt sich nicht.	Reden manchmal über Idas Aussehen.	Halten sich aus Konflikt raus.
	Sagen: „Die meckert immer!“	Wendet sich an die Lehrerin.		Schweigen, wenn Kemal und Thorsten Ida anschnauzen.
III	Wir sind genervt von Idas Meckern.	Ich fühle mich verletzt und beleidigt.	Wir mögen Ida ganz gerne.	Wir finden die Streiterei auch ganz unterhaltsam.
	Wir ärgern uns, dass Ida damit zur Lehrerin gegangen ist.	Ich bin wütend auf Kevin und Thorsten.	Wir fühlen uns genervt, wennn Ida sich über so vieles beklagt.	Wir finden es z.T. gemein, wie Ida behandelt wird.
	Wir wollen gut vor den Mädchen dastehen.	Ich will von den anderen gemocht werden.	Wir wollen von Ida, den Jungs, den anderen Mädchen akzeptiert werden.	Wir finden es z. T. gut, dass Ida „einen Dämpfer“ kriegt, wenn sie meckert und so lange und laut spricht.
	Wir haben Angst, bestraft zu werden.	Ich will Freundschaft mit Ilona, Mirijam und den anderen Mädchen.	Wir fühlen uns manchmal von Ida bedrängt.	Wir befürchten, dass die ganze Klasse jetzt als „Problemklasse“ dasteht.
	Wir haben Angst, für die Mädchen uninteressant zu sein.	Ich habe Angst vor Prügel.	Wir haben Angst, auch Außenseiterin zu werden.	Wir wollen nicht, dass die Lehrerin sich ärgert.
		Ich befürchte, dass die anderen mich langweilig finden.		

IV Wir alle reden nicht mehr schlecht und hinter dem Rücken über Ida. Wenn uns etwas stört, sagen wir es sofort. Ida will nicht mehr so viel meckern. Alle sagen früher Bescheid, wenn sie nicht einverstanden sind, dass jemand in der Klasse schlecht behandelt wird. Wir machen eine Party, bei der wir uns alle als berühmte Persönlichkeiten verkleiden. Thorsten und Kemal entschuldigen sich bei Ida für die angedrohte Prügel. Wenn Ida meckert, sagen wir ihr das und sie hört auf. Die Lehrerin sagt bei den anderen Lehrern Bescheid, dass die Klasse den Konflikt sehr gut gelöst hat.

C Körpersprachliche Signale in gewaltträchtigen Situationen

Körpersprache ist die erste von uns gelernte Sprache, sie wird in jeder Interaktionssituation „gesprochen“ und auch vom Gegenüber stets bewusst oder unbewusst wahrgenommen (vgl. WÜSTEHUBE 2005).

In der Regel funktioniert nonverbale Kommunikation reibungslos. Es kommt dann zu Missverständnissen oder gar Konflikten, wenn wir unsere Interpretation als „Wahrheit“ zementieren und unüberprüft reagieren. „Da musste ich einfach zuhauen“, sagen Konfliktbeteiligte aus dem Gefühl heraus, „keine andere Wahl“ gehabt zu haben, um eine Gefahr (zumindest die des Gesichtsverlustes) abzuwenden. Häufig verbirgt sich gerade hinter als provokativ wahrgenommenen Haltungen Unsicherheit oder Angst. Körpersprache ist eben nicht einfach „übersetzbar“. Unsere Interpretation ist stets eine Hypothese, die (nonverbal oder verbal) überprüft werden muss. In diesem Sinne ist der reflektierte Umgang mit nonverbaler Kommunikation – besonders in gewaltträchtigen Situationen – ein hervorragendes Frühwarnsystem.

Jugendliche und Kinder sollten daher frühzeitig üben, körpersprachliche Signale wahrzunehmen, zu verstehen und ggf. zu verändern. Die praktische Beschäftigung mit diesem Thema führt dazu, dass fremde Haltungen nicht mehr so eindimensional wahrgenommen werden. Die eigene Interpretation kann als eine von verschiedenen Möglichkeiten relativiert und dadurch flexibilisiert werden. Die eigene Handlungsfähigkeit wird erweitert.

Achtung: Die Arbeit mit Körpersprache ist eine sehr persönliche Sache und muss natürlich von entsprechendem Respekt getragen werden. Ironie und „Sprüche“ von Schüler- wie von Lehrerseite sind hier absolut fehl am Platz. Sie werden gemeinsam mit Ihren Schülern sicher überraschende Aha-Erlebnisse haben und die Chance nutzen, Einzelne ganz persönlich zu stärken.

Übung „Bis hierher und nicht weiter!“ ab Klasse 7

Intention: Die Schüler untersuchen den Einfluss von Körpersprache auf spontanes Verhalten und lernen das eigene Nähe-Distanz-Verhalten kennen.

Sozialform: Klassenverband oder geteilte Klasse

Zeitaufwand: ca. 15 Minuten

Vorbereitung: genug Platz im Raum schaffen oder ins Freie gehen; es ist hilfreich (und besitzt außerdem einigen Unterhaltungswert), die Übung vorher im Bekanntenkreis einmal auszuprobieren.

Durchführung: Erklären Sie, dass diese Übung eine Simulation von Begegnungen mit unbekannten Personen z. B. auf der Straße oder in der Disco ist.
Die Schüler stehen sich paarweise im Abstand von etwa fünf Metern gegenüber. Schülerin A(nke) hat Schüler B(ob) den Rücken zugekehrt.
Bob nimmt jetzt eine bestimmte Körperhaltung ein. Hier können Sie an die Fantasie der Jugendlichen appellieren oder für jedes Schülerpaar Kärtchen mit verschiedenen Körperhaltungen vorbereiten, die dann abwechselnd gezogen werden. Beschreiben Sie z. B. die Körperhaltung des Schüchternen, des Liebenswürdigen, des Herausforderers. Beschreiben Sie Fuß- und Armstellung, Körper- und Kopfhaltung und schreiben Sie zur Unterstützung der Einfühlung einen Satz, den der Jugendliche denken kann, z. B. für den Herausforderer: „Komm keinen Schritt näher!"
Nach dem Startsignal von Bob („Los!") dreht Anke sich um und läuft sofort zügig auf Bob zu. (Das ist wichtig, damit Anke während der Annäherung keine Zeit zum bewussten Nachdenken hat.) Sie stoppt in dem Moment, wo sie – ohne zu überlegen – das Gefühl hat: „Bis hierher und nicht weiter." Die Schüler tauschen sich kurz aus und wechseln dann die Rollen.
Auswertung: Nachdem das Paar drei bis vier Haltungen ausprobiert hat, gibt es einen Austausch in der Gruppe. *Leitfragen:* Bei welcher Körperhaltung seid ihr näher herangegangen? Wo habt ihr großen Abstand gewahrt? Was genau hat euch veranlasst, den jeweiligen Abstand einzuhalten? (Vormachen lassen!)
Variante (besonders für jüngere Schüler): Ein Paar führt die beschriebene Übung aus, die anderen beobachten und analysieren nach jedem Durchgang die Signalwirkung der Haltung.

Tipps für einige typische Reaktionen

„Neutrale" Körperhaltung: Ihnen wird auffallen, dass es hier eine Art natürlichen Sicherheitsabstand gibt. Er bemisst sich instinktiv nach der Reichweite der Faust des Gegenübers bis einen Zentimeter vor der eigenen Nasenspitze. Allerdings gibt es hier interkulturelle Unterschiede (vgl. WÜSTEHUBE 2005).
Hilflose Haltung oder „Opferhaltung": Der Partner wird in der Regel nahe an das „Opfer" herangehen oder sogar etwas seitlich hinter die Person treten, um ihr „den Rücken zu stärken". Manche Schüler deuten an, dass sie in diesem Fall dem Opfer einen Stoß versetzen würden. So hart es auch klingt – auf der Straße, in der U-Bahn usw. ist dies tatsächlich die Haltung, die am ehesten Gewalt provoziert.

Provozierende Haltung: Hier wird der Abstand in der Regel sehr groß bleiben, die Schritte des Partners verlangsamen sich, er wartet ab. Manche Schüler wollen ihren Mut unter Beweis stellen und gehen extra dicht heran oder stellen sich ebenfalls provozierend vor dem Partner auf. Die gespiegelte provozierende Haltung macht deutlich, wie Körpersignale ohne vorherige verbale Kontaktaufnahme unmittelbar aufgenommen und beantwortet werden. Dies entspricht durchaus dem Alltag insbesondere älterer Jungen.

Literatur

Besemer, Christoph: Mediation – Vermittlung in Konflikten. Baden 1993

Bundesverband Mediation e. V., Fachgruppe Schule und Jugendarbeit (Hrsg.): Standards und Ausbildungsrichtlinien für Schulmediation. Kassel 2002 (www.bmev.de/www/documents/bm_schulstandards.pdf)

Fechler, Bernd: Miteinander klarkommen im Betrieb. Frankfurt/Main 2000

Glasl, Friedrich: Konfliktmanagement. Ein Handbuch für Führungskräfte, Beraterinnen und Berater. Stuttgart 1997

Faller, Kurt/Kerntke, Wilfried/Wackmann, Maria: Konflikte selber lösen. Trainingshandbuch für Konfliktmanagement und Mediation in Schule und Jugendarbeit. Mühlheim/Ruhr 2005

Kerntke, Wilfried: Pfleglicher Umgang mit dem Guten, eine kleine pädagogische Ethik eines Nicht-Pädagogen. In: Theorie und Praxis der Sozialpädagogik (TPS) 3/2002

Schulz von Thun, Friedemann: Miteinander Reden. 3 Bde. Reinbek 1998

Splinter, Dirk/Wüstehube, Ljubjana: „Ich konnte gar nicht zuhauen“: Konstruktive Konfliktbearbeitung mit schwierigen Jugendlichen: Ein Trainingskonzept für den außerschulischen Bereich. In: Sozial Extra 11/1998

Walker, Jamie (Hrsg.): Mediation in der Schule. Berlin 2001

Wüstehube, Ljubjana: Konflikt-Perspektiv-Analyse®, ein mediationsanaloges Instrument zur konstruktiven Analyse und Bearbeitung von Konflikten. In: Perspektive Mediation 1/2004

dies.: Vom Umgang mit nonverbaler Kommunikation in der Mediation. In: Zeitschrift für Konfliktmanagement 3/2005

Ljubjana Wüstehube

8 Prävention in der Schule

A Jugendliche in ihrer Persönlichkeitsentwicklung stärken

Schülerinnen und Schüler der Sekundarstufen befinden sich in einem Lebensabschnitt, in dem sie zukunftswichtige Entwicklungsaufgaben bewältigen müssen. Die Schule muss diese Entwicklung im Rahmen des Erziehungs- und Bildungsauftrages begleiten und dabei nicht nur die kognitiven Kompetenzen der Schüler fördern, sondern auch ihre sozialen und emotionalen Fähigkeiten. Unter Prävention in der Schule werden Maßnahmen verstanden, die das Ziel haben, für alle Schüler günstige Rahmenbedingungen zur Bewältigung ihrer Entwicklungsaufgaben zu schaffen und sie in ihrer Persönlichkeit so zu stärken, dass sie ihre Gesundheit schützen und Gefährdungen (z. B. Drogenkonsum, Gewaltanwendung) widerstehen bzw. zurückweisen.
Zu diesen Entwicklungsaufgaben gehören u. a.:

- „das Akzeptieren der eigenen körperlichen Erscheinung,
- die kritische Auseinandersetzung mit den eigenen Kompetenzen und Grenzen und die Entwicklung ihrer Identität,
- die zunehmend selbstbewusste Gestaltung der eigenen Sozialisation,
- eine eigene Berufs- und Lebensperspektive sowie Strategien zu deren Verwirklichung entwerfen,
- die Geschlechterrolle zu übernehmen, d. h. Sexualität, Intimität, sowie die Fähigkeit zu entwickeln, Partnerschaften einzugehen und zu pflegen,
- eine Position in der Gruppe der Gleichaltrigen zu erringen und behaupten,
- den Prozess der emotionalen Ablösung vom Elternhaus zu bewältigen,
- ein eigenes Werte- und Normensystem zu entwickeln und zu vertreten,
- sich mit Sinnfragen zu beschäftigen,
- sich Lebensrisiken zu stellen und sich mit Kommunikationsangeboten (z. B. Medien, Genussmittel, Rauschdrogen etc.) kritisch auseinanderzusetzen." (Bundeszentrale für gesundheitliche Aufklärung 2003, S. 10)

Bei der Bewältigung dieser Aufgaben erleben sich die Jugendlichen in Lebenssituationen, die durch Spannungen, Widersprüche und Konflikte geprägt sind. Schaffen sie es nicht oder nur unzureichend, die Verunsicherung, die mit dem Erwachsenwerden einhergeht, zu überwinden und in der neuen Rolle Selbstsicherheit zu gewinnen, so können seelische Probleme oder Verhaltensweisen auftreten, die sie selbst und auch andere gefährden. Folgeerscheinungen können sein: Ess-Störungen, Aggressivität, Kriminalität, Arzneimittelmissbrauch, Drogenkonsum, Depressionen und auch Suizidgedanken.

Zur Präventionsarbeit der Schule gehört es, sich mit den Lebenssituationen der Jugendlichen handelnd auseinanderzusetzen. Diese Erziehungshaltung muss vom gesamten Personal einer Schule gelebt und für die Schüler erfahrbar gemacht werden. Gleichzeitig dürfen wir aber nicht die Augen davor verschließen, dass die Schule selbst und damit auch wir Lehrer mögliche Mitverursacher für problematisches Verhalten von Schülern sein können. Deshalb sollte es unser vorrangiges Ziel sein, in der Schule – insbesondere im Klassenraum – eine Atmosphäre der Freundlichkeit, der Akzeptanz und der Aufrichtigkeit zu entwickeln. Als Klassenlehrer sollten wir ein Lernklima unterstützen, das getragen wird von Selbstachtung, wechselseitigem Respekt und Kooperationsbereitschaft. So können sich Kreativität, Fantasie und Freude am gemeinsamen Lernen und Leben entfalten. Sind diese Voraussetzungen gegeben, können präventive Maßnahmen von den Schülern als Hilfe bei der Bewältigung ihrer Entwicklungsaufgaben angenommen werden.

Anforderungen an präventive Maßnahmen

Präventive Maßnahmen
- fördern personale und soziale Kompetenzen,
- vermitteln Strategien zum Umgang mit Stress und Ängsten,
- tragen zur Förderung der Lebenskompetenzen bei,
- beginnen frühzeitig, werden kontinuierlich und langfristig eingesetzt,
- sind auf eine eindeutige Zielgruppe und deren Bedürfnisse ausgerichtet (zu beachten sind: Alter, Geschlecht, kultureller/ethnischer Hintergrund),
- beziehen das soziale Umfeld (z. B. Familie) ein,
- werden über interaktive Lehrtechniken und Trainingsmethoden vermittelt,
- setzen bei den Lehrern eine hohe Methodenkompetenz voraus,
- sind in ein umfassendes Netzwerk eingebunden.

Welchen Beitrag können wir hierbei als Klassenlehrer leisten? Präventionsarbeit setzt Fachwissen voraus, eine von Empathie getragene Unterrichts-

führung, vorbildhaftes und glaubwürdiges Auftreten und die Zusammenarbeit mit außerschulischen Institutionen (z. B. kommunaler Präventionsrat, Gesundheitsamt, Suchtberatungsstellen).
Als Klassenlehrer können wir unsere Klasse für die Thematik der Prävention sensibilisieren, sie aufklären und ermutigen, Gefährdungen wahrzunehmen, wir können ihre Selbstachtung fördern und ihre Selbstkompetenz und damit auch ihre Persönlichkeit stärken. Dabei sollen die Schüler lernen, Verantwortung für sich und andere zu übernehmen, und in ihrer Persönlichkeit so gestärkt werden, dass sie alles vermeiden, was sie oder andere gefährdet. Sie sollen nicht nur vom Konsum illegaler Drogen abgehalten, sondern gleichzeitig ermutigt werden, sich für eine gesunde Lebensweise zu entscheiden, wo z. B. der Sport einen festen Platz hat.
Für diese Aufgabe benötigen Klassenlehrer Handlungskonzepte – nicht nur für konkrete Präventionsprojekte mit der Klasse, sondern auch für die tägliche Erziehungsarbeit. Im tagtäglichen Umgang miteinander sollen Mädchen und Jungen lernen, selbstbewusst und selbstbestimmt zu denken und zu handeln, ohne dabei eigene und/oder fremde Grenzen zu verletzen.

B Präventive Unterrichtsangebote

Bei der Umsetzung präventiver Unterrichtsangebote lassen sich drei Ebenen unterscheiden:

1. Maßnahmen im schulischen Alltag, die personale und soziale Kompetenzen durch zielgerichteten Einsatz von Unterrichtsmethoden und Sozialformen fördern
2. Arbeit mit Präventionsprogrammen über einen festgesetzten Zeitraum in Klassenlehrerstunden oder in „Präventionsstunden“, die im Stundenplan angesetzt sind
3. Arbeit in einem Präventionsprojekt – Projektbeispiele:
   - Sport statt Langeweile und Alkohol – Wir informieren uns über neue Sportarten (Jugendsportpass)
   - Rauchfrei – nicht nur in der Schule
   - Du bist stärker als Alkohol – Auseinandersetzung mit dem eigenen Konsumverhalten
   - Ausstellung „Sehnsucht“ – Ausstellung der Fächer Kunst, Musik und Werken/Textiles Gestalten unter dem Aspekt der Suchtprävention

- Aktion Mahlzeit – Gesunde Ernährung schützt vor Süchten
- Alkohol im Fernsehen – eine Programmanalyse
- Wir organisieren ein Expertenforum zur Suchtprävention

In allen drei Fällen finden folgende Kompetenzbereiche Berücksichtigung:

- Selbstkompetenz: Förderung identitätsstiftender Fähigkeiten
- Sozialkompetenz: Förderung sozialintegrativer Fähigkeiten
- Sachkompetenz: Förderung themenbezogener Lernerfahrungen

Im konkreten Unterricht mit seinen Arbeits-, Kommunikations- und Handlungsprozessen bedingen sich diese Kompetenzbereiche gegenseitig und sind nicht voneinander zu trennen. Aufgabe der Lehrperson ist es, einen für die Schüler nachvollziehbaren Zusammenhang herzustellen und thematische Schwerpunkte zu setzen. Dabei müssen – je nach Altersstufe – die unterschiedlichen Lernerfahrungen und Entwicklungsbesonderheiten der Schüler berücksichtigt werden.
Im Folgenden werden fünf Übungen zur Stärkung des Selbstbewusstseins und des Gemeinschaftsbewusstseins vorgestellt, die im Rahmen der Präventionsarbeit eingesetzt werden können.

Fantasiereise: Ein Freund im Inneren ab Klasse 5

Intention: An die eigenen Fähigkeiten zu glauben, ist eine Voraussetzung zur Bewältigung vieler Lebenssituationen. Dabei kann ein „innerer Freund“, ein „innerer Vertrauter“ eine große Hilfe sein. Das Verlangen nach einem Freund oder Vertrauten, der uns mit uneingeschränktem Wohlwollen begegnet, kennen wir alle. Auch ein Fantasiefreund kann diese Rolle einnehmen und verschiedenste Gestalt annehmen.
Mit der folgenden Fantasiereise erhalten die Schüler das Angebot, sich einen solchen „inneren Freund“ vorzustellen. Sie erfahren, dass sie diesem imaginierten Freund ihre Wünsche, Hoffnungen, Erwartungen und Freuden, aber auch ihre Ängste und Nöte anvertrauen können. Durch den „inneren Dialog“ können sie Trost, Halt oder Ermutigung spüren und vielleicht eine Bereitschaft entwickeln, sich mit ihrem eigenen Verhalten konstruktiv auseinanderzusetzen (vgl. Murdock 1993, S. 101 f.).
Zeitbedarf: ca. 10 Minuten plus Zeit für eine Nachbesinnung
Material: Text (Fantasiereise); ggf. Vorbereitung des Raumes (→ S. 98)
Durchführung: Text mit ruhiger Stimme vortragen, evtl. bei ruhiger Musik
Auswertung: Den Schülern wird Zeit zur Nachbesinnung gegeben, evtl. auch Möglichkeit zum Malen und Schreiben. Eine Auswertung findet nicht statt.

Der Freund im Innern

Schließe die Augen, wenn du magst, und konzentriere dich darauf, wie du ruhig ein- und ausatmest ... ein ... und ... aus ... ein ... und ... aus.

Stell dir vor, dass du in einem grünen Wald bist. Um dich herum sind wunderschöne Bäume, und du läufst einen Weg entlang, weil du in der Ferne Wasser rauschen hörst. Du kommst an einen kleinen Bach, läufst ans Ufer und betrachtest dein Bild im Wasser.

(Pause)

Nach kurzer Zeit spürst du, dass noch jemand da ist. Es ist schön, dass du nicht mehr allein bist, du fühlst, dass jemand neben dir steht, und du fühlst dich ganz sicher. Du magst dieses Wesen. Ist es ein Mensch, ein Tier oder eine Fantasiegestalt? Du siehst, wie neben deinem Bild im Wasser noch ein weiteres Bild erscheint, das Bild deines neuen Freundes. Die Person gibt dir ein Zeichen, ihr über eine kleine Brücke, die über den Bach führt, zu folgen. Du gehst ihr nach und steigst einen Hügel hinauf, der zu einer Höhle führt. Dein Freund betritt die Höhle, setzt sich hin und deutet mit den Händen an, dass du ihm folgen sollst. Du betrittst die Höhle und setzt dich ebenfalls hin. Und dein Freund beginnt, von sich zu erzählen.

(eine Minute Pause)

Vielleicht willst du dem Freund eine ganz bestimmte Frage stellen. Dazu hast du jetzt Zeit. Bei der Antwort hörst du ganz genau zu.

(eine Minute Pause)

Dein Freund sagt dir, dass du ihn jederzeit wieder aufsuchen kannst. Er wird immer für dich da sein, um dir bei allem, was du auf dem Herzen hast, zu helfen. Du bedankst dich bei deinem Freund, gehst den Weg wieder zurück, läufst über die Brücke und betrachtest dich noch einmal im Wasser. Achte darauf, wie du dich fühlst, während du den Weg entlanggehst, aus dem Wald heraus. Du merkst, dass du wieder hier in der Gegenwart bist. Zähle leise für dich bis drei, reck und streck dich, gähne und öffne langsam die Augen.

(nach MURDOCK 1993, S. 104)

Macht-Shuttle ab Klasse 5

Intention: Ziel dieser Übung ist die Sensibilisierung für das Fremdsein, Anderssein. Die Schüler können die eigenen Gefühle innerhalb und außerhalb einer Gruppe wahrnehmen und erfahren. Dabei erkennen sie, dass Ich-Stärke erforderlich ist, um das Anderssein auszuhalten.
Gerade Jugendliche, die sich vor allem in der Gruppe stark fühlen, erleben einen Rollentausch und können nachempfinden, wie sich Mitschüler fühlen, wenn sie allein oder mit einer Minderheit den Schutz der Gruppe verlassen. Diese Übung eignet sich besonders, wenn der Aspekt der Gewaltprävention thematischer Schwerpunkt ist. Dabei kann es eventuell sinnvoll sein, die Übung in getrennten Jungen- und Mädchengruppen durchzuführen.
Zeitbedarf: ca. 15 Minuten – der weitere Zeitbedarf ist von der Intensität der Auswertungsphase abhängig.
Raum: Benötigt wird ein großer freier Raum, etwa in Klassenzimmergröße.
Durchführung: Die Lehrperson leitet die Übung mit folgendem Hinweis ein: „Ich lade euch zu einem kleinen Experiment ein. Die Teilnahme ist freiwillig. Wer nicht mitmachen möchte, verhält sich bitte so lange ruhig."
Alle Schüler stehen an einem Ende des Raumes zusammen.
Anweisung durch den Lehrer: „Ich lese euch eine Aussage vor. All diejenigen, auf die diese Aussage zutrifft, treten aus der Gruppe heraus und gehen langsam ohne zu sprechen zum anderen Ende des Raumes, dort kehren sie um und kommen langsam – ebenfalls ohne zu sprechen – wieder in die Gruppe zurück. Dabei sollte jeder sein Gefühl wahrnehmen. Sind alle Schüler wieder in der Gruppe, mache ich die nächste Aussage. Der Ablauf wiederholt sich. Wichtig ist, dass ihr während des gesamten Experiments nicht sprecht. Ich gebe etwa fünf Aussagen vor."
Die Aussagen sollten gerade für Schüler, die sich nicht gut kennen, so gewählt sein, dass keiner das Gefühl bekommt, sich hier *outen* zu sollen. Fragen wie „Wer von euch hat getrennt lebende Eltern?" werden für manche Schüler zu persönlich sein. Deshalb muss die Lehrperson sich ihrer Verantwortung für die Klasse bewusst sein und sollte die Fragen möglichst auf die Gruppe zugeschnitten formulieren. Ziel der Fragen ist es, Gefühle zu verdeutlichen, ohne dass eine einzelne Person bloßgestellt wird.
Folgende Fragen sind Vorschläge für eine Klasse ab dem 5. Schuljahr:

1. Wer von euch hat einen Hund?
2. Wer hat schon einmal eine Kuh gemolken?
3. Wer ist nicht in Deutschland geboren?
4. Wer spricht gut Türkisch (Russisch ...)?

5. Wer hat mindestens zwei Schwestern?
6. Wer ist in einem Fußballverein?
7. Wer betreibt eine Sportart, von der er meint, dass kein anderer aus der Klasse sie betreibt?
8. Wer spielt ein Musikinstrument?
9. Wer hat schon einmal in einem Zelt übernachtet?
10. Wer freut sich auf die nächsten Ferien?
    Die letzte Frage sollte so gestellt werden, dass alle Schüler gehen können, um einen gemeinsamen Abschluss zu erleben.

Auswertung: Im Auswertungsgespräch geht es um die Fragen:

- Wie habe ich mich in den unterschiedlichen Situationen gefühlt?
- Wie war es für mich, als ich mich alleine oder in der Gruppe „auf den Weg" gemacht habe.
- Wie war es für mich, wenn ich mit wenigen oder in der großen Gruppe am Ausgangspunkt geblieben bin?

Dabei muss bedacht werden, dass die Bereitschaft, sich über die subjektiven Gefühle auszutauschen, stark von der Offenheit und Vertrautheit abhängt, die innerhalb der Klasse herrscht. Es sollte nicht erwartet werden, dass sich jemand *outet* und seine Gefühle mitteilt. Auf der anderen Seite kann aber auch derjenige etwas gespürt haben, der äußerlich *cool* reagiert.
Das Gespräch muss nicht die Gefühle der Beteiligten thematisieren, es kann auch allgemeiner der Frage folgen, welche Bedeutung die Macht/der Einfluss/der „Schutz" einer Gruppe und Ich-Stärke/Selbstbewusstsein haben, um das Außerhalb-einer-Gruppe-Stehen auszuhalten. Die Erkenntnisse können übertragen werden auf die Bedeutung von Ich-Stärke als Schutz vor Sucht und Abhängigkeit.

Körpergefühle ab Klasse 5

Intention: Die Übung hilft Schülern, Belastungen und Gefühle besser wahrzunehmen und zu benennen, indem sie sie bestimmten Körperregionen zuordnen. Dabei erhalten sie Hinweise, wie sie mit diesen Gefühlen bewusst umgehen können, welche Möglichkeiten der Entlastung es gibt und wie sie ihre Handlungskompetenzen besser nutzen können.
Zeitbedarf: 30 Minuten
Material: pro Gruppentisch ein Körperumriss (ca. 1 m Länge, mit den entsprechenden Textfeldern), Karteikarten

Durchführung: Jeder Gruppentisch bekommt einen Körperumriss.

Einzeln überlegen sich die Schüler nun zu den vorgegebenen Textfeldern Aussagen, die für sie persönlich zutreffen. Für jede Aussage benutzen sie eine eigene Karteikarte, z. B.:

Textfeld „Das lastet auf meinen Schultern“: *Heute muss ich noch viel für die Erdkundemappe tun, die wird morgen eingesammelt.*

Textfeld „Das schlägt mir auf den Magen (das bedrückt mich)“: *Vor der nächsten Mathearbeit graust mir.*

Textfeld „Das erfreut mein Herz“: *Morgen gehe ich mit Melanie ins Kino.*

Textfeld „Das gibt mir Halt“: *Mein Bruder ist immer für mich da.*

Textfeld „Das kann ich tun“: *Beim Vokabellernen werde ich die einzelnen Vokabeln nicht nur aufsagen, sondern auch aufschreiben.*

Die Gruppe tauscht sich nun über die einzelnen Aussagen aus und wählt pro Textfeld drei Karten aus, die daruntergeklebt werden sollen.

Alle Gruppenergebnisse (Körperumrisse mit aufgeklebten Karteikarten) werden anschließend an der Tafel gesammelt.

Auswertung: Die Klasse setzt sich im Halbkreis vor die Aushänge. Den Schülern wird Zeit gegeben, alle Karteikarten durchzulesen. Eventuell trägt jede Gruppe vor. Die Aussagen zu den Textfeldern „Das gibt mir Halt“ und „Das kann ich tun“ können im Plenum noch stärker konkretisiert werden. Dazu werden in einer Tabelle weitere Gesichtspunkte gesammelt.

Das gibt mir Halt	Das kann ich tun
der verlässliche Freund mein Hobby als Ausgleich zur Schule mein Interesse am Geschichtsunterricht …	Probleme mit meinen Freunden durchsprechen Arbeit auch mal zum Kraftschöpfen unterbrechen Hilfsmittel für Hausaufgaben nutzen (Lexikon, Fachbücher aus der Bücherei …) …

Die tabellarische Auflistung dient Schülern als Angebot zur Stärkung des Selbstbewusstseins und der Eigenverantwortung.

Guckt mal, was ich hier habe (nach BZgA) ab Klasse 5

Intention: Die Schüler erfahren, wie schwierig es ist, Gruppendruck auszuhalten, und erproben Handlungsmöglichkeiten, wie sie dem Gruppendruck durch eindeutiges Verhalten widerstehen können.

Zeitbedarf: 1–2 Unterrichtsstunden

Material: Folie, Overheadprojektor, pro Schüler ein Cartoon-Arbeitsblatt, Karteikarten, Kreppklebeband

Durchführung:

1. Der erste Cartoon wird auf Folie präsentiert. Die Schüler rätseln, was der Junge wohl anbieten könnte. Das lineare Gruppenbild regt zu weiteren Überlegungen an:
   - Welche Beziehung haben die Gruppenmitglieder wohl zueinander?
   - Sind die Kinder miteinander befreundet?
   - Gibt es einen Anführer?
   - Ist vielleicht jemand neu in der Gruppe oder gibt es einen Außenseiter?
2. Nun wird der zweite Cartoon mit der Auflösung präsentiert: Es werden Zigaretten angeboten.
3. Die Schüler erhalten Cartoon 1 und 2 als Arbeitsblatt.
4. Sie bilden Kleingruppen und bekommen den Arbeitsauftrag: Setzt die Geschichte szenisch um. Überlegt euch, wie die Geschichte beginnt, verläuft und endet. Legt den Spielort fest, bestimmt die Rollen, schreibt die Texte (Sprechblasen), probt die Aufführung. (Zeitvorgabe!)
5. Die Schüler präsentieren ihre Gruppenergebnisse.
6. Nach jeder Vorführung sollte eine kurze Auswertung stattfinden: Wie ist die Gruppe mit dem Neinsager umgegangen? Konnte er überredet werden oder blieb er standhaft? Wie haben sich die Einzelnen in ihren Rollen gefühlt?
7. Im Plenum wird die Schwierigkeit des Neinsagens thematisiert. Jeder Schüler überlegt sich dazu Nein-Argumente. „Du möchtest Nein sagen, aber dir fällt in der Situation so schnell keine gute Antwort ein. Überlege dir in Ruhe Antworten, die den anderen vielleicht sprachlos machen. Notiere deine Antworten auf Karteikarten und hefte sie an die Tafel."
8. Nun werden die Antworten nach Ähnlichkeiten geordnet.
   Neinsage-Kategorien evtl. vorgeben:
   - Nein sagen, immer wieder „Nein danke" sagen (innere Haltung/Überzeugungskraft nachspüren)
   - einen Grund angeben
   - etwas anderes anbieten oder Fragen stellen

- Verbündete suchen
- Witze machen oder übertreiben
- gar nicht darauf eingehen

9. Es folgt ein zweiter Spieldurchgang, in dem die Schüler ihre neuen Strategien im szenischen Spiel erproben: „Dir bietet jemand Zigaretten an. Du willst ablehnen, aber der Anbieter lässt nicht so schnell locker. Was kannst du sagen?“ Anschließend tauschen Anbieter und Ablehner ihre Rollen. Nach jedem Spiel erfolgt eine Reflexion über die Gedanken und Gefühle der Spieler.
10. Abschließend wird durch folgende Fragestellung ein Transfer angeregt: „In welchen anderen Situationen lässt du dich davon abbringen, das zu tun, was du eigentlich tun willst oder sollst?“ (Beispiel: Du übst gerade für die Mathearbeit. Das Telefon klingelt. Dein Freund will sich mit dir zum Kino verabreden. Wie könnte der Dialog lauten?)

Guckt mal, was ich hier habe (aus: BZgA 2003)

Wir sagen Ja zu unserer Gruppe ab Klasse 5

Intention: Stärkung des Gemeinschaftsgefühls, emotionaler Ausklang

Zeitbedarf: ca. 5 Minuten

Material: Folie, Overheadprojektor

Durchführung: Das folgende Schema wird an die Tafel gezeichnet oder an die Wand projiziert (es kann auch ein verändertes Schema entwickelt werden):

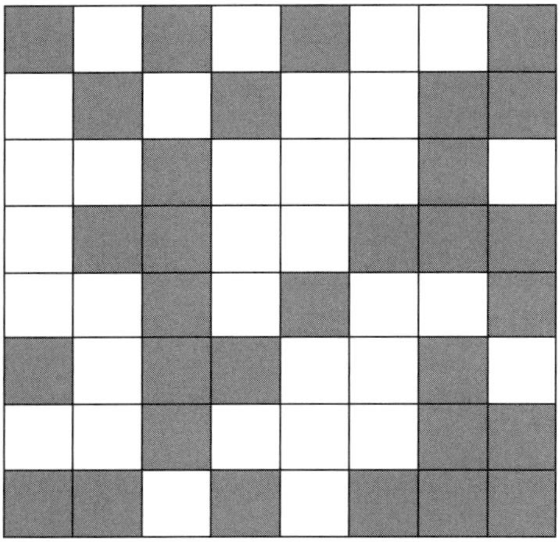

Nun klopft die Lehrperson den entsprechenden Rhythmus (jedes Feld bedeutet einen rhythmischen Schlag). Die Gruppe begleitet diesen Rhythmus, indem sie die schattierten Rhythmusfelder durch ein lautes Ja betont. Es entsteht folgende Umsetzung:

ja	–	ja	–	ja	–	–	ja
–	ja	–	ja	–	–	ja	ja

usw.

Dieser Sprechgesang kann als Kanon weitergeführt werden.
Zweistimmig: Gruppe 1 beginnt mit der ersten Zeile. Gruppe 2 beginnt mit der ersten Zeile, wenn Gruppe 1 in die zweite Zeile wechselt. (Beim zweistimmigen Kanon können Mädchen und Jungen jeweils eine Gruppe bilden.)
Dreistimmig: Die dritte Gruppe setzt ein, wenn Gruppe 1 in die dritte und Gruppe 2 in die zweite Zeile wechselt.

Auswertung: Da es sich hierbei um einen emotionalen Ausklang handelt, wird auf eine Auswertung verzichtet.

Literatur

BUNDESZENTRALE FÜR GESUNDHEITLICHE AUFKLÄRUNG (Hrsg.): Reihe „Gesundheit und Schule“, 3 Bde. (Arbeitsschwerpunkt Arzneimittel), Köln 2003

MURDOCK, MAUREEN: Dann trägt mich meine Wolke ... Freiburg 1993

SLIWKA, ANNE/FRANK, SUSANNE: Service-Learning. Verantwortung lernen in Schule und Gemeinde. Weinheim 2004

WEIßMANN, INGRID: Formen und Ausmaß von Gewalt in den Schulen. Modelle der Gewaltprävention. Marburg 2003

Themenheft: Suchtprävention. Pädagogik 2/2005

Internethinweise

www.bzga.de (Bundeszentrale für gesundheitliche Aufklärung)

www.bundesverein.de (bundesweiter Zusammenschluss zum Thema sexualisierte Gewalt gegen Mädchen und Jungen)

www.kommunale-suchtpraevention.de (Wettbewerb „Alkoholprävention vor Ort“ des Instituts für Urbanistik)

www.lions-quest.de (Präventionsprogramm des Lions Club International)

www.lpr.niedersachsen.de (Landespräventionsrat Niedersachsen, Zusammenschluss kommunaler Präventionsgremien, koordiniert vom niedersächsischen Justizministerium)

www.praevention.at (Institut Suchtprävention, Linz)

www.praevention.org (Bundesarbeitsgemeinschaft Prävention & Prophylaxe e. V., Berlin, zum Thema Gewalt gegen Kinder, insbes. sexuelle Gewalt)

www.schulische-praevention.de (Kinderschutzportal, Kooperationsprojekt der Stiftung Hänsel & Gretel und des Instituts für Forschung und Lehre für die Primarstufe der Universität Münster)

www.sign-project.de (Präventionsnetzwerk der Region Nordwest-Niedersachsen)

Siga Diepold

9 Klassenfahrten und außerschulische Lernfelder

A Bestandsaufnahme

1. Neue und außerschulische Lernfelder nutzen

Wenn Erwachsene sich an die Schulzeit erinnern, stehen Schulreisen sowie Erlebnisse und Unternehmungen im Umfeld der Schule und im Freundeskreis oft an erster Stelle. Dies verweist nicht nur auf Merk-Würdigkeiten des menschlichen Erinnerungsvermögens, sondern eben auch auf die Wichtigkeit des Lernens in Wirklichkeitsbezügen. Nebenbei zeigt sich auch, wie wenig detailliert dagegen der Fachunterricht mit seinen stofforientierten Lehrzielen erinnert wird. Die schwache Erinnerungsspur darf sicherlich nicht als Gradmesser für die Bedeutung des Unterrichts und der Inhalte benutzt werden, sie verweist aber darauf, welche Ereignisse im Erwachsenenleben präsent bleiben und lebensgeschichtlich Relevanz entfalten, und auch darauf, dass vieles davon quasi ungeplant und implizit gelernt wird.
Seit längerem wird in der Öffentlichkeit die Bedeutsamkeit schulisch vermittelter Bildung und Erziehung kritisch diskutiert. Dabei wird offensichtlich, dass die schulischen Inhalte sich nicht mehr auf einen unumstrittenen Bildungskanon stützen können. Die Schule reagiert auf diese Situation, indem sie sich bemüht, Schlüsselqualifikationen zu vermitteln wie z. B. die Fähigkeit zum Problemlösen und zur Teamfähigkeit. Bei der Suche nach geeigneten Konzepten zentrieren sich die Bemühungen um altbekannte Reformbegriffe wie „handlungsorientiertes", „projektbezogenes" und „ganzheitliches Lernen" sowie um das Konzept des „Offenen Unterrichts".
Eine weitere gesellschaftliche Veränderung zwingt die Schule, sich gründlich mit ihrem Auftrag auseinanderzusetzen: Sie sieht sich mehr und mehr

damit konfrontiert, auch solche Erziehungsaufgaben übernehmen zu müssen, die innerhalb des Fachunterrichts nur schwerlich zu leisten sind. In vielen Bundesländern wird deshalb von der Schulbehörde gefordert, dass Schule sich nicht auf das Stundenhalten beschränken solle. So verändert und erweitert sich die Schule als Organisation und als Lernort, nutzt neue Lernfelder und integriert Experten, bricht zu Exkursionen und Fahrten auf.

2. Zielsetzung: Anderes und anders lernen

In einer langen Schulkarriere verlieren viele Schüler den Sinn für persönlichkeitsbezogenes Lernen, das zugleich lebensrelevant ist. Sie verwechseln die Leistung für die nächste Klassenarbeit mit dem langfristigen Kompetenzerwerb. Genau solches Lernen kann nun aber mit neuen Lernfeldern in der Schule und Angeboten außerhalb des Schulhauses angestrebt werden. Der Anspruch, lebensnah zu lernen, beinhaltet dabei keinen Widerspruch zu der Forderung, den Sinn schulischen Lernens er-fahr-bar zu machen. Durch das Lehrgangs- und Fachprinzip ist das Lernen oft unzusammenhängend und abstrakt. Um dieses Schubladendenken zu überwinden und das Lernen in den komplexen Strukturen der tatsächlichen Zusammenhänge zu ermöglichen und exemplarisch zusammenzuführen, was in den Stundengrenzen isoliert bleibt, müssen wir „anders lernen". (Anregungen dazu im Themenheft „Anders lernen" der Zeitschrift Pädagogik, 7–8/1998). Es zeigt sich immer wieder, dass Schüler, die sonst schwer zu motivieren sind, in „Ernstfallsituationen" Erstaunliches vollbringen.

„Anders lernen" meint insbesondere auch, dass die Schüler das Lernen initiieren, mitsteuern und mitverantworten. Damit verfolgt es keine anderen Ziele als der herkömmliche Unterricht, nämlich die von Klafki und anderen benannte Trias: Autonomie, Selbstverantwortung und Selbstkritik. In unserer heutigen Medien- und Arbeitsgesellschaft sind diese Ziele jedoch auf den alten Wegen immer schwerer zu erreichen, während sie sich in eigenverantwortlich gestalteten Lernfeldern und bei den außerunterrichtlichen Unternehmungen aus der Struktur der Gruppe und der Aufgabe von selbst ergeben.

Dabei ist die Angst des Lehrers vor Überforderung nicht begründet: Das „andere Lernen" bedarf keiner Verkünstelung der Methodik. Es sollte ein Lernen sein, das bei der „natürlichen" Neugier ansetzt. Allerdings birgt es wegen der Offenheit des Lernprozesses gewisse Risiken des Scheiterns.

Hier einige Elemente, die die Organisation selbstbestimmter Lernprozesse in komplexen Wirklichkeitsstrukturen stützen:

- Die Schüler tragen Informationen zu sie interessierenden Unternehmungen zusammen.
- Sie erstellen Arbeitspläne.
- Sie produzieren und veröffentlichen Arbeitsergebnisse.
- Sie reflektieren den Arbeitsverlauf begleitend.

3. Reale, virtuelle und gestaltete Lernumgebungen

Im Folgenden soll mit einigen Argumenten für ein Bildungskonzept des Lernens in *neuen Lernwelten* geworben werden.

Lernen im Spiel

Schon kleine Kinder schaffen sich im Fantasiespiel von allein eigene Wirklichkeiten, in denen sie das Erfahrene verarbeiten. Heute wachsen sie zudem mit digitalisierten und virtuellen Lernwelten auf, die sie spielend bewältigen müssen. Viele dieser Spielwelten erscheinen zwar pädagogisch zweifelhaft, sie bilden aber trotzdem eine veränderte Grundlage für das weitere Lernen.

Lernen in komplexen Situationen

Die neuere Lernpsychologie belegt z. B. in Veröffentlichungen von Heinz Mandl und Manfred Spitzer, dass in komplexen Situationen Gelerntes besser behalten wird und später flexibler anwendbar ist. Die US-amerikanische Didaktik trägt dem im *Situierten Lernen* Rechnung. Auch in Deutschland wird nicht zuletzt wegen der PISA-Ergebnisse Lernen in komplexen Situationen als wichtige Ergänzung zum instruktiven Lernen angesehen.

Demokratie lernen in realitätsnahen Projekten

Einstellungen und Verhalten kann man (fast) nur durch das Tun beeinflussen. Die Demokratieerziehung z. B. bedarf, wenn sie lebenspraktisch wirksam sein soll, einer komplexen Lernsituation. Demokratie kann nicht nur gelehrt, sie muss auch gelebt werden. Bei dem Projekt „Schule als Staat" verwandelt die Schule sich zeitlich befristet zu einer Parallelform des Staates mit Regierung, Verwaltung, Gerichtswesen, Polizei, Produktivsystem und Kulturbereich, wo sich die Schüler rollenspielerisch Einblicke in Zusammenhänge und Regularien von komplexen Systemen verschaffen und Einstellungen entwickeln können (vgl. LANDESZENTRALE FÜR POLITISCHE BILDUNG BADEN-WÜRTTEMBERG 2001).

Lernen in Schülerfirmen

Was im genannten Projekt noch als Planspiel simuliert wird, findet bei vielerorts schon aktiven *Schülerfirmen* tatsächlich statt. Sie durchbrechen die Grenzen zwischen Bildung und Wirklichkeit. Auch Projekte der Kooperation von Schule und Verein suchen die wirklichkeitsferne Bildungsanstalt an die praktische Arbeit anzubinden.

Sich lernend nützlich machen: *Service Learning*

Während bei sog. Schülerfirmen manchmal nur ein Teil der Lerngruppe engagiert ist, empfiehlt sich unter dem Anglizismus „Service Learning" eine neue Form der Projektpädagogik. Es geht um Dienste in der und für die Gemeinde, die mit Lerninhalten und Lernprozessen aus dem Curriculum der Schule verbunden sind. *Service Learning* will also mehr als nur soziales Lernen, wie es oft im außercurricularen Bereich der Schulen angestrebt wird. Die Erfahrung der eigenen Nützlichkeit stärkt die Person (Selbstwirksamkeitserfahrung), verbessert die kommunikativen Kompetenzen und kann prosoziale Haltungen und Einstellungen fördern. Eine gewisse Einschränkung des Lernbereichs ergibt sich dadurch, dass in unserer rechtlich durchgestalteten und verwalteten Welt Mitbestimmungs- und Mitgestaltungsmöglichkeiten als Ressource nicht leicht zugänglich sind.
Aufgaben finden sich vor allem in der näheren Umgebung

- auf den Feldern Ökologie (z. B. Schulhaus, Schulgarten),
- in Zusammenarbeit mit örtlichen sozialen Einrichtungen (z. B. Altenheim) oder
- in der Öffentlichkeitsarbeit (z. B. Ausstellungen).

Ob es nun die „bewegte Schule" in den traditionellen Unterrichtsstunden ist oder ob eine ganze Klasse/Schule sich auf eine Reise begibt – immer entsteht so eine Lernwelt, in die Schüler aktiv eingebunden werden. Voraussetzung hierfür sind oft freie Zeitblöcke außerhalb des geregelten Unterrichts. Viele Anregungen zu neuen Lernfeldern finden sich auch im Internet.

4. Impulsfragen für die eigene Planung

Jedes Kollegium, jedes Klassenteam und jeder Klassenlehrer muss entscheiden, welche Bedeutung der Entwicklung von personalen und sozialen Kompetenzen im Rahmen des Bildungsauftrags und der konkreten Situation in der Klasse beizumessen ist und welche konkreten Konsequenzen daraus für „außercurriculare" bzw. „außerunterrichtliche" Veranstaltungen zu ziehen sind. Die folgenden Fragen sollen dazu anregen, die eigenen Ziele zu klären und die pädagogischen Absichten mit der Klassensituation und dem Schulprofil zusammenzuführen:

- Welche Defizite im Unterricht und im schulischen Zusammenleben sind wahrnehmbar? Welche Vorhaben können die Schüler voranbringen und auf die Schule zurückwirken.
- Welche Kompetenzbereiche aus dem pädagogischen Profil der Schule lassen sich mit außerunterrichtlichen Veranstaltungen verbessern?
- Chancen nutzen: Wo bietet sich in der Umgebung Gelegenheit zum (praktischen) Lernen vor Ort? (Allerdings sollte das schulische Lernen nicht einfach an einen fremden Ort verlagert werden, weil die Schüler mit Widerwillen auf diese Maskierung altbekannter schulischer Anforderungen reagieren. Das außerunterrichtliche Vorhaben sollte mehr sein als ein Verpackungstrick.
- Wie ermöglichen wir es den Schülern, ihre Erkundungen selbst zu planen und durchzuführen, um sie jetzt und künftig nicht als Secondhand-Produkt aus dem Pauschalreisenkatalog beziehen zu müssen? (Stichwort Eigenverantwortlichkeit)
- Wie kann Lernen, Leistung, Versagen und Erfolg positiv verarbeitet und in der Lernbiografie verankert werden? (z. B. Projektpräsentation)
- Wie kann das Wir-Gefühl der Gruppe gestärkt werden? Als Gruppenveranstaltung von ungewohnter Dauer und hoher Intensität des Zusammenlebens ist die außerschulische Veranstaltung ein Ort, wo Schule einen begrenzten Beitrag für die Sozialerziehung der Schüler leisten kann. (Stichworte Vereinzelung und Individualisierung)

Für Veranstaltungen in erweiterten Lernwelten gibt es eine Vielzahl hier nicht angesprochener Sinnrichtungen, die in der besonderen Situation der Klassen begründet sind: Zentral und für die Schule besonders bedeutsam ist aber immer, dass das Lernen außerhalb der Schule mit dem Alltag der Schüler in Zusammenhang gebracht wird und dass die Schüler exemplarisch erfahren, dass Lernen für das „wirkliche" Leben wertvoll ist.

B Leben und Lernen außerhalb des Schulgeländes

1. Schulfahrten gestalten

In schöner Hoffnung und langer Tradition verlässt die Schule ihr „Haus“ und damit die Beschränkungen des schulisch veranstalteten Lernens und begibt sich „auf Reisen“. Davon erhoffen sich Schüler und Lehrer seit jeher auch einen Gewinn für die Klassengemeinschaft und suchen die menschliche Begegnung jenseits der fixierten Rollen des Klassenzimmers.
Allerdings hatten solche „Unterbrechungen“ des Schulalltags früher eine andere Bedeutung als im Zeitalter des Massentourismus und der Massenmobilität. Heute geht es nicht mehr darum, den Kindern und Jugendlichen die Welt zu zeigen oder ihnen gar Erholung von der Stadt in der gesunden Natur zu ermöglichen. Es geht heute eher darum, die Schüler als Personen darin zu stärken, sich der allgegenwärtig auf sie eindringenden Medienwirklichkeit zu erwehren und ihr eigene Erfahrungen entgegenzusetzen. Die Erlebnisarmut im Reizüberfluss sollte durch eine richtig verstandene Erlebnis-Pädagogik kompensiert werden.
Bei außerunterrichtlichen Unternehmungen kann man sich leichter von Hemmnissen befreien, die Lernprozesse behindern können, wie Stundentafeln, rigide Zeitorganisation, Raumfestlegung, routinemäßiger Lehrerwechsel, Fachprinzip, verplanter Tagesablauf ohne Mußezeit und viele andere Selbstverständlichkeiten und Gewohnheiten. Diese Chance kann allerdings leicht vergeben werden, wenn das außerunterrichtliche Vorhaben lehrerzentriert organisiert und geplant wird. (Dabei können solche durchorganisierten Schulfahrten durchaus ankommen und in manchen Situationen auch angemessen sein.)

Regeln gemeinsam erarbeiten

Natürlich erfordern Schulfahrten auch viele neue Regeln und Rücksichten, die sich durch die Unterbringung und andere Sachnotwendigkeiten ergeben (z. B. Öffnungszeiten, Nahverkehrsstrukturen, Vorsichtsmaßnahmen, rechtliche Verantwortung). Diese sollten die Organisation jedoch nicht „beherrschen“, sondern als Anlass genutzt werden, begründete Absprachen zu treffen und Konventionen gemeinsam zu erarbeiten.

Rechtliche Fragen zu einzelnen Unternehmungen werden erläutert in der Broschüre des Bundesverbandes der Unfallversicherungsträger der öffentlichen Hand (s. Literatur). Vorschläge für die Haus- und Verhaltensordnung und für Elterninformationen finden sich in Böhm (1994).

Die Planungsphase einplanen

Wenn die Initiative für ein Vorhaben von den Schülern ausgehen soll, wenn Lernen dabei als individueller und zugleich kooperativer Prozess mit neuen Lernformen geschehen soll, dann reichen ein fremder Ort und ein attraktives Programm allein nicht aus. Solches Lernen will vorbereitet sein. Die Schüler müssen sich auf die Schwierigkeiten einstellen können, die sie bewältigen wollen. Eine gut organisierte Vorbereitung ist hier deshalb der Schlüssel zum Erfolg, unorganisierte oder chaotische Planungsphasen dagegen zerstören jeden Ansatz von Selbstorganisation genauso gründlich wie Überregulierung.

Auf Selbststeuerungskräfte vertrauen

Die Merkmale veränderten Lernens – Eigenverantwortung, Selbstverwaltung und Autonomie – können und müssen nicht bei jedem außerschulischen Vorhaben in Reinkultur vorhanden sein. Es genügt, freie Formen des Lernens ohne Lehrbuch zu planen und praktisch anzugehen: als Projekte, freie Vorhaben, Stationen-Lernen, Erkundungen, Exkursionen, Besichtigungen, Anlass- oder Gelegenheitsunterricht, Spiele usw. Dann kann man darauf setzen, dass sich hieraus auch eigene Steuerungsprozesse entwickeln. Wenn nämlich das Interesse der Kinder und Jugendlichen am Gelingen ihres Aufenthalts geweckt ist, entwickeln sie enorme Kräfte und werden auch mit eventuell vorhandenen destruktiven Momenten fertig.

Außerschulische Wirklichkeit in vielen Dimensionen erschließen

Bei alledem geht es um ganzheitliche und experimentelle Erschließung eines Realraumes in allen möglichen und interessierenden Dimensionen: ästhetisch, handwerklich, sportlich, historisch, sozial, politisch, naturwissenschaftlich ... Das Methodenlernen ereignet sich im Ernstfall, das Fächerverbindende ergibt sich aus dem praktischen Handeln, Arbeiten und Herstellen. Und man darf durchaus damit zufrieden sein, wenn die Erkenntnisse und Ergebnisse mehr dem Orientierungs-Lernen zuzurechnen sind, als dass sie den abfragbaren Wissensbestand vermehren.

2. Schulfahrten heute: Blick auf ein heterogenes Angebot

Im Folgenden wird überblickartig und in Stichworten aufgelistet, was an außerunterrichtlichen Veranstaltungen machbar und wünschenswert erscheint. Vielleicht kann diese Auflistung zugleich Anregung sein für Planungen und Veränderungen in der eigenen Schule. Sinnvoll ist es, im Rahmen der Profilbildung der Schulen ein Konzept für außerschulische Unternehmungen und ein einheitliches Vorgehen in Schlüsselfragen zu entwickeln. Bei aller Freiheit und Spontaneität, die gerade auch die Schulfahrten brauchen, ist ein Konsens in der Schule sehr hilfreich. Denn die Begeisterung für eine Schulfahrt braucht ein breites Fundament an Unterstützung.

Allgemeine Tendenzen

In den letzten Jahren gab und gibt es eine Tendenz, die Schule als Reisebüro für Schultourismus zu sehen. Dabei geraten Bildung und Pädagogik leider allzu oft ins Hintertreffen.

- Der außerunterrichtliche Veranstaltungskalender ist in der Vergangenheit immer öfter zum Werbeargument im Kampf um Schüler geworden. Dementsprechend wurde er als Jahrmarkt der unbegrenzten Möglichkeiten (miss)verstanden.
- Die Erwartungen der Schüler gleichen sich dem Konsumentenstatus an: „Für mein Geld darf es schon etwas Besonderes sein!"
- Vor allem wegen knapper Kassen wird der Blick erst in letzter Zeit wieder auf die Kosten gelenkt und die Lehrer besinnen sich (notgedrungen) stärker auf erziehende und bildende Angebote.
- Die Klasse ist oft nicht mehr die bevorzugte Gruppe, in der man sich auf Erfahrungssuche begibt. Die persönlich bedeutsamen Bezugsgruppen liegen als eine Folge der Individualisierung und der Entflechtung der Lebenswelten oft außerhalb des schulischen Lebensbereiches.
- Zur Entlastung der schulischen Funktionsabläufe werden die Reisetermine aus dem Schulleben genommen und als eine Art Unterrichtspuffer

vor schulfreie Zeiten gelegt, wo sie erzieherisch kaum noch auf das Schulleben Einfluss haben können.
- Die Vielzahl von Veranstaltungen und Unternehmungen verunmöglicht zu bestimmten reiseaktiven Zeiten kontinuierliches schulisches Arbeiten.

3. Ein bunter Wiesenstrauß außerunterrichtlicher Veranstaltungen

Die (Klassen-)Reisen, die heute in Schulen durchgeführt werden, sind außerordentlich vielfältig, ebenso wie die traditionellen und lokalen Bezeichnungen der einzelnen Veranstaltungstypen. Da das Ökotop der außerunterrichtlichen Veranstaltungen von einem sympathischen Wildwuchs gekennzeichnet ist und die Schultheorie erstaunlich wenig Anstrengungen unternimmt, dieses Feld zu botanisieren und kategorisieren, folgt die Auflistung chronologisch den Klassenstufen bzw. Funktionen der Veranstaltungen.

Schullandheim

Es gibt ihn noch, den klassischen *Schullandheim-Aufenthalt* am Ende der 6. Klasse – je nach Schule oder Bundesland auch früher oder später – mit einer Dauer von ein bis zwei Wochen. Oft findet der Aufenthalt auch in Jugendherbergen oder -heimen statt. Berüchtigt bei Schülern und Lehrern sind die damit verbundenen Wanderungen. Vielerorts neu ist der Schullandheim-Aufenthalt zu Beginn eines Schuljahrs. Er dient vor allem der Integration von neu zusammengestellten Klassen (nach dem Übertritt in weiterführende Schulen) und nicht zuletzt auch der Schülerwerbung.

Schüleraustausch

Für die Jahrgangsstufen 8 bis 12 bzw. 13 existiert eine Palette von zum Teil ausgedehnten Austauschprogrammen im Fremdsprachenbereich. Je nach (Städte-)Partnerschaft und Schultraditionen sind sie oft auf bestimmte Klassenstufen verteilt. Durchgeführt werden sie meist von den Fremdsprachenlehrern, aber auch von Klassenlehrern. Häufige Schwierigkeiten: Wegen der geringen Zahl ausländischer Austauschschüler und einer Gabelung der Klassen entsprechend der Sprachenfolge sind oft nur Teile von Klassen beteiligt. Wenn der Gegenbesuch in die Unterrichtszeit fällt, leidet der kontinuierliche Unterricht darunter.

Klassenfahrt

Das Merkmal der Klassenfahrt ist, dass die ganze Klasse sich mit dem Klassenlehrer (und anderen Begleitern) aufmacht. Wichtiges Ziel ist dabei traditionell die Festigung der Klassengemeinschaft. Im Gegensatz zum Schullandheim-Aufenthalt ist die Klassenfahrt in den meisten Fällen von kürzerer Dauer und wird oft unter Einbeziehung „freier Tage" durchgeführt. Sonderformen sind die *Hauptstadtreise* sowie die *Abschlussfahrt* als letzte gemeinsame Klassenaktion mit leicht reminiszentem Charakter.

Klassenstufen-Fahrt

Vielerorts finden für eine gesamte Klassenstufe je nach Schulprofil thematisch gebundene Aufenthalte statt. Neben dem in manchen Bundesländern üblichen „Ski-Schullandheim" rücken sportliche Freizeitunternehmungen wie Segeln, Reiten, aber auch vorstrukturierte Städtereisen und Jugendherbergs-Aufenthalte mit Schwerpunktprogrammen in den Vordergrund. Der Attraktionsgrad ist bei der Wahl entscheidend.

Erlebnispädagogisch orientierte Unternehmungen

Sie sind in letzter Zeit sehr im Gespräch, bedürfen aber meist eines aufwändig gestalteten Umweltarrangements bzw. einer geeigneten Ausrüstung und der Einhaltung von Sicherheitsmaßnahmen. Sie schließen Abenteuersport aus dem „Outdoor-" und Erlebnissportbereich wie Reiten, Segeln, Klettern, Hochseilgarten, Mountainbiking oder gar Rafting mit gruppendynamisch zu lösenden Aufgaben ein. Vertrauen und Verantwortung bilden den Schlüssel für den Erfolg. Diese Formen führen, wo sie konzeptionell überlegt sowie ökologisch verantwortungsvoll durchgeführt werden, zu wertvollen Persönlichkeitserfahrungen und können das Ich und auch das Team stärken. Sie werden im Managementtraining und Profisport zur Teambildung angewandt (und im Reality-TV pervertiert). Sie ermöglichen es, auf allen Könnensstufen ganztägige Bewegungserfahrungen zu machen und auf unverfänglichem Gebiet schulalltägliche Erfahrungen des Gelingens und Misslingens aufzuarbeiten (vgl. PRÖBSTL 1991). Solche Angebote können oft komplett mit Anleitung und notwendiger Ausrüstung gebucht werden.

Studienfahrten (Städte-, Kultur-, Literatur-, Museumsreisen)

Vor allem in der Sekundarstufe II werden Studienfahrten in alle erdenklichen europäischen Großstädte in einer Art Konkurrenz der Attraktionen veranstaltet. Seit jeher gut im Rennen liegen Rom und Paris. Kulturreisen, auch Reisen in bestimmte Landschaften oder Erkundungen sind schwerer zu verkaufen. Eigentliche Studieninhalte geraten oft ins Hintertreffen.

Workshops

Tanz und Malen, Theater und Musik, Percussion und Pantomime ... Diese sicherlich sinnvollen Angebote haben gegenüber anderen, attraktiven Angeboten nicht immer einen leichten Stand.

Sonderveranstaltungen

Hier ist gedacht an Veranstaltungen, die oft mit AGs und besonderem Engagement der Lehrer verbunden sind: ein- und mehrtägige Musikveranstaltungen, Schultheater, Sportwettkämpfe aller Art, Exkursionen, Fahrten der SMV und was Lehrer und Schüler sonst interessiert.
Auf dem Markt der unbegrenzten Möglichkeiten muss diese Aufstellung sicher unvollständig bleiben.

C Klassenfahrten organisieren

1. Das Verhältnis von Unterricht und Klassenfahrt

Jeder Lehrer, der mit seiner Klasse eine Fahrt plant, sollte sich zunächst über seine Ziele sowie die personellen und situativen Möglichkeiten klarwerden. Dabei wäre einer weniger ambitionierten Konzeption im Zweifelsfall der Vorzug zu geben, damit „anders lernen" auch bedeutet: entspannter und weniger leistungsbetont lernen, als dies im schulischen Unterricht meist der Fall ist.
Herbert Gudjons unterscheidet folgende fünf Möglichkeiten des Verhältnisses von Klassenreise und Schulunterricht:

- „Schule ist Unterricht; die Klassenreise ist eine (durchaus angenehme) Unterhaltungsmöglichkeit, die aber im Grunde zu Unterricht und Schule keinen Bezug hat → Klassenreise als Vergnügen.
- Die Klassenreise enthält durchaus pädagogisch wertvolle Erlebnis- und Lernmöglichkeiten (z. B. Spielen oder Stadtbesichtigungen), die auch gleichberechtigt neben dem Unterricht stehen. Es bleibt aber beim Nebeneinander, eine wechselseitige Durchdringung erfolgt nicht → Klassenreise als erweiterte Lernform.

- Die Klassenreise steht in direktem Bezug zur Lerngruppe in der Schule, sie dient der Intensivierung der Beziehungsebene, setzt das schulische soziale Lernen fort und wirkt auf dieses gezielt zurück → Klassenreise als besondere Veranstaltung zum sozialen Lernen.
- Schulunterricht und Klassenreise sind inhaltlich (z. B. durch ein Projekt) eng verzahnt. Die besonderen Tätigkeiten während der Klassenreise sind integrierter Bestandteil einer längerfristig angelegten thematischen Arbeit → Klassenreise als alternativer Unterricht.
- Die Gesamtkonzeption der Klassenreise ist so angelegt, dass Schüler/innen ein neues Verständnis von ‚Reisen' lernen → Klassenreise als Freizeitpädagogik." (GUDJONS 1998, S. 2 f.)

2. Grundsatzentscheidungen

Hier einige Stichpunkte zu wichtigen Fragen, die vor einer Klassenfahrt entschieden werden müssen:

- Pädagogische Absichten, Themen, Inhalte und Methoden (s. u.)
- Thematische Leitgedanken
- Form der Beteiligung von Schülern, Lehrern, Eltern und Schulträger
- Verhältnis von Klassenfahrt und Schule bzw. Fachunterricht (s. o.), z. B. Klassenfahrt als Ausflug, als Projekt
- Form des Gemeinschaftslebens
- Begleitlehrer, Lehrerteam, Teambildung, Absprachen, Verteilung der Arbeitsaufträge (Kreativitätspausen und Erholungsphasen einplanen!)

3. Klassenfahrten sind Gruppenfahrten

Wichtiger als jeder Inhalt ist den Schülern vor allem eines: ihre eigene Person. Sie wünschen personenbezogenes Lernen und die Bildung von Beziehungen und Freundschaften. Klassenfahrten sind Gruppenfahrten! Dies darf keineswegs idyllisch verklärt werden. Im außerschulischen Leben treten Egoismen und Verhaltensauffälligkeiten ebenso wie mangelnde Gruppen- und Teamfähigkeit besonders deutlich hervor. Die gemeinsame Unternehmung kann für den einzelnen Schüler eine Entwicklungschance, aber auch eine krisenhafte Belastung sein. Dabei werden Lernprozesse manchmal nur angestoßen, oft nicht abgeschlossen.

Eine Klassenfahrt ist nur dann wirklich erfolgreich, wenn sie Prozesse anstößt, die die Persönlichkeitsentwicklung der Kinder und Jugendlichen positiv beeinflussen. Nach aller Erfahrung wird dies auch von den Kindern und Jugendlichen so gesehen. Sie selbst suchen oft aktiv Situationen, in denen es ihnen möglich ist, ihre Persönlichkeit zu erweitern, ihren Entwurf von Identität auszuprobieren, neue Möglichkeiten zu erobern. Dabei sind alle Dimensionen der Identität gemeint, auch solche, die Lehrer weniger gern sehen, wie die zum anderen Geschlecht.
Die Erwartung von Erweiterung wie die Gefahr der Destabilisierung der Identität wird begleitet von Gefühlen der Dekomposition mit Abwehr- und Bewältigungsmechanismen. Dies erzeugt oft – gerade in der Pubertät – eine hochgestimmte bis überreizte Atmosphäre. Diese Stimmung folgt einer gewissen charakteristischen Kurve:

- Sie beginnt im Gefühl der Unbestimmtheit mit Erwartungen und Befürchtungen,
- es folgen erste Festlegungen in der offenen Situation (Zimmergruppen, neue Cliquen usw.),
- Glück über Gelingen oder vermehrte Anstrengung zur Integration,
- Rückzugs- und Ausweichmanöver,
- Gespräche und Arbeit an Problemen,
- Aktivitätseinbrüche mit Rückzugsinseln,
- Müdigkeit und End-Euphorie,
- „Abfahrtsdepression" und Rückkehrfreude.

Im Zusammensein wird in vielseitiger Weise die emotionale Stabilität der Kinder und Jugendlichen erprobt. Es geht darum, Eigenständigkeit zu bewahren und Geborgenheit zu finden, sich anzupassen und sich zu wehren. Die Schüler müssen ein Bild von sich selbst und ihren Fähigkeiten entwickeln und den anderen zu vermitteln versuchen. Dazu erweitern sie ihre Selbstkenntnis und „emotionale Intelligenz" (GOLEMAN 1995).
Besonders viele Entwicklungen ergeben sich da, wo Sympathien der Schüler untereinander entstehen. Die Schüler öffnen sich einander und erfahren Annahme, lernen sich besser kennen und überprüfen vorschnelle Urteile. Die soziale Kompetenz wird durch die Dichte der Beziehungsansprüche herausgefordert, Wahrnehmungen müssen gesammelt und geordnet werden, es gilt, eine Rolle für sich zu finden und sich gegenüber Rollenzumutungen zur Wehr zu setzen, dabei aber den Anschluss nicht zu riskieren. Nicht zuletzt fordert die Stellung in der Gruppe eine Art diplomatische Interessen- und Aufmerksamkeitsverteilung.

Die Schüler müssen in Solidarität Verantwortung füreinander übernehmen. Sie müssen sich entscheiden, an wen sie sich halten, für wen sie Partei ergreifen und mit welchen Mitteln dies am besten geschieht. Bei den Aktivitäten geht es auch darum, mit Verantwortung betraut zu werden. Dabei entstehen Rivalitäten, es muss gekämpft und die übertragene Verantwortung muss „ausgehalten" werden. Die Handlungen und Beziehungen werden von der Clique und den rivalisierenden Gruppen ständig beobachtet und bewertet. Mithin wird also für den Bereich der sozialen Verantwortung in einer größeren Gruppe (wofür die Schule quasi ein Monopol hat) eine Grundlage gelegt zur Bildung und Begründung von Werten und Überzeugungen. Dies gilt sowohl für die Wertschätzung von Personen als auch für die Einstellung zu Leistung.
Ein wichtiges Argument für ein solches Verständnis der Klassenfahrt kommt aus der neueren Unterrichtsforschung. Das Funktionieren der Klasse als Unterrichtsverband ist stark abhängig von dem Gefühl des Klassenzusammenhalts. Der Zusammenhang von Klassengemeinschaft und Schulleistung ist nachweisbar vorhanden (vgl. FEND 1997). Ebenso wird die Bedeutung der Klassengemeinschaft für das Wohlbefinden und die Lernkarriere der Schüler oft unterschätzt. Lernmotivation kann nur aufgebaut werden, wenn nicht ständig andere Motivationen und sogar latente Angstzustände oder Aggressionen vorhanden sind. Lernen geschieht in Konkurrenz zu anderen, aber auch im Miteinander aller. Es ist deshalb sehr wichtig, dass die Schüler gelernt haben, wie sie ihre Konflikte regeln (s. das Kapitel „Konflikte nicht unter den Teppich kehren").

4. Die Planung ist das Ziel

Die Einstellung der Schüler zur gemeinsamen Unternehmung entsteht während der Vorbereitung. Die gemeinsame Planung kann dabei viele inhaltliche und erzieherische Ziele verfolgen und die positive Einstellung zum Vorhaben wecken. In schwierigen und zerstrittenen Klassen kann nebenbei exemplarisch die Lösung von Konflikten geübt werden.
Das folgende Verfahren „Prioritäten setzen" eignet sich für die gemeinsame Planung einer Klassenunternehmung, kann aber auch Lehrern allein als Raster für die Vorüberlegungen zu einer Klassenfahrt dienen. Darüber hinaus eignet es sich generell zur Klärung strittiger Fragen und zur Kompromissfindung.

Prioritäten setzen ab Klasse 5

Zeitbedarf: ca. 90 Minuten

Sozialform: 1. Schritt in Einzelarbeit; 2. Schritt in 3er-Gruppen; 3. Schritt in 6er-Gruppen; 4. und 5. Schritt im Plenum

Material: pro Schüler je ein Arbeitsbogen „Spielregeln" oder Overheadfolie mit den Spielregeln; pro Schüler ein Satz „Wahl-Karten" (der Fragenkatalog kann natürlich ganz nach Bedarf erweitert werden); für das Auslosen der ersten 3er-Gruppen z. B. in verschiedenfarbiges Papier eingewickelte Bonbons

Entscheidungsfindung: Prioritäten unserer Klassenfahrt

Spielregeln

Erster Schritt:
Lest die Karten für euch alleine durch und markiert diejenigen, die euch persönlich wichtig sind, indem ihr den linken Rand nachmalt. (Die anderen Karten vergesst ihr.) Erstellt nun eine persönliche „Hitliste", indem ihr die ausgewählten Karten mit Bleistift nummeriert. Füllt die Leerstellen aus bzw. entscheidet euch für eine der angegebenen Möglichkeiten. (Ihr habt hierfür 10 Minuten Zeit.)

Zweiter Schritt:
Geht mit den zwei zugelosten Partnern zusammen und einigt euch auf die sieben wichtigsten Punkte. (Ihr habt dafür 5 Minuten Zeit.) Die anderen Punkte fallen weg. (Findet Kompromisse!)

Dritter Schritt:
Geht mit einer anderen 3er-Gruppe zusammen und wiederholt die Entscheidungsfindung in der 6er-Gruppe: Einigt euch auf die sieben wichtigsten Punkte. (Ihr habt dafür 10 Minuten Zeit.)

Vierter Schritt:
Stellt euer Ergebnis der ganzen Klasse vor und begründet es (zunächst ohne allgemeine Diskussion). Befestigt dabei die Karten in der Reihenfolge ihrer Gewichtung (z. B. an der Pinnwand). Berichtet auch von den Schwierigkeiten.

Fünfter Schritt:
Diskutiert in der ganzen Klasse das weitere Vorgehen und fasst einen Beschluss. Richtet dann Planungsgruppen mit konkretem Auftrag ein.

Wahl-Karten – Thema „Klassenfahrt“ (1)	
Ich möchte ein unbekanntes Ziel kennenlernen. Besteht schon eine Vorstellung? Wenn ja: Welche? __________ __________	Ich möchte (nicht) weit fahren. Zeitvorstellung: __________ __________ __________
Ich möchte eine bestimmte Aktivität ausüben: ☐ Segeln ☐ Fahrrad fahren ☐ Wandern ☐ Kajak fahren ☐ anderes: __________	An unserem Ziel muss (nicht) viel los sein. Wenn ja: Was? __________ __________ __________
Wir sollten unser(e) Ziel(e) aus eigener Kraft erreichen.	Wir sollten ein Haus haben und möglichst alles selber machen: ☐ Kochen ☐ Putzen ☐ anderes: __________
Wir besichtigen: ☐ Klöster ☐ Burgen und Schlösser ☐ anderes: __________	Wir sollten zelten: ☐ an einem See mit Sportplatz ☐ am Bach ☐ anderswo: __________
Wir sollten uns in die Natur begeben.	Wir wollen die Unternehmungen am Ort selber planen.
Wir haben eine so schlechte Klassengemeinschaft, dass wir lieber zu Hause bleiben sollten.	Wir sollten vorher gut planen, um nachher Streit zu vermeiden, und viel unternehmen.

Wahl-Karten – Thema „Klassenfahrt“ (2)	
Mein Ziel liegt in der näheren Umgebung: *(Vorschläge aus der jeweiligen Region)* ☐ anderes: ____________	Das ist wichtig: ____________ ____________ ____________ ____________
Statt der Klassenfahrt sollten wir gemeinsam eine Art Erkundung machen. Art: ____________ ____________ ____________	Dabei mache ich nicht mit: ____________ ____________ ____________ ____________
Wir sollten ein Projekt oder eine Untersuchung durchführen: ☐ Bacherkundung ☐ Dorfleben ☐ Umweltschutz ☐ anderes: ____________	Wir sollten in eine Jugendherberge fahren. *(Eine bestimmte?)* ____________ ____________ ____________
Ich möchte weit weg.	Sehr ungern und nur wegen der Klassengemeinschaft würde ich: ____________ ____________ ____________
Wir sollten dort viel Freiheit haben, etwas selbst zu unternehmen.	Ich möchte mich bewegen und Sport treiben.
Ich möchte etwas anschauen: ☐ Stadt ☐ Museum ☐ Filmdrehorte ☐ Kulturelles ☐ anderes: ____________	Dies ist vergessen worden: ____________ ____________ ____________ ____________

5. Pädagogisch schwierige Situationen

Coaching in Konfliktsituationen

Entwicklung ereignet sich auf Klassenfahrten selten direkt aufgrund von gerichteter Handlung. Die erzieherische Qualität solcher Veranstaltungen liegt in dem netzartigen Geflecht von Begegnungen und Auseinandersetzungen bei der selbstveranstalteten Reise und in der Selbsterziehung der Jugendlichen. Von vielen Konflikten wird die Lehrperson gar nichts mitbekommen, bei den meisten nicht ihren Anlass und Ausgang erfahren. Dennoch darf man Vertrauen haben, dass es in der Gruppe selbst starke Kräfte zur Lösung von Konflikten gibt. Lediglich wo dies nicht befriedigend funktioniert oder wo die Lehrperson zur Intervention aufgefordert wird, ist ihr Eingreifen nötig.

Die stärkste präventive Einflussmöglichkeit des Lehrers liegt in dem Verständnis der Unternehmung, das die Schüler durch die Planung und Organisation der Reise gewonnen haben. Darüber hinausgehende direkte Interventionen des Lehrers wirken für die ganze Unternehmung stilbildend, auch da, wo sie nur an Einzelne gerichtet sind. Als Maxime für die Intervention kann gelten, „Störfälle“ als Chancen zu begreifen und Konflikte nicht zu negieren, sondern neu zu definieren, sodass Fronten beweglich bleiben (s. das Kapitel „Konflikte nicht unter den Teppich kehren“).

Bei den offenen Konflikten, die sich ergeben, spielt das Verhalten der Lehrperson eine wichtige Rolle. Sie findet hier Zugang zum einzelnen Schüler, muss ihr Verhalten aber immer auch gegenüber der Gruppe ausbalancieren. In dieser Rolle ist sie wirklich als Vorbild gefordert.

Obwohl die Vorschläge von Thomas Gordon (1981) in Reinform heute teilweise schematisch wirken, sind sie zur Unterscheidung und Regelung von Konflikten immer noch hilfreich. Er betont vor allem das Ernstnehmen der Opponenten, die Authentizität des Vermittlers und die Echtheit des Interesses.

- Die Lokalisierung des Konflikts (wer hat das Problem?) hilft bei der Eingrenzung und verhindert die Konfusion der Rollen.
- Seine Vorschläge zum Umgang mit annehmbaren bzw. nicht annehmbaren Verhaltensweisen können immer noch als Anregung für exemplarische Konfliktbearbeitung gelten.
- Sein Modell der wertungsfreien Beschreibung und noch mehr die Kennzeichnung unfruchtbarer Methoden bei der Lösung von Konflikten können eine wertvolle Vorbereitung für die Mediation (→ S. 141) bei Konflikten sein.

Über GORDON hinausgehend sollte man jedoch nicht nur auf die sprachliche „Vermittlung“ setzen. Die Vernunft ist manchmal ein schwacher Lenker des Verhaltens. Szenische, symbolische und grafische Darstellungen sowie Spiele mit vertauschten Rollen können das Verständnis der fremden Perspektive wie das auf die Person bezogene Lernen fördern. Der Konflikt soll nicht abgewehrt oder verharmlost, sondern als Chance für das Aufbrechen von Stigmatisierungen, Rollengrenzen und Abgrenzungen umgedeutet und zur Bildung von Rücksichtnahme und Toleranz genutzt werden.
Eine Frage pädagogischen Fingerspitzengefühls und der richtigen Einschätzung bleibt es aber wohl immer, ob man auch latente Konflikte zur Sprache bringt und explizit bearbeitet.
Erfahrungsgemäß erreicht man auf Klassenfahrten schöne Erfolge im Zusammenleben von Schülern und Lehrern, die aber dem Routinedruck der Schule nicht automatisch standhalten. Deshalb sollte man wie auch bei den Formen selbstständigen Lernens immer an eine Fortführung des Erreichten denken. Eine rein inhaltliche Nacharbeitung gewährleistet keine Nachhaltigkeit der personalen Erfolge, die während einer Klassenfahrt erreicht wurden.

Beispiele für pädagogisch schwierige Situationen

Die folgenden keineswegs trivialen Beispiele für pädagogisch schwierige Situationen auf Klassenfahrten können dazu dienen, sich schon vorab über Strategien für das eigene Vorgehen klarer zu werden.

> Nachdem sich beim Schullandheim-Aufenthalt einer 7. Klasse schon Probleme zwischen dem Lehrer und der Klasse wegen der Durchführung des geplanten Programms ergeben haben und die Atmosphäre deswegen gespannt ist, ereignet sich ein neuer Zwischenfall: Eine Schülerin überredet ihre Freundin, die nicht genug Geld dabei hat, den benötigten Labello-Stift im Supermarkt mitgehen zu lassen: „Meine Freundinnen machen das alle so.“ Die Schülerin wird erwischt und es kommt zur Strafanzeige.
>
> Beim Aufenthalt des Abschlussjahrgangs auf einer abgelegenen Hütte mitten in einem Skigebiet betrinkt sich ein Schüler, der wohl weiß, dass er den erfolgreichen Abschluss nicht geschafft hat. Mitschüler warnen den Lehrer, dass der Schüler auf keinen Reiz mehr anspricht.
>
> Am Tisch mäkelt die Klasse regelmäßig über das Essen, das von den Lehrern als schmackhaft angesehen wird. Ein Schüler äußert sich abfällig über die Suppe und spuckt in den gemeinsamen (vollen) Suppentopf.
>
> Auf der Stadtreise nach Rom wird der Zug an der italienischen Grenze von Beamten der Rauschgiftfahndung überprüft. Ohne dass etwas entdeckt wird, erkennen Sie an der Reaktion der Schüler, dass Ihre Schüler „Stoff“ mit sich führen.

Ein Schüler „aus gutem Hause" mit Neigung zum Einzelgänger beleidigt mehrmals und auch nach Verwarnung Personen, die freiwillig und ohne Bezahlung eine Führung für die Klasse übernehmen, indem er sie duzt und als „Kerl" tituliert.

Eine 10. Klasse begibt sich auf eine dreitägige Klassenfahrt. Auf dem Programm stehen Kajakfahren und Zelten am Wasser. Bereits am ersten Tag regnet es und es wird kalt.

Zwei Schüler der 9. Klasse, die von der Teilnahme an einer Wanderung befreit wurden, sind alleine in der Unterkunft geblieben. In dieser Zeit haben sie sich vom Haus entfernt und sind an einer nahen Bergwand klettern gegangen. Ein Schüler hat sich so weit verstiegen, dass er von einem Hubschrauber, den sein Kamerad alarmiert hat, unterkühlt aus der Wand geholt werden muss.

Beim Belegen der Mehrbettzimmer (Bettenzahl war vorher nicht bekannt) wird eine Schülerin ganz offensiv von allen weiblichen Gruppen ausgeschlossen. Auch Mitschülerinnen, denen das zu weit geht, trauen sich nicht, ihr zu helfen, weil sie fürchten, sonst ihrerseits von der dominanten Gruppe ausgeschlossen zu werden.

6. Navigationshilfe für die Organisation

Planung

Die gemeinsame Planung prägt eine Unternehmung wesentlich. Planungshilfen sind:

- Für die Entscheidungsfindung eignet sich das Verfahren „Prioritäten setzen" (→ S. 184 ff.).
- Möglich ist auch, dass ältere Schüler (Tutoren) für Schüler der Eingangsklassen planen. Schulfahrten werden so Teil einer guten Schulkultur.

Vorgehen

- In der Reihenfolge des planerischen Vorgehens liegt schon ein pädagogisches Credo: Beginnt die Planung mit der Elternkonferenz oder mit der Klasse?
- Wer ist für die Auswahl von Programmpunkten, Projekten, Unternehmungen und für das Erstellen von Wochen- und Tagesplanungen zuständig? Welche Vorbereitungen können auf die Schüler übertragen werden?
- Welche Alternativplanungen gibt es für schlechtes Wetter?

Hinweis: Kommerzielle Schulreiseveranstalter können eine Menge Arbeit abnehmen im Hinblick auf das Organisatorische und die Gegebenheiten vor Ort. Sie wissen auch oft, wie ländertypische Ermäßigungen zu erhalten sind.

Das leitende Team

Ein heikles Thema ist die Zahl der Begleitlehrer. In diesem Zusammenhang sollte daran gedacht werden, dass Klassenlehrer bei längeren Aufenthalten auch Erholungsphasen brauchen. Eltern als Begleiter? Folgen für das Kind? Zusammenarbeit? Beziehungsprobleme? Reicht *Goodwill* oder muss Professionalität sein?

Orte

Von Jugendherbergen, Zeltplätzen, Selbstversorgungshäusern bis zu Bauernhöfen ist alles denkbar. Die Vorauswahl lässt sich am besten mithilfe eines Brainstormings treffen. Überlegt werden muss in diesem Zusammenhang auch, welche Ausstattungen für die weiteren Unternehmungen benötigt werden.

Checkliste: Organisation von Klassenfahrten

Das organisatorische Vorgehen in der Schule

- Beschluss der Gesamtlehrerkonferenz über das außerunterrichtliche Programm herbeiführen
- Zustimmung der Elternvertreter sicherstellen
- Genehmigung durch Schulleitung einholen
- Absprachen mit Kollegen und Parallelklassen treffen, verfügbare Mittel eruieren
- Termin klären
- pädagogische Ziele bekanntgeben (z. B. in der Klassenkonferenz)
- sich der Unterstützung erfahrener Kollegen versichern
- Wünsche der Teilnehmer in konkrete Planung umsetzen, Realisierbarkeit prüfen
- konkrete Planungen und Aufgaben verteilen

Weitere organisatorische Details

- frühe Kostenabsprache mit den Eltern treffen
- Zustimmung der Eltern einholen
- Transportmittel klären
- Dauer klären (sollen auch unterrichtsfreie Tage einbezogen werden?)
- sich in Bezug auf Rechtliches (Aufsichtspflicht) kundig machen
- klären, ob Krankheiten von Schülern oder Ernährungsbesonderheiten zu berücksichtigen sind
- Unterbringung organisieren (Mädchen, Jungen, Lehrer)
- Fragen der Zimmerverteilung klären (dies verhindert präventiv viele Konflikte)

D Weitere außerschulische Unternehmungen

1. Ideenbörse

Hier eine Auswahl möglicher Schwerpunkte und Ausrichtungen außerschulischer Veranstaltungen von jeweils unterschiedlicher Dauer.

Lernen vor Ort

Methoden/Schüleraktivitäten:

- Erstellen eines Reiseführers
- Stadterkundung als Spiel mit spezifischen Aufgaben (→ S. 194 f.)
- Erkunden eines Standorts mit vorbereitetem Material; z. B. geografisch-geologische Standorterschließung mit Themenbereichen wie Siedlungsformen, Stadtentwicklung, Landschaftsformen, Gewässer, Natur und „Kultur“
- Eröffnen kultureller Zugänge: Sozialstrukturen erforschen, Befragungen durchführen …
- historische Standorterschließung, z. B. steinerne Zeugen, Klöster und Burgen aufsuchen, Architektur und Lebensformen in Zusammenhang bringen
- Besuch in Institutionen: Leben im Altenheim, in Krankenhäusern …

Reisen

Unterwegs sein, z. B.:

- wandernd, Rad fahrend, mit dem Planwagen, mit Stadtbahnen
- subjektive Wahrnehmungseindrücke sammeln (Erlebensprotokoll) und kommunizieren, Reisetagebücher führen usw.

Sport und Spiel

- „Outdoor“-Sportarten: Kajak- oder Kanuwandern, Mountainbiking, Reiten, Fahrradfahren, Klettern, Skifahren, Orientierungslauf (→ S. 194 f.)
- strukturierte Erfahrungsangebote: Segeln, Flößen
- alternative Sport- und Bewegungstage
- Aufenthalte mit Selbstversorgung
- „New Games“, Interaktionsspiele

Kulturelles Schaffen (Museen als Lernorte einbeziehen!)

- ein Zirkusprojekt oder Zirkustage erarbeiten
- Revuen (z. B. 1920er-Jahre), Theaterszenen oder szenische Improvisationen erarbeiten und aufführen
- eine Fotoausstellung zu einem Thema erstellen
- Videofilme drehen (auch als Dokumentation der Reiseaktivitäten)
- Hörspiele oder Thriller schreiben und aufführen
- produktive Gestaltung von Literatur an geeigneten Orten (Inszenieren von Texten an Originalorten), literarisches Event, Literatur er-fahren
- künstlerische Gestaltungen: Arbeiten mit Ton oder anderen Materialien, Naturkunstwerke schaffen (Land-Art, Masken und andere Bildzeugnisse)

Aufgaben in Natur und Umwelt

- Ökosysteme: Kartierungen, Untersuchungen von Lebensräumen (Hecken, Bäche usw.)
- Untersuchungen zu Klima und Kleinwetterlage
- Energie und Ökologie: z. B. Solarenergie (von einer technischen über eine künstlerische bis hin zur kulinarischen Bearbeitung des Themas)

Musik, Theater, Tanzen

- Projekte evtl. in Zusammenarbeit mit Schauspielern und kleinen Kulturinstitutionen wie Musikschulen, Kleintheatern oder Pantomimengruppen durchführen

2. Exkursionen

Es liegt nahe, dass Exkursionen oft von einem Anliegen des Fachunterrichts ausgehen. Experimentell, theoretisch oder über Medien erworbenes Wissen soll sich in der Wirklichkeit bewähren, sie aufschließen und durch sie erweitert werden. Es sollte aber keine Scheu bestehen, zu zeigen, dass schulisch abstrahiertes Wissen nicht immer bruchlos in der größeren Komplexität wirklicher Zusammenhänge aufgeht. Das schulische Denken erweist sich dadurch nicht als wirklichkeitsfremdes Lernen, sondern es wird gezeigt, dass viele Zusammenhänge eben nicht beliebig didaktisch reduzierbar sind, dass schulisches Lernen vor allem Werkzeuge und nicht immer fertige Lösungen präsentieren kann (vgl. DÖRNER 2005).

Mögliche Ziele und Anliegen von Exkursionen

Allgemeines Ziel von Exkursionen ist es, fächerverbindendes und fachüberschreitendes Vertiefen von Fachinhalten vor Ort zu ermöglichen.

- Medienbranche: Zeitungsredaktionen, Zeitung (in) der Schule, Verlage, Werbeateliers, Funkhäuser, Medienproduktionsstätten, Fotobearbeitungs-Werkstätten, Filmateliers, Multimedia- und Internetbranche (Beteiligung an Produktionen oder Eigenproduktion)
- Theater (Besuch einer Aufführung, Blick hinter die Kulissen)
- Besuch demokratischer Institutionen: Parlamente, Stadt- und Kreistage
- (Jugend-)Gerichte (Verfolgen von Beschlussfassungen)
- Verkehrseinrichtungen: öffentlicher Nahverkehr (Verkehrsorganisation, Verkehrslenkung), Fahrradwege, Logistik
- technische Ausstellungen, Museen (als arrangierte Wirklichkeit)
- Ortstermine von lokaler Bedeutung: z. B. Stadtplanungen
- Orte von historischer Bedeutung (z. B. im Fächerverbund lokale Zeugnisse zur Wegmarke geschichtlichen Verständnisses gestalten)
- Politik und Veranstaltungen öffentlichen Interesses
- Kennenlernen von Institutionen: Altenheime, Krankenhäuser
- ...

3. Wandertage

Wenig gesagt werden muss über die wenigen Klassenstufen, bei denen das Wandern mit Grillwurst und Federballspiel im Rucksack ein fröhliches „Hurra" hervorruft. Ansonsten gilt für Wandertage vieles, was oben generell über außerunterrichtliche Unternehmungen gesagt wurde. Wandertage sind oft ein Ventil in angespannter Schulsituation und dienen auch schulorganisatorischen Zwecken (z. B. „Aktion ruhiges Schulhaus" während des mündlichen Abiturs). Umso schwerer ist es, sie sinnvoll zu füllen.

Besonders bei höheren Klassen ist es angebracht, das „Wandern" nicht zu wörtlich zu nehmen und nach kulturellen „Events" in der näheren Umgebung Ausschau zu halten. Auch der „Tag" kann z. B. beim Besuch einer Sternwarte zur „Nacht" werden. Es muss auch nicht immer hedonistischen Zielen gefrönt werden. Längst ist „Fun" und Vergnügen nicht mehr das oberste Ziel, nach dem Jugendliche streben.

Generell kann hier der Rat gegeben werden, die Feuilletons und Veranstaltungskalender der größeren Tageszeitungen rechtzeitig zu durchforsten. Es

lohnt sich auch, frühzeitig darüber nachzudenken, ob sich der Wandertag zusammen mit einem Kollegen nicht auch zu einer Exkursion umfunktionieren lässt.
Auch kann die klassische Organisationsform „klassengebundenes Wandern“ durch ein interessengebundenes Angebot aufgelockert werden.
Eine alternative Organisationsform wäre z. B. eine *Schulreise*, für die die ganze Schule eine Museumsbahn bucht. Der Zustieg und Ausstieg wird dabei an verschiedenen Haltepunkten mit unterschiedlichen Programmpunkten für verschiedene Altersstufen vorgesehen. Eine solche Aktion fördert sowohl die Identifikation mit der ganzen Schule wie auch das Kennenlernen der Schüler untereinander.
Auf die gleiche Weise könnten im Winter so *Wintersporttage* mit allen möglichen Wintersportbetätigungen – vom Skifahren über Schlittschuhlaufen bis zum Saunieren in Erlebnisbädern – organisiert werden.
Und hier noch eine etwas ferne Idee: Wie könnte eine *virtuelle Wanderung* aussehen?

4. Spiele – wichtiger Bestandteil außerschulischer Veranstaltungen

Sie sind ein zentraler Programmpunkt bei außerunterrichtlichen Veranstaltungen. Spiele können sich frei und spontan ereignen oder auch gezielt eingesetzt werden, manche brauchen einen Spielgestalter. Im „Rucksack“ sollten unterschiedliche Spiele sein: Interaktionsspiele, Improvisationsspiele, Planspiele, Gesellschaftsspiele, Geländespiele, Stadtspiele … Für die weitergehende Planung sei auf die grundlegende Spiel-Literatur verwiesen, die in den meisten Schulbibliotheken vorhanden ist und vielseitige Anregungen bietet (→ Literatur S. 195 f. und S. 47).
Als Beispiel sei hier ein knappes Planungsraster für einen Orientierungslauf/Stadtlauf mit inhaltlichen Aufgaben skizziert:

Orientierungslauf/Stadtlauf — alle Klassen

Material: Karten, Karten mit Aufgaben …

Dauer: etwa ein halber Tag

Je nach der Qualität der Aufgaben kann diese Form der spielerischen Erkundung eines fremden Ortes auf allen Stufen eingesetzt werden. Wichtig ist nur, dass die Schüler durch die Aufgaben ihre neue Umwelt aufmerksam und

intensiv wahrnehmen. Während bei jüngeren Schülern eventuell einfache Suchaufgaben im zeitlichen Wettbewerb gewählt werden, können in höheren Klassen anspruchsvollere architektonische, soziale oder ökonomische Untersuchungen und Befragungen durchgeführt werden, wobei der Wettbewerb zugunsten von Kooperation in den Hintergrund tritt.
Die Grundstruktur des Orientierungslaufs/Stadtlaufs besteht einerseits naturgemäß in der Orientierung bzw. im Erschließen des fremden Ortes, andererseits aber auch in den Aufgaben, die an Stationen, in Institutionen oder auf Plätzen zu erfüllen sind. Wenn der Orientierungslauf in der Natur stattfindet, sind natürlich andere Themen bedeutsam als in der Stadt.
Entsprechend der Ausrichtung des Laufs müssen Vorentscheidungen getroffen werden über

- die Sinnrichtung des Laufs,
- die Art der Gruppenbildung/Einstimmung,
- die Routenplanung/Routenwahl, die Orientierungsunterlagen (Karte, Kompass, Wegbeschreibungen, Notizen usw.),
- die zugelassenen Fortbewegungsarten (Verkehrsmittel, Laufarten),
- Wettspiel auf Zeit oder Spiel mit Belohnungen/Siegerehrung.

Einige Anregungen für Gestaltung der Stationen und Aufgabenwahl:

- Historische Stationen mit Aufgaben
- Einfühlung in vergangene Lebenswelten
- Sensorische Ratespiele
- Ökologische Zusammenhänge
- Sportliche Wettkämpfe
- Raten und Schätzen
- Angewandte Mathematik

Literatur

Böhm, Thomas: Aufsicht und Haftung in der Schule. Neuwied 2002

Böttger, Gudrun/Reich, Angelika: Soziale Kompetenz und Kreativität fördern. Spiele und Übungen für die Sekundarstufe I. Berlin 1998

Bundesministerium für Familie, Senioren, Frauen und Jugend: Zehnter Kinder- und Jugendbericht. Bonn 1998

Bundesverband der Unfallversicherungsträger der öffentlichen Hand e. V. (BAGUV) (Hrsg.): Mit der Schulklasse unterwegs. Sicherheitsratschläge für Unterrichtsgänge, Exkursionen, Wanderungen, Klassenfahrten und Heimaufenthalte. (Die Broschüre ist zu beziehen über den in den Bundesländern jeweils zuständigen Versicherungsträger.)

Deutsches Jugendherbergswerk (DJH) (Hrsg.): Klassen Mobil. (Jährlich erscheinende Broschüren mit Reiseangeboten, anzufordern beim DJH.)

Dörner, Dietrich: Die Logik des Misslingens. Strategisches Denken in komplexen Situationen. Reinbek 2005

Fend, Helmut: Der Umgang mit Schule in der Adoleszenz. Aufbau und Verlust von Lernmotivation, Selbstachtung und Empathie. Bern u. a. 1997

Friedrich Verlag (Hrsg.): Spielzeit. Spielräume in der Schulwirklichkeit. Jahresheft 8. Seelze 1995 (Hier finden sich weitere Literaturangaben zum Thema Spiel.)

Goleman, Daniel: Emotionale Intelligenz. München, Wien 1996

Gordon, Thomas: Lehrer-Schüler-Konferenz. Reinbek 1981

Gudjons, Herbert: Klassenfahrten. In: Pädagogischer Zeitschriftenverlag-Ratgeber 1998

Haffke, Jürgen (Hrsg.): Klasse in Fahrt. DJH-Tipps für Schulfahrten. Detmold 1997

Landeszentrale für politische Bildung Baden-Württemberg (Hrsg.): „Elevia, … Man denkt fast an Utopia!“ Schule als Staat – Handlungsorientiert Demokratie lernen? Ein Unterrichtsprojekt am Elly-Heuss-Knapp-Gymnasium. Heilbronn/Stuttgart 2001 (www.lpb.bwue.de – Suchbegriff: Elevia)

Pröbstl, Ulrike: Natur erleben – Natur bewahren. Pädagogische Fachbroschüre zur Gestaltung schulischer Skiwochen in den Alpen. Weilheim 1991

Sliwka, Anne: Service Learning: Verantwortung lernen in Schule und Gemeinde. Schriftenreihe des BLK-Programms. Berlin 2004

Vopel, Klaus: Interaktionsspiele für Jugendliche. (6 Bde.) Hamburg 1981

Themenheft: Anders lernen. Pädagogik 7-8/1998

Internethinweise

www.bildungsserver.de – Stichworte: Schule – Schüleraustausch/Schulfahrten – Schulwanderungen und Schulfahrten (nichtkommerzielle Informationen)

www.jugendherberge.de (Ferienreisen, Camps, Klassenfahrten)

www.jugendfahrten.de (Beispiele)

Ulrich Abele

10 Mit Eltern arbeiten – Eltern arbeiten mit

Als Klassenlehrer sind wir Hauptansprechpartner für die Eltern unserer Schüler. Das Ziel jeder Elternarbeit sollte sein, die Zusammenarbeit so zu strukturieren und zu optimieren, dass dabei Vertrauen und Respekt entstehen und sowohl Eltern als auch Lehrer von dieser Zusammenarbeit profitieren. Wie kann ein Lehrer die Eltern zur Mitarbeit bewegen? Was ist bei der Durchführung eines Elternabends zu berücksichtigen? Wie kommt eine vernünftige und vertrauensvolle Zusammenarbeit zustande? Worauf ist bei der Vorbereitung des Elternsprechtags zu achten? Was ist bei schwierigen Elterngesprächen zu beachten? Welche formalen Grundlagen sind hierbei zu berücksichtigen? Auf diese Fragen soll im Folgenden eingegangen werden.

A Gestaltung eines Klassenelternabends

1. Planung

Zur Vorbereitung eines Klassenelternabends kann der folgende Fragenkatalog bearbeitet werden. Nicht alle Punkte sind für jeden Anlass wichtig; Sie können sicher einiges weglassen oder kurz fassen. Es empfiehlt sich, die Planungsschritte und -inhalte in Stichpunkten zu notieren. Dies mag zunächst sehr aufwändig erscheinen. Wenn Sie die Planung in dieser Form jedoch öfter durchgeführt haben, reduziert sich der Zeitbedarf erheblich. In jedem Falle sind Sie dann aber auch schwierigeren Situationen gewachsen.

1. Wann soll der Elternabend stattfinden, wie lange soll er dauern?

- Zeitumfang: Empfehlenswert ist eine Dauer von anderthalb bis höchstens zwei Stunden.
- Zeitstruktur: Mindestens 50 Prozent der Zeit sollten für Gespräche eingeplant werden, die restliche Zeit für Informationen, die Wahlen von Klassenelternsprechern usw.
- Zeitplanung: Nach dem Sammeln der Teilnehmerwünsche (s. u.) sollten Sie die Zeitplanung gemeinsam vornehmen (Tagesordnungspunkte) und sich des Einverständnisses der Teilnehmer versichern.

Wenn die Zeit knapp wird, können Sie bei tatsächlichem Gesprächsbedarf eine neue Zeitbegrenzung vereinbaren. Meist wird den Anwesenden die fortgeschrittene Stunde in diesem Moment bewusst und alle fassen sich deutlich kürzer.
Bedenken Sie, dass die Eltern am Abend wie Sie müde sind. Lassen Sie sie deshalb möglichst nicht länger als zehn Minuten passiv zuhören. Größere Informationsmengen (auch Infos der Schulleitung und des Elternbeirats) sollten schriftlich vorbereitet werden (s. u.).

2. In welchem Umfeld findet der Abend statt? Wie kann sich dies auswirken?
In der Regel finden Elternabende im Klassenraum statt. Manchmal gibt es Alternativen (Musiksaal, Versammlungsraum usw.). Suchen Sie sich den heimeligsten Raum in der Schule, den Sie bekommen können.
Folgende Vorbereitungen empfehlen sich:

- Aufstellen eines Stuhlkreises oder Hufeisens, sodass sich alle Teilnehmer beim Sprechen anschauen können.
- Auch Dekorationen der Schüler können zu einer freundlichen Gestaltung des Raumes beitragen und zudem erste Gesprächsanlässe bieten.
- Wenn sich die Eltern noch nicht kennen: Pappkärtchen und Filzstifte für Namensschilder bereitlegen.
- Evtl. Getränke bereitstellen (Tee, Wasser, Saft ...), vielleicht auch ein Körbchen für einen freiwilligen Obolus zur Kostendeckung.

3. Welche Informationen über meine Wahrnehmungen in der Klasse und andere Sachverhalte will ich an die Eltern weitergeben?

Diese Informationen können z. B. folgende Punkte betreffen:

- Bereitschaft zur Mitarbeit
- Wissensstand
- soziale Kontakte und Umgang miteinander, Gruppenbildungen
- Geschlechterverhältnis
- Pünktlichkeit, Ordnung im Klassenzimmer, Vergesslichkeit
- Anfertigung der Hausaufgaben
- Vorhaben und Termine (Wandertage, Klassenfahrten, Anschaffungen ...)

4. Welche Informationen möchte ich von den Eltern bekommen?

Dies können sein:

- evtl. beobachtete häusliche Symptome von Stress und Ängstlichkeit
- Auskünfte, wie sich die Schüler in der Schule und in der Klasse fühlen
- Elternverhalten bei Hausaufgaben
- Medienkonsum, Spielverhalten, Freizeitgewohnheiten

5. Wie kann eine effektive Informationsweitergabe stattfinden?

Hilfsmittel können hier sein:

- Tischvorlage
- wichtige Termine und Informationen
- wichtige schriftliche Informationen
- evtl. Vortragsfolien, z. B. über Schullaufbahn oder Schullandheim (PowerPoint usw.) als Kopie zum Mitnehmen

Es empfiehlt sich, den Aufwand in Grenzen zu halten und wirklich nur das Nötige weiterzugeben.

6. Was ist mir bei meinen Mitteilungen besonders wichtig, was bei den Mitteilungen der Eltern?

Dies können sein:

- eigene Wünsche und Bedürfnisse, die mit den Informationen zusammenhängen
- Weisungen, die Sie als Lehrer erfüllen
- persönliches Interesse am Leben der Schüler

7. Wie stehe ich zu den Schülern dieser Klasse?

Imagination zur häuslichen Vorbereitung des Elternabends:

- Vorstellen eines Schülers, zu dem ich eine sehr positive Einstellung habe
- Vorstellen eines Schülers, zu dem ich eine neutrale Einstellung habe
- Vorstellen eines Schülers, zu dem ich eine negative Einstellung habe

8. Wie stehe ich zu den Eltern dieser Klasse?

Je besser Sie die Eltern schon kennen, desto konkreter können Ihre Vorstellungen sein. Aber auch bei noch Unbekannten sind einige Imaginationen möglich, z. B.: Wie stelle ich mir die Eltern von … vor?

9. Wie stehen die Eltern zueinander?

Gibt es möglicherweise auftretende Meinungsunterschiede, Koalitionen oder Bündnisse bei Entscheidungsproblemen?

Welche Eltern wohnen räumlich nahe zusammen, welche Kinder waren z. B. zusammen im Kindergarten, in der Grundschule?

10. Wie könnten die Eltern zu meinen Mitteilungen stehen?

Gibt es vielleicht Mitteilungen, die unterschiedliche Reaktionen auslösen könnten? Um hierauf eingestellt zu sein, können Sie sich

- eine positive, eine neutrale und eine negative Meinung vorstellen,
- vorab überlegen: Wie kann ich auf negative Äußerungen akzeptierend reagieren und trotzdem klar Position beziehen?

Dazu ein Beispiel: Eine Klasse hatte sich eine Abschlussfahrt nach Hamburg gewünscht. Ein Vater, der arbeitslos war, hatte bereits seinen Widerstand angekündigt. Auch für mindestens drei weitere Familien – so ließ sich annehmen – wären die Kosten für diese Fahrt ein Problem. Es musste daher vorab überlegt werden, wie eine Lösung diskutiert werden konnte, die auch diesen Eltern gerecht würde.

11. Was könnte die Eltern besonders interessieren?

Dies lässt sich z. B. in Erfahrung bringen

- durch einen zuvor verteilten Fragebogen, der als Grundlage des Elternabends ausgewertet wird
- durch Sammeln der Erwartungen und Wünsche zu Beginn (Tafel oder Flipchart)

12. Strukturen bilden:

- wichtig: gemeinsame Zeitplanung (Tafel)
- weniger Wichtiges zuerst erledigen
- gemeinsame Einigung, wie viel Zeit für die restlichen Punkte jeweils nötig ist
- Schwerpunkte setzen

13. Wie kann ich meine Ziele konkretisieren und strukturieren?

Vorüberlegungen:

- geplante Ziele des Elternabends
- Ist ein Vortrag notwendig? Welche Informationen sollen in den Vortrag, welche in eine Tischvorlage bzw. in die Diskussion?
- Formulieren eines Themas für den Elternabend (Beispiele → S. 203 f.)
- Strukturplanung (Folie oder Flipchart)
- ggf. gegenseitiges Kennenlernen einplanen
- Zeit einplanen für das Gespräch der Eltern untereinander

14. Mit welchen Störungen und Schwierigkeiten ist evtl. zu rechnen?

- Welche möglichen Kontroversen und Probleme zeichnen sich evtl. schon ab?
- Welche Möglichkeiten gibt es, widersprüchliche Ansichten zu verbinden?
- Wo sind meine Grenzen der Akzeptanz? Wann und wie muss ich mich klar abgrenzen?

Wer Störungen gedanklich in die Planung einbezieht, kann sich im Vorfeld Lösungsstrategien überlegen und behält im Krisenfall den klaren Kopf.

2. Durchführung

Der mögliche Verlauf eines Elternabends soll am Beispiel eines Klassenelternabends der 5. Klasse einer weiterführenden Schule (Anfang Oktober) dargestellt werden. Das Thema dieses Abends lautet: *Erfahrungsaustausch zum Schulwechsel unserer Kinder.* Die Vorüberlegungen zu diesem Thema: Welche Gefühle begleiten die Eltern nach den ersten Wochen? Was gibt ihnen Sicherheit, Vertrauen und Gelassenheit? Dieser erste Elternabend soll die Basis der Zusammenarbeit zwischen Eltern und Schule werden.
Geplante Dauer: ca. 90 Minuten; ein Zeitpuffer wird eingeplant.

1. **Begrüßung und Miteinander-Bekanntmachen** (ca. 10 Minuten)
- Die Eltern nehmen im Stuhlkreis oder Hufeisen Platz.
- Namensschilder können von den Eltern mit Filzstift beschriftet und vor den Füßen aufgestellt werden.
- Das Thema des Abends steht groß an der Tafel.

2. **Äußerungen zu den Fragen: Was bringe ich mit an ersten Erfahrungen mit meinem Kind in der neuen Schule? Welche Themen möchte ich heute hier behandeln?** (ca. 15 Minuten)
- Äußerungen werden gesammelt (Tafel), in dieser Phase noch ohne Aussprache oder Diskussion.
- Jeder soll gehört werden und sich mit seinem Anliegen respektiert fühlen.

3. **Strukturierungsvorschlag: Trennung der Themen nach Informationsbedarf und Diskussionsbedarf** (ca. 5 Minuten)
- Abschätzen des ungefähren Zeitbedarfs pro Thema. Hinweis auf die zeitliche Begrenzung des Abends.
- Lösungen für Themen finden, die an diesem Abend nicht behandelt werden können (Themenspeicher anlegen).

4. **Informations- und Diskussionsteil** (zusammen ca. 50 Minuten)
- Ansagen: Informationsteil soll möglichst kurz gehalten werden (ca. 10 Minuten), umso mehr Zeit bleibt zum eigentlichen Gespräch miteinander (und umso eher kommen alle Beteiligten nach Hause).
- Durchstreichen aller erledigten Tagesordnungspunkte. So behalten alle den Überblick.

5. Schluss-Feedback (ca. 10 Minuten)

Hier zwei Vorschläge für abschließendes Feedback:

- Blitzlicht: Diese kurze Feedback-Runde kann etwa mit folgenden Worten eingeleitet werden: „Ich würde mir eine kleine Abschlussäußerung von jedem von Ihnen wünschen. Wie geht es Ihnen jetzt mit unseren Ergebnissen und dem heutigen Abend? Ein Wort, höchstens ein Satz genügt.“ Weiterreichen eines Gegenstandes (Holzkugel, Ball, Filzstift) von Hand zu Hand. Wer den Gegenstand hat, kann „blitzen“, wenn er ihn weitergibt, ist er fertig.
- Bei Zeitknappheit ein vorbereitetes Feedback-Plakat einsetzen: Die Eltern kennzeichnen mit Klebepunkten ihre Einschätzung des Abends. Dazu wird in der Nähe des Ausgangs ein Plakat aufgehängt, z. B. mit der Aufschrift:
  - Die wichtigen Themen sind behandelt worden: ausführlich – angemessen – nur teilweise – unzulänglich
  - Die Atmosphäre war gut – angemessen – noch etwas zu distanziert – nicht zufriedenstellend

  (Der Klassenlehrer hält sich beim Ankleben der Punkte diskret abseits.)

6. Nacharbeit

- Terminabsprache am selben Abend: kurzes telefonisches Nachgespräch nach zwei bis drei Tagen mit den Klassenelternsprechern oder sonstigen Verbindungspersonen.
- Gegebenenfalls Nachgespräch mit Kollegen und Schulleitung, Weitergabe wichtiger Informationen.

3. Themen formulieren

Ein gut formuliertes Thema ist der Schlüssel zur inhaltlichen Arbeit. Dabei sollte sich das Thema möglichst umfassend auf das beziehen, wozu die Gruppe zusammenkommt oder was ihr bei ihrem Arbeitsprozess weiterhilft (vgl. Langmaack/Braune-Krickau 1989, S. 88 f.). Damit ein Thema wirken kann, bedarf es der Einführung durch den Gesprächsleiter, der es transparent macht und in Beziehung setzt zum Anliegen des Abends.

Das Thema sollte

- ans persönliche Erleben anknüpfen,
- möglichst den persönlichen Bezug herstellen,

- etwas Bekanntes und etwas Neues, Herausforderndes enthalten,
- offen sein und nicht das Resultat vorwegnehmen,
- die Neugier wecken,
- zum Experimentieren anregen, zum Probehandeln und Probedenken,
- sprachlich einfach und damit rasch verständlich sein,
- Interaktion hervorrufen,
- positiv formuliert sein,
- gut zu merken sein.

Das Thema

- belebt, wenn es mehr Verben als Substantive enthält,
- bestimmt durch die Wortwahl, wie tief auf die Problematik eingegangen werden soll,
- ruft Fantasien und Abwehr hervor, wenn es zu schwergewichtig formuliert wird.

(nach LANGMAACK/BRAUNE-KRICKAU 1989; COHN/FARAU 1984; KROEGER 1983)

Hier einige Beispiele für mögliche Themen von Elternabenden:

- Unsere Kinder fangen neu in der weiterführenden Schule an. Wie können sich Eltern und Schule gegenseitig unterstützen?
- Wie helfen wir unseren Kindern, leichter zu lernen?
- Die Zusammenarbeit zwischen Elternhaus und Schule: Wo ergeben sich Berührungspunkte?
- Die „verflixte 7. Klasse“ – wie können wir unseren Kindern helfen, sie gut zu meistern?

4. Kennenlernspiele für themengerichtete Elternabende

Vorsicht! Kennenlernspiele „müssen passen“, sie sollten keine Irritationen auslösen. Muten Sie den Eltern also gerade am Anfang nicht zu viel zu. Auch krisenhafte Zusammenkünfte sind nicht gut für lockere Spiele geeignet.
Am besten eignen sich Kennenlernspiele für themengerichtete „kleinere“ Elternabende. Auch als Einstiegshilfe für freiwillige Arbeitsgruppen sind sie sinnvoll.
Eingeführt werden kann ein Kennenlernspiel etwa mit den Worten: „Ich finde es sehr wichtig, dass wir uns möglichst rasch kennenlernen. Leider habe ich aber ein schlechtes Namensgedächtnis und kann mir Namen erst mer-

ken, wenn ich damit Gesichter und Stimmen verbinde. Darum schlage ich Ihnen eine kleine Kennenlernrunde vor."
Im Folgenden werden drei Kennenlernspiele vorgestellt, die sich für themengerichtete Elternabende eignen.

Spinnennetz

Zeitbedarf: je nach Gruppengröße bis zu ca. 30 Minuten
Jeder Teilnehmer stellt sich mit drei Aussagen vor:

- mein Name
- der Name meines Kindes
- etwas, was mir mein Kind über die neue Schule erzählt hat, und/oder eine andere persönliche Aussage

Der Gesprächsleiter wirft ein großes Woll- oder Schnurknäuel zum ersten Teilnehmer und hält dabei das Fadenende fest. Jeder wirft das Knäuel nun einem anderen Teilnehmer zu und hält den Faden ebenfalls fest, wodurch ein Netz entsteht. Nach dem ersten Durchgang wird das Knäuel zurückgeworfen und der Faden wieder aufgerollt. Hierbei können die Namen wiederholt werden.
Alternative: Der Faden kann auch durch einen Ball ersetzt werden. Das Spiel geht dann schneller, erfordert aber etwas mehr Konzentration.

Partnerinterview

Zeitbedarf: bei kleineren Gruppen ca. 15–20 Minuten
Zwei Teilnehmer, die einander möglichst noch nicht kennen, befragen sich jeweils 5 Minuten zu beliebigen Punkten (Name, Wohnort, Kinder, Hobbys). Danach stellt jeder in der Gruppe den Partner kurz vor.
Anmerkung: Dieses Spiel erfordert bereits etwas mehr Offenheit und Selbstsicherheit als das „Spinnennetz".

Assoziationen

Vorbemerkung: Hier handelt es sich um ein Kennenlernspiel, das sich vor allem für kreative und/oder pädagogisch-psychologische Themen eignet.
Zeitbedarf: ca. 1 Minute pro Teilnehmer
Ein Koffer oder eine Kiste mit möglichst vielfältigen Gegenständen (z. B. Werkzeuge, Trödelkram, Spielzeuge) wird in die Mitte gestellt.
Der Gesprächsleiter führt die Kennenlernrunde z. B. folgendermaßen ein: „Es fällt mir und vielleicht auch Ihnen leichter, sich die Namen zu merken, wenn wir gleichzeitig etwas voneinander hören und uns ein Bild machen

können. Ich habe daher dieses Sammelsurium mitgebracht und bitte Sie, sich einen Gegenstand auszusuchen, der etwas damit zu tun hat, wie Sie sich momentan als Eltern an unserer Schule fühlen."
Die Eltern können sich dann vorstellen und etwas von sich erzählen, sei es nun humorvoll oder tiefergehend.
Alternative: Postkarten, Fotos u. Ä. statt des Trödelkrams

B Informieren und beraten

1. Elternsprechtag: Kurzgespräche vorbereiten und führen

Klassen-Infobuch – eine wertvolle Strukturierungshilfe

Zur Vorbereitung von Elterngesprächen aller Art erweist sich das Anlegen eines Klassen-Infobuches als hilfreich, in das Beobachtungen zu einzelnen Schülern eingetragen werden. Für jeden Schüler der Klasse ist darin eine bestimmte Anzahl von Seiten vorgesehen. Mit der Zeit ergeben sich Kürzel für immer wiederkehrende Begriffe. Es empfiehlt sich, die Angaben in zwei Rubriken zu unterteilen: wahrnehmbares Verhalten und subjektive Bewertung. So lassen sich Äußerungen gegenüber den Eltern vermeiden wie: „Markus muss sich unbedingt die Grammatikregeln genauer einprägen!"
Dazu ein Beispiel aus der Infobuch-Seite für Markus: Mehrfach tauchen gleichlautende Einträge auf wie: „M meldet sich, liest HA vor. – M hat HA nur teilweise richtig, hat die Regeln noch nicht verstanden."
Die Information für die Eltern kann jetzt z. B. lauten: „Ich habe beobachtet, dass sich Markus häufig meldet, um die Hausaufgaben vorzulesen (wertfreie Beschreibung). Das hat mich sehr gefreut. Mir ist dabei aufgefallen, dass er die Grammatikregeln noch nicht sicher beherrscht (wertfreie Beobachtung). Hier sollten wir überlegen, was Sie und ich tun können (Vorschlag fürs Gesprächsthema)."

Tipps für die Vorbereitung des Elternsprechtags

- Informieren Sie die Eltern darüber, dass der Elternsprechtag in erster Linie für einen allgemeinen Austausch da ist, nicht aber für diffizile Probleme, die längere Zeit erfordern. In solchen Fällen sollte ein Gesprächstermin vereinbart werden.

- Geben Sie vorher in der Klasse einen Rückmeldebogen aus, aus dem hervorgehen soll, wie viele Eltern kommen.
- Hängen Sie eine Besucherliste mit Zeitleiste an die Tür, in die sich Ihre Gesprächspartner der Reihe nach eintragen. Wenn Sie sich an die vereinbarten Gesprächszeiten halten, brauchen die Eltern nicht die ganze Zeit vor der Türe zu warten, sondern können zur vereinbarten Zeit wiederkommen.
- Bitten Sie auf einem Zettel an der Tür, dass Sie von den nächsten Eltern durch Klopfen „erinnert“ werden, falls Sie (bzw. Ihre Gesprächspartner) die Gesprächszeit überziehen.
- Sorgen Sie im Besprechungsraum für Sitzgelegenheiten. Beachten Sie dabei den natürlichen Sicherheitsabstand von etwas mehr als einer Armeslänge und setzen Sie sich am besten in einem leicht abweichenden Winkel entspannt den Eltern gegenüber.
- Legen Sie sich Ihre Unterlagen zurecht, bauen Sie aber keine „Mauer“ vor sich auf! Zu diesen Unterlagen können gehören: Zensuren, Abwesenheitsliste (Krankmeldungen), Klassenbuch, Ergebnislisten der Klassenarbeiten (evtl. auch diese selbst), Schulbücher, Klassen-Infobuch, Titellisten von Selbstlernhilfen und Lernprogrammen, Adressen von Nachhilfelehrern, Terminkalender und kleine Merkzettel (falls Gesprächstermine vereinbart werden), Schulordnung und ggf. weitere Rechtsvorschriften (z. B. für Klassenfahrten, Skikurse).

Tipps für die Gesprächsführung bei Kurzgesprächen

- Achten Sie auf die ersten Sekunden! Freundlichkeit, direkter Blickkontakt, vielleicht ein klein wenig Smalltalk helfen, erste Unsicherheiten zu überwinden.
- Meist wollen die Eltern wissen, wie sich ihr Kind in der Schule verhält und welchen Leistungsstand es hat. Statt eines einseitigen Lehrer-Statements ist es oft günstiger, mit einem Türöffner zu beginnen und zunächst die Eltern sprechen zu lassen. Dann können Sie eigene Beobachtungen und Bewertungen ergänzen oder entgegensetzen. Ein solcher Einstieg kann z. B. sein: „Herr X/Frau X, guten Tag. Schön, dass Sie gekommen sind! Welchen Eindruck haben Sie denn im Moment, wie es Petra mit der Schule geht?“
- Versuchen Sie, sachlich, klar und fair zu informieren. Dazu gehört zunächst die möglichst neutrale Beschreibung von schulischem Verhalten und Leistungsmotivation („Petra hat seit Ostern insgesamt dreimal die

schriftliche Hausaufgabe nicht gemacht"). Als Nächstes können die möglichen Folgen für den Schüler bzw. Eltern oder Lehrer benannt werden („Weil Heinz noch keinen Übungsaufsatz abgegeben hat, kann ich ihm – und Ihnen – gar nicht sagen, ob er fit für die Klassenarbeit ist"). Mögliche Folgen können sich auch in einer Befürchtung äußern („Wenn Beate die Vokabeln nicht gründlicher lernt, befürchte ich, dass sie bei der Klassenarbeit viele Fehler machen wird").

- Beenden Sie das Gespräch rechtzeitig, damit Sie, falls nötig, noch einen Termin vereinbaren können.

2. Beratende Elterngespräche

Kontaktaufnahme und Gesprächsgestaltung

Auch wenn Beratungslehrer und Schulpsychologen als kompetente Profis zur Verfügung stehen, sind wir Klassenlehrer die ersten Ansprechpartner bei Problemen von Schülern und Eltern.

Hier einige Tipps für die *Kontaktaufnahme*:

- Wenn Sie um das Elterngespräch gebeten haben, sollten Sie klar und sachlich den Grund nennen, ohne den Eltern unnötige Angst zu machen, aber auch ohne etwas zu verharmlosen.
- Wenn Eltern ihrerseits den Kontakt aufgenommen haben, klären Sie zunächst, wo das Problem liegt und wer davon betroffen ist.
- Beim Erstgespräch lässt sich manchmal der Umfang des Gesprächsbedarfs noch nicht absehen. Wenn sich herausstellt, dass Nichtanwesende (z. B. Kollegen, Schüler) betroffen sind, vereinbaren Sie am besten ein zweites Gespräch zusammen mit den Betroffenen. Sorgen Sie nach Möglichkeit dafür, dass alle Beteiligten an einen Tisch kommen. Meist sind auch die Väter in der Lage, sich für ein solches Gespräch freizunehmen.

Hier einige Beispiele für kommunikationsfördernde Verhaltensweisen:

1. Vor jedem Gespräch überlegen, wo es am besten stattfindet

Für ein reines Informationsgespräch kann der Klassenraum ein guter Rahmen sein, bei Konfliktgesprächen (wenn es um Klärung von Positionen geht), bei Problemgesprächen (wenn es um die Beratung bei Sorgen und Nöten geht) oder bei vertraulichen Beratungsgesprächen kann ein „intimerer" Raum besser sein.

2. Genügend Zeit einplanen und den Zeitrahmen vereinbaren

Nennen Sie bei vereinbarten Gesprächen immer den Zeitrahmen. Weisen Sie bei Sprechzeiten zwischen Unterrichtsstunden darauf hin, dass Sie die nächste Unterrichtsstunde pünktlich beginnen wollen und müssen. Planen Sie stets einen Zeitpuffer ein, oft sind die „Gespräche auf der Schwelle" bedeutsam.

3. Alle Beteiligten ernst nehmen und dies auch vermitteln

Gehen Sie davon aus, dass jeder Mensch in jeder Situation das Beste tut, was ihm gerade möglich ist. Bleiben Sie sachlich, vermeiden Sie vor allem jede Art von Ironie. Eine Atmosphäre der Sicherheit und des Vertrauens hilft Ihnen am meisten.

4. Mit allen Beteiligten möglichst unvoreingenommen reden

Wenn Sie mit Schülern oder deren Eltern bereits negative Erfahrungen gemacht haben, seien Sie nicht nachtragend. Wenn ein Beteiligter nicht einsichtig ist, reagieren Sie mit Festigkeit und Geduld. Hören Sie genau hin, was Ihr Gegenüber jetzt gerade in diesem Moment sagt, und verknüpfen Sie es nicht mit früheren Äußerungen.

5. Das Selbstwertgefühl des Gegenübers durch Signale aufmerksamen Zuhörens stabilisieren

Durch eine verbale und nonverbale Verstärkung der Äußerungen des Gegenübers lässt sich eine vertrauensvolle Atmosphäre schaffen. Gehen Sie möglichst sparsam um mit Signalen, die andeuten, dass Sie anderer Meinung sind. Achten Sie bei Ihren Gesprächspartnern auch auf die Körpersprache.

6. Dem Gegenüber gut zuhören

Versuchen Sie sich in Ihr Gegenüber hineinzudenken und einzufühlen. Lassen Sie Ihren Gesprächspartner am Anfang reden, solange er etwas Wichtiges zu sagen hat. Versuchen Sie zunächst möglichst wenig Fragen zu stellen, ersetzen Sie diese später durch ein „Feedback": Sagen Sie, was Sie vom Gegenüber zusammenfassend wahrgenommen haben, welchen Eindruck das auf Sie macht bzw. welche Gefühle es auslöst.

Beispiel: „Ich habe gerade gehört, dass Sie den ganzen Tag hart arbeiten müssen und Jonas deswegen am Nachmittag alleine ist. Dass Sie dafür viel Kraft brauchen, kann ich wirklich verstehen. Sie würden sich sicher wünschen, dass Jonas seine Hausaufgaben erledigt hat, wenn Sie nach Hause kommen, aber das scheint nicht zu klappen. Hier sehe ich ein Problem."

7. Nicht die eigene Autorität überbetonen

Egal ob Ihr Gegenüber Sie als kompetenten Gesprächspartner anerkennt oder nicht, es ändert nichts an Ihrer realen Kompetenz. Wenn Sie aber versuchen, mit Wissen, Erfahrung oder „gesundem Menschenverstand" *die Oberhand zu gewinnen*, schaltet Ihr Gegenüber wahrscheinlich auf Abwehr.
Beispiel: Mutter: „Die Englischlehrerin sollte viel mehr übersetzen lassen statt dieser Einsetzübungen." Klassenlehrer: „Sie meinen, Karin könnte durch Übersetzungsübungen leichter lernen?"

8. Auf das Wesentliche konzentriert bleiben

Wenn Ihnen zum Gesprächsinhalt Beispiele aus Ihrer eigenen Erfahrung einfallen, überlegen Sie, ob Ihre Beispiele das Gespräch eher konzentrieren oder auffächern. Das soll nicht heißen, dass es immer besser ist, nichts „aus dem eigenen Nähkästchen" zu erzählen. Meist weitet es aber das Gespräch aus, statt es zu konzentrieren. Wenn Ihr Gesprächspartner zu weit abschweift, führen Sie ihn wieder zurück zum eigentlichen Thema.
Wenn jemand zu Ihnen kommt, um sich über Kollegen zu beschweren, bleiben Sie sachlich und neutral. Versuchen Sie zu unterscheiden, was objektive Wahrnehmung und subjektives Gefühl der Beteiligten ist. Fragen Sie nach, was Sie im speziellen Fall tun können, und klären Sie, wozu Sie bereit sind und wozu nicht (Auftragsklärung).
Beispiel: Mutter: „Eva hat so eine leise Stimme und wird deshalb vom Herrn X nachgeäfft. Das grenzt schon an Mobbing." Lehrer: „Sie sagen, Eva fühle sich benachteiligt?" Mutter: „Sie traut sich schon gar nicht mehr, sich zu melden. Ihre Freundinnen sagen auch, dass sie gemobbt wird." Lehrer: „Haben Sie eine Idee, was ich für Eva tun kann?"

9. Sich verständlich ausdrücken

Eine komplizierte Ausdrucksweise trägt zum Gespräch meist nichts Positives bei.
Beispiel: Einer Mutter wird geantwortet: „Das, was Sie gerade von Manuel erzählen, nennt man in der Psychologie ‚Erlernte Hilflosigkeit', ein sehr bekanntes Phänomen!" Eine Alternative dazu könnte lauten: „Ich kann mir gut vorstellen, wie hilflos sich Manuel in dem Moment gefühlt hat, als ihm nichts mehr einfiel."

10. Nicht voreilig Stellung nehmen

Warten Sie geduldig ab, bis Sie wirklich genügend Informationen erhalten haben. Versuchen Sie durch Zusammenfassung der Informationen und ein Feedback (vgl. Punkt 6) die nötigen Informationen zu erhalten, ohne den Gesprächsfluss zu stoppen. Wenn Sie dann aber Stellung nehmen, tun Sie es klar und konsequent, damit jeder weiß, woran er ist.

11. Das Gespräch rechtzeitig beenden mit einer positiven Bemerkung

Möglichst vermieden werden sollten Missklänge am Ende der Unterredung. Wenn Differenzen nicht beigelegt werden können, so lässt sich das sachlich feststellen und respektieren.

Beispiel: „Ich finde es schade, dass wir uns heute nicht weiter annähern konnten. Trotzdem war es ein wichtiges Gespräch, und vielleicht sehen Sie es ähnlich."

12. Bedenken, dass fast jeder von eigenen Schulerfahrungen geprägt ist

Die Beiträge des Gegenübers spiegeln immer auch die subjektiven Schulerfahrungen wider. Lehrkräfte müssen sich viele, mehr oder weniger sachkundige Meinungen zum Thema Schule anhören. Lassen Sie sich dadurch nicht provozieren oder zu Sachdiskussionen verleiten.

Wann empfiehlt sich ein Hausbesuch?

Hausbesuche sind in anderen Ländern wesentlich üblicher als in Deutschland. In einigen Bundesländern und Schularten sind sie aber im Kommen. Gegen Hausbesuche spricht wohl vor allem der chronische Zeitmangel der Lehrkräfte bei großen Klassen. Einige Gründe können aber auch für den Hausbesuch sprechen.

1. Äußere Bedingungen, unter denen ein Hausbesuch sinnvoll erscheint:

- Eltern können nicht gemeinsam zu einem dringenden Gespräch in die Schule kommen (z. B. häufig bei Landwirten und Selbstständigen).
- Hausbesuche sind an der Schule üblich.

2. Motive, bei denen der Hausbesuch sinnvoll erscheint:

- Längere Erkrankung des Kindes
- Entscheidungen, die die ganze Familie betreffen. Beispiel: Ein türkisches Mädchen könnte eine weiterführende Schule besuchen, die Eltern sind dagegen, die älteren Geschwister dafür.

- Entscheidungen, bei denen das häusliche Umfeld mit einbezogen wird, z. B. beim Schüleraustausch, wenn Lehrer ausländische Schüler über ihre künftigen Gastfamilien informieren müssen.
- Wenn der Verdacht besteht, dass das häusliche Umfeld die Schulleistungen beeinträchtigt.

Gespräche mit Migranten

Zuwandererfamilien kommen aus einer Vielzahl von Ländern und Kulturen, daher können hier die Tipps zur Gesprächsgestaltung nur allgemein sein. Wer Grundlagentexte sucht, findet sie z. B. beim Schweizer Projekt „Qualität in multikulturellen Schulen (QUIMS)" (→ Internethinweis im Anhang).
Hier einige praktische Tipps für interkulturelle Elterngespräche:

- Gespräche haben immer dann eine große Chance, gut zu verlaufen, wenn wir den Gesprächspartnern mit Achtung, Respekt und Verständnis begegnen.
- In jedem Falle, vor allem aber wenn Schulprobleme zu befürchten sind, sollten erste Gespräche frühzeitig stattfinden, um ein unbelastetes und unvoreingenommenes Kennenlernen zu ermöglichen. Es empfiehlt sich, sehr bewusst auch auf Eltern zuzugehen, die sich nicht von sich aus zu Gesprächen einfinden. Minderheitenstatus und Sprachbarrieren bilden Hemmschwellen, sich der Schule zu nähern.
- Vorrangiges Ziel sollte sein, die Situation des betreffenden Schülers gut zu verstehen. Dazu ist es vorteilhaft, zunächst nur zuzuhören und sich mit eigenen Kommentierungen möglichst zurückzuhalten. Dies hilft beim Aufbau von Vertrauen und Offenheit.
- Die Loyalität der Kinder gegenüber der Familie ist in der Regel sehr hoch. Vielen Jugendlichen zwischen zwei Kulturen bietet die Familie in besonderer Weise Schutz und Identität. Ablösungsversuche gestalten sich für sie oft schwieriger, und häufig schrecken sie vor den Konsequenzen im letzten Moment wieder zurück. Versuchen Sie dies zu akzeptieren, auch wenn es Ihnen manchmal unlogisch und wenig nützlich erscheint.
- Beratungsgespräche bei Schulproblemen sollten gut geplant sein. Viele Migranten haben in ihren Herkunftsländern und hierzulande gelernt, sich nach außen abzuschotten. Nicht alle erleben die Menschen in ihrer neuen Heimat freundlich und bejahend. Oft scheinen Eltern ihre Kinder gegenüber Vorwürfen zu verteidigen, um „das Gesicht zu wahren", ziehen aber innerhalb der Familie Konsequenzen. Versuchen Sie zu erfahren, ob und wie diese elterlichen Konsequenzen aussehen.

- Falls Sie Widerständen in der Elternberatung begegnen, versuchen Sie zunächst, diese vor dem Gesamthintergrund des sozialen Umfeldes zu sehen: Probleme mit den Kindern sind oft nur ein Faktor in einem ganzen Familien- und Sozialsystem. Lassen Sie sich Zeit, zunächst etwas von diesem System zu erfahren, bevor Sie Ihr Gegenüber konfrontieren.
- Die sensibelste Situation besteht dann, wenn augenscheinlich die Grund- und Menschenrechte innerhalb der Familie verletzt werden. Dies ist auch in Migrantenfamilien – einem tiefsitzenden Vorurteil zum Trotz – die seltene Ausnahme. Die oberste Prämisse sollte sein, für das Wohl der Kinder und Jugendlichen zu sorgen, soweit diese – nach eingehender Prüfung – wirklich gefährdet sind. In diesem Falle sollten Sie aber auch klar Position beziehen und gegebenenfalls mit Schulpsychologen und Jugendamt Kontakt aufnehmen.

C Eltern arbeiten in der Schule mit

Die Schulgesetze sehen die elterliche Mitarbeit ausdrücklich vor. In der Regel sind mehr Eltern bereit, aktiv am Schulleben mitzuarbeiten, als man gemeinhin glaubt. In vielen Fällen können Eltern bei der Durchführung oder Verbesserung der Rahmenbedingungen des Unterrichts helfen. Gemeinsame Projekte von Eltern, Lehrern und Schülern lassen sich in allen Jahrgangsstufen und Fächern durchführen. In allen Fällen sind auch das Kennenlernen und der Aufbau von Vertrauen wesentliche Ziele. Denn Eltern, Lehrer und Schüler erfahren bei der Zusammenarbeit eine Menge voneinander, und viele Irritationen oder Ressentiments können so vermieden werden.

1. Erprobte Projektideen für Eltern, Schüler und Lehrer

Projekte innerhalb der Schule

- Klassenraumgestaltung
- Lehrer-Schüler-Eltern-Café in der Mittagspause
- Eltern berichten im Rahmen der Berufsorientierung über eigene Berufserfahrungen

- Fachvorträge von Eltern
- Schulgarten, Schulbiotop
- Mittagsbetreuung
- Projekttag: z. B. Erstellen eines Kochbuchs „Partyküche“ mit häuslicher Vorbereitung in Kleingruppen und Fertigstellung in der Schule, Verkaufserlöse dienen zur Finanzierung von Schulprojekten
- Herstellung von Freiarbeitsmaterial

Projekte außerhalb der Schule

- Eltern vermitteln Betriebsbesuche
- Betreuung bei Besuchen von Betrieben, Institutionen usw.
- Familienwanderung am Samstag
- Grillparty mit den Eltern am Ende des Klassenausflugs
- Spieleabend für Schüler und Eltern (neue Gesellschaftsspiele, Computerspiele)
- Eltern führen durch ein Museum
- Elternstammtisch
- Leserunde für Lehrer und Eltern: gemeinsames Lesen und Diskutieren pädagogischer und anderer Literatur
- offene Unterrichtsplanung mit Eltern

(s. hierzu auch das Kapitel „Klassenfahrten und außerschulische Unternehmungen“)

2. Beispielprojekt: Wie wirken sich die Bildungsstandards auf das Lernen in unserer Klasse aus?

Vorüberlegungen: Die Kultusministerkonferenz der Länder hat seit 2003 sukzessive bundeseinheitliche Bildungsstandards für allgemeinbildende Schulen beschlossen. Egal wie Sie als Lehrkraft zu diesen Reformen stehen – mit folgenden Fragen zu den neuen Bildungsstandards müssen Sie in der Elternberatung u. a. rechnen:

- Werden die Bildungsstandards eine höher gelegte Messlatte für mein Kind darstellen?
- Bedeutet die Erfüllung einheitlicher Bildungsstandards, dass alle Lehrkräfte in Deutschland nach dem gleichen Lehrplan unterrichten?
- Verringert sich der pädagogische Ermessensspielraum für die Lehrer, die mein Kind persönlich gut kennen?

- Werden künftig alle über einen Kamm geschoren?
- Schüler werden immer wieder von Schulreformern in Anlehnung an die Wirtschaft als „Kunden" bezeichnet. Heißt das, dass die Schule keinen Erziehungsauftrag mehr wahrnimmt und nur noch am beruflich geeigneten „Output" interessiert ist?
- Gibt es nur noch einen Einheitsunterricht?
- Werden Besserverdienende nicht auch andere Wege nutzen, um die Bildungsstandards für ihre Kinder zu sichern? Wird die allgemeine Schule zu einer Unterschichtsschule werden?
- Welche Rechte und Pflichten sind in diesem Modell für die Eltern vorgesehen?

Tipp: Informieren Sie sich rechtzeitig und umfassend, z. B. anhand der Informationen der Kultusministerien und Schulämter. Informationen bieten auch der „Deutsche Bildungsserver" (s. Internethinweise), die Kultusministerkonferenz und das „Deutsche Institut für Internationale Pädagogische Forschung".
Bei einem Lehrer-Eltern-Projekt zum Thema Bildungsstandards sollten möglichst alle Lehrkräfte anwesend sein, die in der Klasse unterrichten.
Die Eltern können Mitverantwortung übernehmen, indem sie

- sich informieren und Stellung nehmen,
- gemeinsam mit Schulleitung und Lehrern die Rahmenkonzepte mit Praxisbeispielen füllen, die den Ressourcen ihrer Kinder entsprechen,
- gemeinsam mit den Lehrkräften einen Rahmen für Maßnahmen zum Üben und Vertiefen (auch Hausaufgaben) erarbeiten,
- Möglichkeiten der Differenzierung (Erweiterung für gute, Hilfen für schwächere Schüler) diskutieren und auswählen.

Zeitbedarf: ca. 90–120 Minuten

Ablauf:

1. Eingangsreferat über die neuen Bildungsstandards
2. Sammeln von Fragen, die die Eltern bewegen (erst in Kleingruppen, dann im Plenum)
3. Klären der offenen Fragen, Bearbeiten verschiedener Aspekte in (Eltern-Lehrer-)Kleingruppen.
4. Besprechung der Ergebnisse
5. Konkrete Umsetzung

Material für die Kleingruppenarbeit: Flipchart für die Sammlung der Fragen sowie für die Ergebnisse; Arbeitsblätter zu folgenden Punkten:

- Angaben zur Anzahl der zur Verfügung stehenden Unterrichtsstunden (abzüglich 20 % für unerwartete Ausfälle und pädagogischen Spielraum), am besten als Kalendarium
- Bildungsstandards in Kopie
- geplante Stundenverteilung (Strukturgitter zum Ausfüllen)

D Juristische und formale Grundlagen zur Elternarbeit

Die Gesetze und Schulordnungen der Bundesländer sind sehr verschieden. In der Regel sehen sie eine institutionalisierte Mitsprache von Eltern in schulischen Gremien vor, außerdem das Abhalten von Elternsprechstunden, Elternsprechtagen sowie Elternversammlungen durch die Schule. Außerdem sollte jede Lehrkraft in Sonderfällen auch außerhalb von Sprechstunden zu vereinbarten Terminen den Eltern zu einer Aussprache zur Verfügung stehen.

1. Elternsprechstunden

Verhaltenstipps für heikle Elterngespräche

Das Verhältnis zwischen Eltern und Schule ist nicht immer unproblematisch. Obwohl kaum rechtliche Vorschriften bestehen, ist es ratsam, sich bei wichtigen Vorgängen genau vorzubereiten bzw. abzusichern. Der größte Teil unserer Lehrer-Eltern-Interaktionen wird wohl ohne Konflikte ablaufen. Um aber eventuellen Widersprüchen oder Beschwerden vorzubeugen, ist es empfehlenswert, besonders schwierige Gespräche zu dokumentieren, z. B. durch ein Stichwortprotokoll, ein Gedächtnisprotokoll oder das Hinzuziehen von Zeugen bei juristisch relevanten Vorgängen (Kollegen, Schulleiter).
Bei der Beantwortung von Elternfragen ist grundsätzlich zu beachten:

- Über den *Leistungsstand* müssen die Eltern klar und eindeutig informiert werden. Es empfiehlt sich, Noten stets mit Datum ins Notenverzeichnis einzutragen. Besonders bei älteren Schülern ist auch der Überblick über die Zeiten der Abwesenheit vom Unterricht wichtig.
- Zu *pädagogischen Bemerkungen* ist der Klassenlehrer berechtigt bzw. sogar verpflichtet. Diese sollten aber auch belegbar sein, z. B. durch Notizen in einem Klassen-Infobuch (→ S. 206).

- Die *Stellung von Schülern in der Klassengemeinschaft* kann mit Notizen (z. B. über positive Tätigkeiten in der Klasse, aber auch über negative Vorkommnisse) belegt werden.
- Das *Verhältnis vom Schüler zum Lehrer* sollte möglichst objektiv beschrieben werden. Die Lehrperson ist zur formalen Gleichbehandlung im Unterricht verpflichtet.
- *Hausaufgaben* gehören zum Lernen und ihre Anfertigung ist Teil des Kontrakts zwischen Lehrer, Eltern und Schüler. Wichtig ist in diesem Zusammenhang, dass Schüler ihre Hausaufgaben in aller Regel alleine anfertigen sollen.
- Um *Leistungsrückstände* aufzuholen, kann eventuell auch Nachhilfe empfohlen werden. Hierzu kann der Klassenlehrer allgemeine Hinweise und Tipps geben.
- Mit *erzieherischem Rat* sollten Sie vorsichtig umgehen; die Beratung sollte auf den Zusammenhang zwischen Schule, Elternhaus und Schüler beschränkt bleiben. Für weitergehende Themen können Sie die Adresse und Telefonnummer einer öffentlichen Beratungsstelle bereithalten.
- Ähnliches gilt für die *Schullaufbahnberatung*. Klassenlehrer bieten eine Art Grundberatung, für weitere Auskünfte stehen zur Verfügung: Schulleitung, staatliche Schulberatungsstellen, Beratungslehrer (Schulberater), Schulpsychologen, Kollegstufenbetreuer bzw. Tutoren usw.

Volljährigkeit und Sorgerecht

Informieren Sie anfangs beide Seiten, dass volljährige Schüler entweder den Eltern eine Vollmacht mitgeben oder – viel einfacher – diese in die Sprechstunde begleiten sollen. Bitte beachten: Inzwischen existieren in einzelnen Bundesländern Bestimmungen, welche Informationen den Eltern bereits volljähriger Schüler in jedem Fall gegeben werden können bzw. müssen.

Ähnlich vorsichtig ist auch bei geschiedenen Eltern zu verfahren. Selbst nach der neueren Rechtslage, bei der das Sorgerecht in der Regel beiden Elternteilen zugesprochen wird, gibt es Ausnahmen. Der Schule sollte in jedem Fall eine Bescheinigung vorliegen, aus der das Sorgerecht eindeutig hervorgeht (Scheidungsurteil o. Ä.). Weisen Sie darauf hin, dass der nicht sorgeberechtigte Elternteil ohne Vollmacht keine Auskunft erhalten darf.

Für Stiefkinder ist nach bisherigem Recht der nichtleibliche (Stief-)Elternteil ebenfalls nicht zu informieren. Der Gesetzgeber ist momentan dabei, Stiefkinder und Stiefeltern rechtlich an leibliche Eltern-Kind-Verhältnisse anzupassen. Beachten Sie die künftigen Gesetzesänderungen.

Vorsprechen von Eltern gegen Schuljahresende

Manchmal versuchen Eltern noch im letzten Moment die Notengebung für das Jahreszeugnis zu beeinflussen. Ähnliches gilt auch für das Übertrittszeugnis für eine weiterführende Schule. Über den jeweiligen Stand der schriftlichen und mündlichen Leistungen muss Auskunft erteilt werden, dagegen nicht über bevorstehende Zeugnisnoten, die Versetzung oder das Erfüllen der Kriterien für den Übertritt in eine weiterführende Schule. Bis zur entsprechenden Konferenz kann der Klassenlehrer noch keine verbindlichen Aussagen darüber machen.

2. Schulrelevante Probleme im Elternhaus

Probleme im Elternhaus lassen sich oft nur vermuten aufgrund von Änderungen im Verhalten bzw. Leistungsstand eines Schülers. Mögliche Ursachen von Verhaltensänderungen können sein:

- elterlicher Leistungsdruck und elterliche Einmischung in die Hausaufgaben,
- anhaltender Streit in der Familie, vor allem zwischen Vater und Mutter,
- Veränderungen in der Familienstruktur: Geburt eines Geschwisters, Krankheit eines Familienmitglieds, Tod, Scheidung usw.
- Tabuthemen in der Familie: Alkoholismus und andere Suchterkrankungen, sexueller Missbrauch, lebensgefährliche Erkrankungen, Schulden, Arbeitslosigkeit, Inhaftierung, Suizid, außereheliche Beziehungen der Eltern usw.

Was tun bei vermuteten Problemen im Elternhaus?

Ein Gespräch mit einem Schüler, bei dem möglicherweise Probleme im Elternhaus vorliegen, erfordert besondere Sensibilität.

1. Vertrauen herstellen

„Türöffner" erleichtern den Gesprächsbeginn. Sie sollten mit Geduld abwarten, auf keinen Fall „nachbohren"! (Klassen-)Lehrer unterliegen zwar keiner allgemeinen Schweigepflicht, sollten aber, wenn Schüler es wünschen, Verschwiegenheit zusichern. Falls das nicht möglich sein sollte, ist es besser, gleich auf andere Beratungsinstitutionen zu verweisen, um nicht in einen Loyalitätskonflikt zu kommen.

2. „Aktiv zuhören"

Einfühlsames Zuhören erleichtert den Kontakt: das Gegenüber ausreden lassen (möglichst dazu schweigen bzw. nonverbal bestärken); nicht interpretieren, sondern zusammenfassen, was an Emotionen beschrieben wurde oder dahintersteckt („Das macht dich traurig, wütend, ärgerlich ...").
Halten Sie sich unbedingt mit eigenen Stellungnahmen und Bewertungen zurück!

3. Problemlösungen sammeln und auswählen

Problemlösungen sollten erst gesammelt und danach bewertet und diskutiert werden. In der Anfangsphase neigen alle Beteiligten dazu, rasch nach der nächstbesten Lösung zu greifen bzw. die Lösung von Ihnen zu erwarten. Bleiben Sie geduldig und gelassen!

4. Weitere Beratungsangebote vermitteln

Setzen Sie sich nicht unter Erfolgsdruck: Sie müssen keineswegs die ultimativen Lösungen finden! In vielen Fällen kann die Problemlösung darin bestehen, eine externe Beratung zu empfehlen, z. B. Schulpsychologe, psychologische Beratungsstelle, Seelsorger, Sozialarbeiter am Jugendamt usw. Schreiben Sie sich möglichst schon im Vorhinein die Adressen und Telefonnummern auf.

Literatur

Bachmair, Sabine, u. a.: Beraten will gelernt sein. Ein praktisches Lehrbuch für Anfänger und Fortgeschrittene. Weinheim 2001

Cohn, Ruth C./Farau, Alfred: Gelebte Geschichte der Psychotherapie. Zwei Perspektiven. Stuttgart 2001

Hennig, Claudius/Ehinger, Wolfgang: Das Elterngespräch in der Schule. Donauwörth 1999

Kroeger Matthias: Themenzentrierte Seelsorge. Stuttgart u. a. 1989

Langmaack, Barbara/Braune-Krickau, Michael: Wie die Gruppe laufen lernt. Anregungen zum Planen und Leiten von Gruppen. Weinheim 2000

Martin, Lothar: Klassenlehrer- und Tutor/innen. Aufgaben, Tätigkeiten, Leistungen, Konzeptionen. Bad Heilbrunn 1996

Pallasch, Waldemar/Kölln, Detlef: Pädagogisches Gesprächstraining. Weinheim, München 2002

Schulz von Thun, Friedemann: Miteinander reden (3 Bde.). Reinbek 1981ff.

Schwäbisch, Lutz/Siems, Martin: Anleitung zum sozialen Lernen für Paare, Gruppen und Erzieher. Kommunikations- und Verhaltenstraining. Reinbek 1997
Tusche, Werner: Reden und überzeugen. Rhetorik im Alltag. Köln 2001
Weisbach, Christian-Rainer: Professionelle Gesprächsführung. Ein praxisnahes Lese- und Übungsbuch. München 2003

Internethinweise

www.bildungsserver.de
www.bke-elternberatung.de (virtuelle Beratungsstelle der Bundeskonferenz Erziehungshilfe e. V.; nicht nur für Eltern, auch für Lehrer eine gute Orientierungshilfe; auch in Türkisch!)
www.eltern.bildung.hessen.de
www.elternrat-niedersachsen.info
www.quims.ch (Qualität in multikulturellen Schulen, QUIMS, Projekt der Bildungsdirektion des Kantons Zürich)
www.schulberatung-muenchen.de

Dieter Enkhardt

11 Klassenleitung virtuell?

A Unterstützung der Kommunikation durch neue Medien

Klassenleitung – so wird an vielen Stellen dieser *Fundgrube* verdeutlicht – besteht ganz wesentlich aus Kommunikation. Da liegt es nahe, über die Einsatzmöglichkeiten der „neuen Medien", insbesondere von E-Mail und Internetforen, für die kommunikativen und kooperativen Zwecke der Klassenleitung nachzudenken und entsprechende Anregungen zu geben.
Über den Einsatz von neuen Medien in *unterrichtlichen Kontexten* wurde und wird vielfach nachgedacht. Entsprechende Umsetzungen werden mehr und mehr selbstverständlicher Bestandteil der unterrichtlichen Praxis. Medienkompetenz auf fachlicher und überfachlicher Ebene gehört unbestritten zu den Schlüsselqualifikationen, die die Schule zu vermitteln hat. In den letzten Jahren wurde eine weitere Möglichkeit des schulischen Einsatzes von Multimedia und Internet erschlossen: Konzepte des *Blended Learning* als Kombination von Präsenz- und medienvermitteltem Distanz-Lernen. So bietet z. B. *abitur-online.nrw* eine Lernplattform für einen abendgymnasialen Abiturlehrgang, der in einer 50-prozentigen Online-Phase das Selbstlernen durch digitalisierte Materialien und vielfältige Kommunikationsformen ermöglicht. Schülern verschafft dieses Angebot ein höheres Maß an Selbstständigkeit, Zeitflexibilität und Differenzierung. Mit dieser Medienintegration kommen auch die Chancen

einer intensiveren Nutzung des Internets für Kommunikation und Kooperation im gesamten schulischen Umfeld in das Blickfeld, die konkreten Erfahrungen von Lehrern im Umgang mit den Kommunikationstools von Lernplattformen zeigen hier positive Entwicklungsmöglichkeiten auf.
Für die Kommunikation im Umfeld der Klassenleitung können E-Mail und Internetforen nicht nur die gängigen Interaktionen unterstützen, sie können wichtige zusätzliche Funktionen erfüllen und den kommunikativen Rahmen in der Klassen- bzw. Schulöffentlichkeit quantitativ und qualitativ erweitern.

B Kommunikationsmedien – synchron oder asynchron?

Welche Medien der Online-Kommunikation sich für die kommunikativen Bedingungen der Klassenleitung anbieten, hängt stark von den jeweiligen Zielen und Erfordernissen ab. Eine „Typologie" orientiert sich daran, wie Sie die Kommunikation zeitlich organisieren: Bei synchronen Medien findet der kommunikative Austausch gleichzeitig statt (wie beim Telefongespräch, um ein Beispiel eines „alten" Mediums zu nehmen), bei asynchronen Medien findet der Austausch zeitversetzt statt (wie beim Brief).

Online-Kommunikationsmedien	
synchron	***asynchron***
Chat	E-Mail
Audiokonferenz	Diskussionsforum
Videokonferenz	„Schwarzes Brett"
Application Sharing	

Synchrone Medien kommen der Face-to-face-Kommunikation am nächsten und verbinden die Stärken einer solchen:

- Sie ermöglichen direkte Reaktionen und unmittelbares Feedback.
- Sie sind „schnell" und erlebnisnah.
- Sie erlauben spontane und flexible Prozesse.
- Sie lassen für die Kommunikation wichtige „Zwischentöne" zu.

Diese Kommunikationsmedien sind eher für kleine Gruppen geeignet, die aus räumlich-zeitlichen Gründen nicht direkt zusammenkommen können.

Außerdem verlangen sie eine zeitlich abgestimmte, detaillierte Vorbereitung, ein hohes Maß an Vertrautheit mit den entsprechenden Programmen und viel Disziplin der Teilnehmer. Im Kontext der Klassenleitung spielen sie eine untergeordnete Rolle, da hier die Kommunikationsanlässe meist im unmittelbaren schulischen Rahmen gegeben sind und sich dort auch direkt Lösungsmöglichkeiten bieten.

Asynchrone Medien haben für Klassenlehrer folgende Vorteile:

- Sie erlauben eine schnelle, aktuelle und zeitflexible Kommunikation.
- Durch die notwendige Verschriftlichung sind Botschaften stärker ausdifferenziert und fördern damit ein gezielteres, reflektiertes und komplexes Vorgehen und die Verbindlichkeit.
- Sie bieten zeitökonomisch attraktive und komplexe Dokumentationsmöglichkeiten.
- Sie ermöglichen eine gruppenbezogen ausdifferenzierte Kommunikation.
- Die Möglichkeit des Anhängens von Dateien (*attachments*) und damit des Zugriffs auf die unterschiedlichen Gestaltungsformen geben nahezu unbegrenzte Einsatzmöglichkeiten.

Die Vorteile haben allerdings auch ihre Kehrseite: Die schriftliche Form der Information bringt einen relativ hohen Aufwand mit sich. Außerdem haben asynchrone Medien die üblichen Nachteile einkanaliger Kommunikation:

- Nonverbale Botschaften sind nicht möglich und nur begrenzt zu kompensieren (z. B. durch Emoticons, Akronyme, Großbuchstaben, Soundwörter, Aktionswörter).
- Spontane Reaktionen sind stark eingeschränkt.
- Missverständnisse können wegen des fehlenden Kontextes nur umständlich geklärt werden.
- Das Gleiche gilt für soziale Beziehungen.

Daher sollten alle Interaktionspartner darauf hingewiesen werden, dass diese asynchronen Kommunikationsmedien sich nicht für Problemerörterungen und Konfliktinterventionen eignen, sondern bei entsprechenden Anlässen lediglich ein Informations- und vielleicht auch Alarmsystem bieten können.
Für die Praxis der Klassenleitung dürften vor allem die beiden medialen Formen E-Mail und Forum eine zentrale Rolle spielen.

C Beispiele und Handhabung

1. E-Mail und Webmail

Mit *elektronischer Post* (E-Mail) können einzelne Adressaten wie auch vom Zusteller klar definierte Adressatengruppen in kürzester Zeit erreicht werden. Zudem ist E-Mail-Kommunikation relativ kostengünstig und die Adressen sind bequem zu verwalten. Dies macht sie – neben den o. g. Vorteilen der asynchronen Kommunikation – gerade für die vielfältigen Kommunikationsanlässe der Klassenleitung besonders interessant. Voraussetzung einer effektiven Gruppenkommunikation per E-Mail ist allerdings, dass alle Mitglieder der Gruppe E-Mails empfangen können und die Adressaten ihre E-Mail-Eingänge regelmäßig abrufen.
Als Alternative bietet sich mehr und mehr auch das *Webmail* an, eine besondere Form von E-Mail-Kommunikation, die mithilfe eines Web-Browsers und eines Web-Interfaces direkt über das Internet läuft.
Das Chatten in Echtzeit mit sog. *Instant Messaging*-Programmen wie ICQ und AIM ist bei der heutigen Schülergeneration weit verbreitet. Die Einschränkungen der zeitversetzten Kommunikation werden hier aufgehoben und selbstverständlich kann diese Form der synchronen Kommunikation auch für die Aufgaben der Klassenleitung genutzt werden. Bei Bedarf sind diese Programme mit Audio-, Video- und SMS-Funktionen verknüpfbar.
Die Skizze auf Seite 225 zeigt die potenziellen Kommunikationspartner eines Klassenlehrers und bildet auch das Schema eines möglichen Adressverzeichnisses ab, das – einmal eingerichtet – schnelle und bequeme Interaktionen ermöglicht.
Selbstverständlich sind die Interaktionen nicht auf den Klassenlehrer zentriert, vielmehr sollten die beteiligten Interaktionspartner (z. B. die Eltern) auch untereinander möglichst intensive Kommunikationskontakte pflegen, für die die Klassenleitung die entsprechende Vorarbeit und Initiative bzw. Koordination übernehmen kann.

2. Diskussionsforen

Internetforen sind offene „Schwarze Bretter“ zum Austausch von Informationen, also virtuelle Diskussionsrunden mit dem Charakter einer Informations- und Meinungsbörse. Im Unterschied zur E-Mail-Kommunikation kann

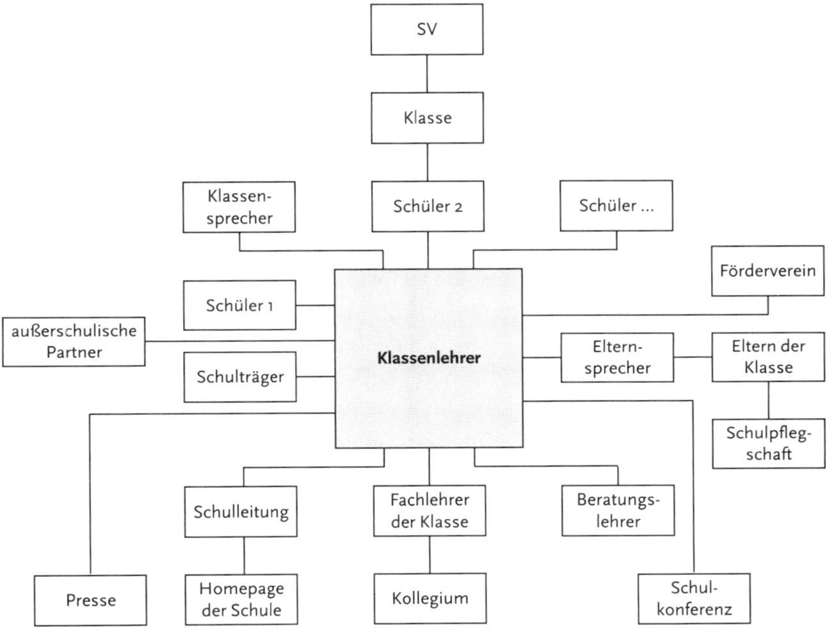

Interaktionsfeld Klassenleitung

hier jeder Teilnehmer auf jeden Beitrag reagieren, der Prozess ist für die Gesamtgruppe nachvollziehbar. Dies erlaubt eine zeitversetzte Chat-ähnliche Diskussion unter allen Gruppenmitgliedern.

Beispiele: Ein Klassenleiter sendet eine vorläufige Tagesordnung eines Elternabends und bittet die Eltern um Korrekturen und Erweiterung. Oder: Der Klassenlehrer versendet Fotos des letzten Ausfluges mit der Bitte an die Schüler und Eltern, diese mit einem Kommentar zu versehen. Oder: Gruppenarbeiten werden verschickt mit der Aufgabe an die anderen Schülergruppen, diese weiterzubearbeiten und zu einer Gesamtpräsentation zusammenzubringen.

Die Teilnehmer des o. g. Interaktionsfeldes einer Klassenleitung können in diesem Rahmen bestimmte (Teil-)Gruppen informieren oder Beiträge zur Diskussion stellen. Bei der komplexen Kommunikation einer Klasse kann neben allgemeiner Transparenz ein umfassender Austausch von Meinungen sowie Wissens- und Informationsständen erreicht werden. Weil jeder Beitrag zu jeder Zeit und in jedem Stadium nachvollziehbar ist, dürfte die

klasseninterne Kommunikation bereichert werden. Um der Gefahr einer gewissen Unübersichtlichkeit zu entgehen, ist neben einer einfachen und verlässlichen Technik und einer eindeutigen Funktionalität eine klare Strukturierung nach Funktions- und Themenbereichen nötig. Auf den Klassenlehrer bzw., besser, auf einen Medienkoordinator einer Schule kommt hier eine entsprechende Koordinations- und Pflegeaufgabe zu.
Für die Einrichtung von Webforen gibt es eine Vielzahl von kostenpflichtigen und kostenfreien Angeboten. Plattformen wie z. B. das kostenlose *lo-net* (Adresse s. Anhang) stellen komplexe interaktive Arbeitsumgebungen dar, die alle zur Kommunikation und Koordination benötigten Instrumente zur Verfügung stellen. Hier gibt es mittlerweile komfortable Möglichkeiten, differenziert nach den obigen Interaktionspartnern gruppenspezifisch oder -übergreifend zu kommunizieren und die entsprechenden Funktionen wie E-Mail, Kurznachrichten, Forum, Chat und Austausch von Dateien mit klar definierten Benutzerrechten in einem einheitlichen Funktionsrahmen zu nutzen.

3. Funktionen und Formate der Kommunikation

Die Beiträge dieser *Fundgrube* geben zahlreiche Beispiele für die vielfältigen Anlässe klassenleiterspezifischer Kommunikation. Für den Einsatz von E-Mail oder Foren bieten sich dabei Formate mit formularartigen Vorlagen an, die die Strukturierung erleichtern und für entsprechende Kommunikationsroutinen sorgen. Sie sollten die kommunikative Absicht deutlich markieren.
Im Folgenden werden Beispiele unterschiedlicher Kommunikationsanlässe genannt, die je nach Jahrgangsstufe und Kommunikationsabsichten weiter ausdifferenziert werden können. Der Grad der Ausdifferenzierung muss in jedem Fall mit den Beteiligten verabredet werden.
Die einfachste Kategorisierung unterscheidet zwei Anlässe:

Rubrik	**Funktion/Beispiele**
Information	Hierunter fallen sämtliche Informationen wie Termine, Pläne, Einladungen, Protokolle usw. („Schwarzes Brett"), die der Klassenleiter den Eltern bzw. Schülern zukommen lässt.
Kommunikation	Mit dem ins Netz gestellten Text oder der angehängten Datei wird der Adressatenkreis zur Reaktion animiert.

Eine stärker ausdifferenzierte Kategorisierung könnte wie folgt aussehen:

Rubrik	**Funktion/Beispiele**
Dokumentation	Schulprogramm; Fotos mit Abschlussklassen; außerschulische und schulische Informationen etwa zur Bildungspolitik; Beratungsstellen
Evaluation	Die Klassenleitung koordiniert und unterstützt Evaluationsprozesse auf Klassenebene.
Fachliches	Die Fachlehrer der Klasse geben aus ihrer Perspektive Informationen und Anregungen.
Feedback	Rückmelderoutinen zur Klassenleitung, zum Unterricht und zum Schulleben bieten die nötige Transparenz für die Klassenöffentlichkeit und ermöglichen Schlussfolgerungen und Konsequenzen.
Lernhilfe	(Weiterleitung von) Tipps zu Lernmethoden; konkrete Lernhilfen
Mitwirkung	Vorbereitung von Klassenkonferenzen, Elternbeiratsabende, Schulkonferenz
Organisation	Vorbereitung und Organisation von Klassenfahrten; Nachmittagsunterricht
Plan	Arbeitspläne; Klassenarbeiten, Klausuren; Halbjahresplan
Präsentation	Ergebnisse von Schülerarbeiten, Referaten, Projekten
Protokoll	Ergebnisse der Veranstaltungen der Mitwirkungsgremien werden zur Verfügung gestellt.
Regeln/Normen	Fixieren von und eventuell Erinnern an Verhaltensregeln
Termin	Hinweis auf Aktuelles
Tipp	Allgemeine Ratschläge
Unmut	Alle Beteiligten können Unmut und Kritik formulieren.
Verabredungen	Bei Konflikt-/Problemgesprächen werden gemeinsam getroffene Verabredungen festgehalten und transparent gemacht.
Verschiedenes	Informelle Kommunikation

D Netzbasierte Schulkommunikation – Aufgabe der Schulentwicklung

Für die Kommunikation per Internet sind neben PC und Netzzugang entsprechende Kenntnisse im Umgang mit einem Mailprogramm bzw. mit einer Plattform nötig. So lapidar dies klingt: Für viele der am Schulleben Beteiligten dürfte dies das Hauptproblem bei der Umsetzung einer möglichst umfassenden und systematischen Netzkommunikation sein – für die heutige Schülergeneration immer weniger, für die Elternschaft und andere o.g. Interaktionspartner wahrscheinlich noch immer. Dies sollte aber nicht zu ei-

nem fatalistischen „Klappt doch sowieso nicht!" verleiten. Es lohnt vielmehr, sich den vielfältigen Nutzen vor Augen zu führen und sich Gedanken über eine Umsetzung zu machen, so bescheiden diese zunächst auch sein mag.
Die einfachste und am schnellsten umzusetzende Internetkommunikation dürfte mit E-Mail gelingen: Der Klassenlehrer richtet für die Eltern und (älteren) Schüler E-Mail-Listen ein und gewöhnt die Interaktionspartner allmählich an Kommunikationsroutinen. Diese sollten zunächst einmal auch parallel Printmedien (Aushang, Brief) mit einbeziehen, um einen chancengleichen Zugang zur Klassenkommunikation für alle zu ermöglichen und niemand auszuschließen. (Kostenfreie) E-Mail-Programme mit entsprechenden Providern sind weit verbreitet und brauchen hier nicht gesondert dargestellt zu werden.
Bevor aber *jeder* Klassenlehrer einer Schule nach einem für seine Klasse praktikablen Weg für netzbasierte Kommunikation sucht, macht es eher Sinn, dass die Schule nach einer einheitlichen Lösung sucht, die neben der Kostenfrage den nicht unerheblichen Aspekt von Sicherheit und Administration beinhaltet. Je klarer, eindeutiger, übersichtlicher, unaufwändiger und benutzerfreundlicher ein solches Schulnetz ist, desto breiter dürfte die Akzeptanz, desto intensiver die Nutzung der Schul- und Klassenkommunikation über das Netz sein.
Neben der Klärung des „technischen Standards" hat es sich in der Praxis als äußerst hilfreich erwiesen, dass der Medieneinsatz für die Schulkommunikation in die Prozesse der Schulentwicklung mit einbezogen und dieser Aspekt in das Medienkonzept integriert wird. Netzbasierte Schulkommunikation kann verbessert werden, wenn die Schulgemeinschaft sich auf entsprechende Zielsetzungen mit konkreten Umsetzungsschritten einigt und Medienerziehung für alle am schulischen Leben Beteiligten anstrebt. Weder die technische Umsetzung noch die Frage, wie medienerzieherische Aspekte zu implementieren sind, lassen sich isoliert angehen. Die folgende Übersicht zeigt exemplarisch, welche Schwerpunkte von Schulentwicklung dabei im Zusammenhang zu sehen sind.
Wie allgemein bei der Schulentwicklung ist auch hier zu beachten, dass alle, die am schulischen Leben beteiligt sind, in die Entwicklungsarbeit möglichst intensiv einbezogen und realistische, konsensfähige Lösungen angestrebt werden. Für die Internetkommunikation sind dabei folgende Fragen vorrangig:

- Wie definiert die Schule Zielsetzungen und Umsetzungen in einem schulischen Konzept von Kommunikation?

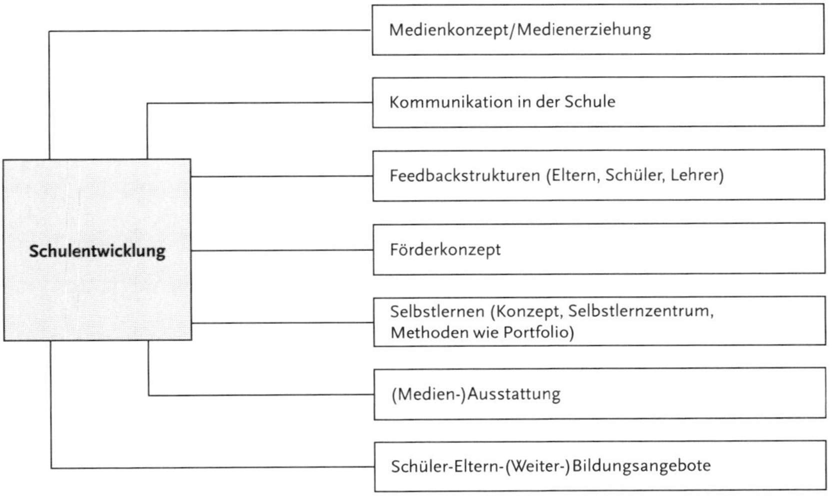

Aspekte des schulischen Medieneinsatzes

- Wie kann eine möglichst unaufwändige und intuitiv nutzbare Plattform mit klaren Zuständigkeiten und übersichtlichen Kommunikationsstrukturen eingerichtet werden?
- Welche Funktionen und Struktur, welche „Formate" sollte dabei die Kommunikation haben, um Übersichtlichkeit, Ökonomie und Ausschluss von Störungen zu gewährleisten?
- Wie werden die Schüler sukzessiv an die Teilhabe herangeführt?
- Welche Arbeit ist flankierend dazu mit den Eltern notwendig?
- Wie kann die Schule Kommunikations- und Partizipationsdefizite kompensieren, die bedingt sind durch Alters- und Sozialunterschiede, mangelnde bzw. fehlende Ausstattung, finanzielle Möglichkeiten, (schrift-) sprachliche Fähigkeiten und Medienkompetenz bei den schulischen Interaktionspartnern?

Internethinweise

www.forensoftware.de (Homepage mit Leistungsvergleich verschiedener Software-Angebote für Internetforen; guter Überblick über Kosten, Funktionen und Voraussetzungen von Internetforen)

www.lo-net.de („Lehrer-Online Netzwerk", eine kostenlose Arbeitsumgebung für Lehrer und Schüler von „Schulen ans Netz e.V.")

Heinrich Brinkmöller-Becker

12 Meine Rolle als Klassenlehrer

„Die hat ihre Klasse aber gut im Griff!" – „Kein Wunder, bei dem Klassenlehrer ...!" So oder ähnlich werden das Erscheinungsbild einer Klasse, ihr Leistungsstand und ihr Sozialverhalten oft mit der Person des Klassenlehrers in Verbindung gebracht. Solche Aussagen zeigen, dass dem Klassenlehrer eine bestimmte Rolle zugeschrieben wird. Doch wie sehen wir uns selbst in dieser besonderen Funktion?
Nachdem in den vorigen Beiträgen die vielfältigen Aufgaben und Ziele des Klassenlehrers beschrieben wurden, sollen in diesem letzten Kapitel Möglichkeiten aufgezeigt werden, wie Klassenlehrer den Blick auf sich selbst richten können, um sich selbstkritisch mit dem Verständnis der eigenen Rolle auseinanderzusetzen.

A Die Schüler meiner Klasse

Meine Rolle als Klassenlehrer ist überwiegend vom pädagogischen Handeln gegenüber einer festen Lerngruppe – meiner Klasse – geprägt. Um für diese pädagogische Arbeit optimale Voraussetzungen zu schaffen, ist es wichtig, mir ein Bild von jedem einzelnen Schüler und von der Klasse als Gruppe zu machen.
Viele Informationen hierzu erhalte ich nebenbei, denn in meiner Klassenlehrerfunktion bin ich für die Schüler in vielen Belangen ein wichtiger Ansprechpartner. In Gesprächen am Rande des Unterrichts erfahre ich oft etwas über das private Umfeld der Schüler („Ich habe heute die Entschuldigung nicht dabei, weil meine Mutter spät von der Arbeit kam und heute Morgen noch schlief"). Solche Aussagen zeigen mir, wie stark sich das familiäre Umfeld auf das Verhalten, die Lernmotivation und das soziale Verhalten auswirken kann.

1. Meine Schüler im Stärke- und Schwächeprofil

Um die einzelnen Schüler besser kennenzulernen, ist das Erstellen eines Stärke- und Schwächeprofils nützlich. Ein solches Profil sollte für jeden Schüler und von jedem Lehrer, der ihn unterrichtet, angelegt werden. Es hilft, eigene Lehr- und Lernmethoden zu verändern, Schülern mehr Freude an der Arbeit zu ermöglichen und dadurch ihren Lernerfolg zu optimieren. Das Profil gibt Hinweise auf die wesentlichen Kompetenzbereiche des Schülers.

Name:

Kompetenzbereich	stark ausgeprägt						schwach ausgeprägt				
	+5	+4	+3	+2	+1	0	−1	−2	−3	−4	−5
Selbstständigkeit											
Teamfähigkeit											
Sachkompetenz											
Verlässlichkeit											
Kreativität											
…											

Wenn jeder Kollege diese Profile erstellt, fördert dies zugleich den Austausch über die Schüler. Unterrichtsmethoden und fachliche Ansprüche können besser aufeinander abgestimmt werden.
Daneben lässt sich die Liste auch für die Unterrichtsplanung nutzen. Den Kompetenzbereichen werden erwartete Schülerleistungen zugeordnet, die zu Beginn einer Einheit mit den Schülern besprochen werden können.

Klasse: Thema der UE:

Kompetenzbereich	**erwartete Schülerleistung**
Selbstständigkeit	
…	

2. Wie nehme ich das Klima in meiner Klasse wahr?

In Pausengesprächen hören wir immer wieder Kommentare, die einzelne Kollegen zu unserer Klasse abgeben. Dabei wird häufig vom Klima gesprochen, das in der Klasse herrscht. „In deiner Klasse ist eine gute Arbeitsatmosphäre. Ich gehe richtig gern in die Klasse.“ – „Was ist bloß mit Ihrer Klasse los? Da herrscht ein Klima – die giften sich nur noch an.“

Um von solchen allgemeinen Äußerungen zu einer differenzierteren Einschätzung zu kommen, ist es sinnvoll, konkreter nach dem zu fragen, was das Klima meiner Klasse ausmacht. Dazu kann die folgende *Klimaskala* eine Hilfe sein. Mit ihr lässt sich das Klassenklima aus der eigenen Sicht anhand bestimmter Kriterien genauer beschreiben.
Zunächst wird zu jedem Begriff eine Einschätzung notiert. Anschließend werden die Wertungen verbunden. Der Verlauf der Linie spiegelt die eigene spezifizierte Einschätzung zum Klassenklima wider. Extremwerte machen Auffälligkeiten bewusst und können Grundlage für eine weitere Problembearbeitung sein.
Um von undifferenzierten „Pausen-Statements" über die Klasse wegzukommen, empfiehlt es sich, auch andere Kollegen anzuregen, eine solche Klimaskala zu entwickeln. Damit wächst das Interesse, sich über die Erfahrungen in der Klasse differenzierter auszutauschen. Diese Einschätzung kann in bestimmten Intervallen wiederholt werden, um die Entwicklung der Klasse bewusst wahrzunehmen und zu begleiten.

Klimaskala

	Werteskala nicht ausgeprägt sehr ausgeprägt 0 1 2 3 4 5 6
Mitbestimmungsanspruch	
Gerechtigkeitsempfinden	
Destruktivität	
Normorientierung	
Lernbereitschaft	
Individualisierungstendenzen	
Konkurrenz	
Leistungsdenken	
Gemeinschaftsgefühl	
Cliquenbildung	
Verantwortungsbewusstsein	
Kritikfähigkeit	
Störanfälligkeit	
Ausgrenzungstendenzen	
....	

Eine solche Skala kann auch dazu genutzt werden, mit den Schülern über das Klassenklima ins Gespräch kommen. In diesem Fall werden die Kriterien gemeinsam mit der Klasse zusammengestellt. Jeder Schüler erstellt dann seine Klimaskala, anschließend werden die Ergebnisse besprochen.

3. Schüler geben dem Klassenlehrer Feedback

Zum guten Kennenlernen der Klasse gehört auch das Wissen darüber, wie ich selbst und wie mein Unterricht von meiner Klasse wahrgenommen werden. Dazu kann ich mir das Feedback der Schüler holen. Erfolgt das Feedback in visualisierter Form, können Auffälligkeiten anschließend mit den Schülern besser besprochen werden.

Ein-Punkt-Abfrage ab Klasse 5

Neben die Tür wird ein Evaluations-Plakat mit Achsenkreuz gehängt (s. u.). Nach der Stunde nehmen die Schüler in zwei Dimensionen zur vorhergehenden Stunde Stellung, indem sie einen Klebepunkt an die Stelle kleben, die ihrer Einschätzung entspricht. In der Folgestunde kann das Ergebnis gemeinsam ausgewertet werden.

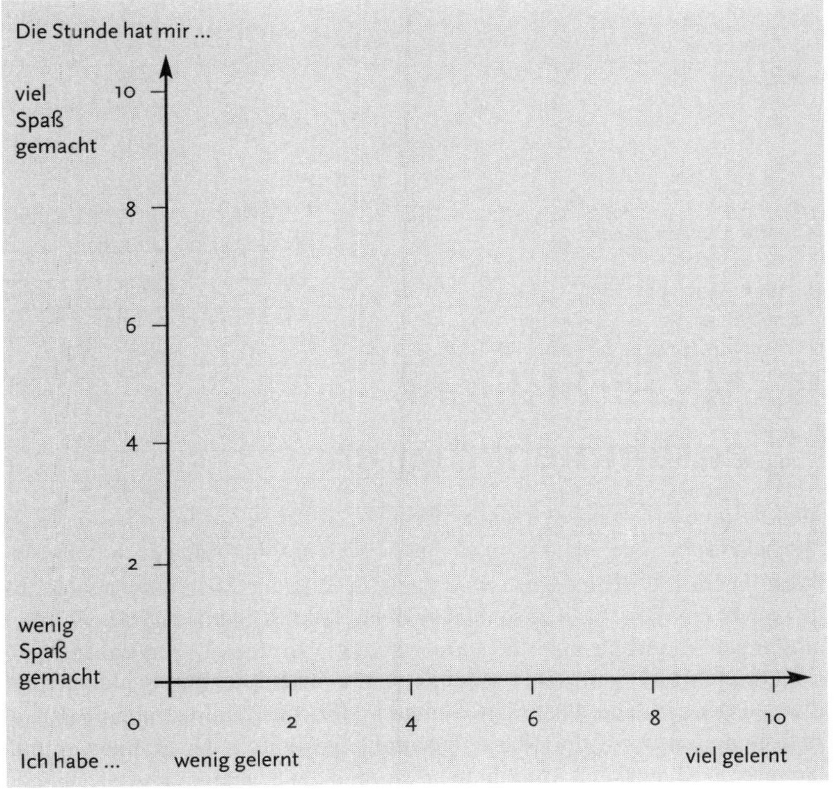

Auswertungs-Zielscheibe ab Klasse 6

Nach einer Unterrichtseinheit geben die Schüler Feedback mit einer Auswertungs-Zielscheibe, die in verschiedene Sektoren eingeteilt ist. Jeder Schüler klebt dazu einen Meinungspunkt in jeden Sektor. Die zu evaluierenden Aspekte können je nach Fach und Unterrichtseinheit variieren. Jeder Sektor erhält die Skala 1–10 (vgl. LOHMANN 2003, S. 54).

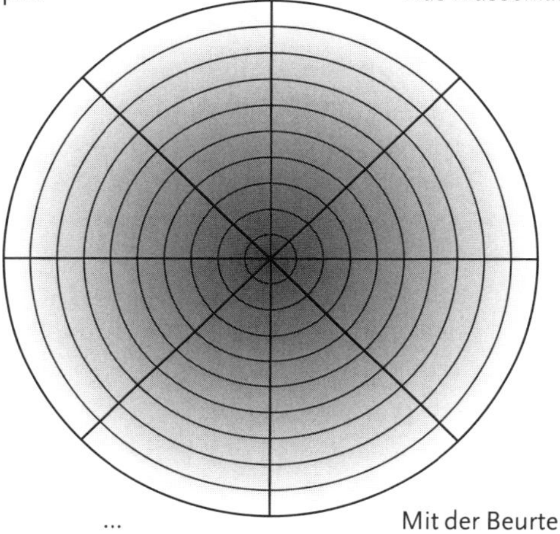

B Mit Fachlehrern zusammenarbeiten

Als Klassenlehrer stehe ich täglich in einer Zusammenarbeit mit den anderen Lehrern meiner Klasse, sei es aus formalen Anlässen oder in unmittelbaren Lern- und Arbeitszusammenhängen. Ziel der Zusammenarbeit aus meiner Perspektive als Klassenlehrer ist eine Optimierung der Ausgangsbedingungen, damit für effektive Arbeits- und Lernprozesse ein Rahmen geschaffen wird, in dem sich alle Beteiligten wohlfühlen. Die folgenden Vorschläge können dazu dienen, diesem Ziel näher zu kommen und die eigene Rolle in diesem Prozess klarer zu sehen.

1. Selbstbild – Fremdbild

Der Blick auf mich selbst ist eine wichtige Voraussetzung, um meine grundlegenden pädagogischen Kompetenzen zu erkennen und mich kreativ mit ihnen auseinandersetzen zu können. Dies bedeutet, die Merkmale meiner Lehrerpersönlichkeit aufzudecken und zu begreifen. Dabei kann das Modell „Grundtendenzen der Persönlichkeit" von HERBERT GUDJONS eine Hilfe sein (vgl. 1997, S. 13). GUDJONS unterscheidet bei der Bestimmung der Persönlichkeit vier *Grundtendenzen*, die sich polar gegenüberstehen:

Nähe versus *Distanz*
Ordnung/System versus *Freiheit/Spontaneität*

Übersetzt heißt dies: Ich suche einerseits die *Nähe* zu einer Person oder Sache. Dabei will ich mich aber auch nicht vereinnahmen lassen. Ich suche also andererseits auch nach Möglichkeiten, *Distanz* zu halten. Zugleich suche ich einerseits meine *Freiheit*. Ich möchte unabhängig sein, um spontan und kreativ bleiben zu können. Andererseits suche ich aber auch die *Ordnung*. Sie soll mir Halt geben und auf Verlässliches hinweisen.
Mithilfe eines Säulendiagramms kann ich dieses Spannungsfeld auf meine Lehrerpersönlichkeit beziehen und mir bewusster werden, wie diese Grundtendenzen bei mir ausgeprägt sind, um so meine Handlungsmuster besser zu erkennen.

Selbsteinschätzung meiner Lehrerpersönlichkeit

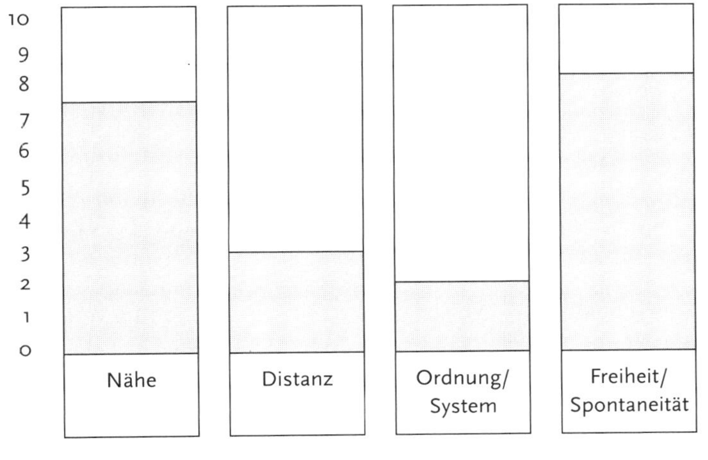

Dazu versehe ich die vier Säulen mit einer Skala von 1 bis 10 und trage meine Selbsteinschätzung ein. Die Abbildung auf Seite 235 zeigt das Beispiel einer solchen Selbsteinschätzung.
Gibt es im Kollegium eine Person, mit der ich bereits vertrauensvoll zusammenarbeite, so kann ein Gespräch über die Selbstwahrnehmung durch den Blick von außen ergänzt werden und so zu differenzierteren Einschätzungen führen. Hilfreich sind bei einer solchen Fremdeinschätzung Satzanfänge, die auf Verhaltensbeispiele hinweisen (z. B.: „Ich nehme bei dir die Nähetendenz wahr, weil du ...“). Da bei jeder Person alle vier Grundtendenzen zu beobachten sind, sollten zu allen Tendenzen Aussagen gemacht werden.

2. Welcher Lehrertyp bin ich?

Die Ausprägung der oben beschriebenen vier Grundtendenzen, der Umgang mit meinen Erwartungen und meine Selbstwahrnehmung haben Auswirkungen auf meine pädagogischen Handlungsstrategien. Dies sind immer Mischformen, eine Typisierung kann jedoch helfen, sich mit seinem „Typ“ und seinem „Handeln“ auseinanderzusetzen. Dies ist eine wichtige Voraussetzung, um den eigenen Unterrichtsstil zu evaluieren. Im Folgenden werden drei Typen unterschieden (vgl. auch LOHMANN, 2003, S. 33 f.):

- Typ 1 (das Handeln ist sozialpädagogisch ausgerichtet)
- Typ 2 (das Handeln ist auf das fachliche Lernen ausgerichtet)
- Typ 3 (das Handeln ist auf die Wahrung von Ordnungsrahmen ausgerichtet)

Diesen unterschiedlichen Typisierungen werden bestimmte Verhaltungsweisen zugeordnet. Mithilfe einer Skala kann die Bedeutung dieser Verhaltensweisen für die eigenen pädagogischen Handlungsstrategien eingeschätzt werden.

Welcher Lehrertyp bin ich?

	stark ausgeprägt						wenig ausgeprägt
	+3	+2	+1	0	−1	−2	−3
Mein Handeln ist sozialpädagogisch ausgerichtet, weil ich ...							
– den Schülern Handlungsräume gewähre							
– disziplinarische Probleme mit den Schülern bespreche							
– das soziale Lernen fördere							
– die Schüler zu verstehen suche							
– mich mit der Unterrichts- und Erziehungsaufgabe identifiziere							
– mit meinem Verhalten ein Vorbild bin							
– wertschätzend bin							
– offen und ehrlich bin							
– Schüler ermutige							
– selbstsicher bin							
– selbstkritisch bin							
– humorvoll, freundlich und ausgeglichen bin							
Mein Handeln ist auf das fachliche Lernen ausgerichtet, weil ich ...							
– fachlich qualifiziert bin							
– Klarheit über Lernziele und -aufgaben schaffe							
– den Unterricht logisch aufbaue							
– verbindlich und verlässlich bin							
– Leistung fordere							
– die Schüler ständig beschäftige							
– motivierend und interessant unterrichte							
– Sinn- und lebensweltliche Bezüge herstelle							
– zuversichtlich bin							
Mein Handeln ist auf die Wahrung von Ordnungsrahmen ausgerichtet, weil ich ...							
– anfangs besonders auf Disziplin und Ordnung achte							
– klare Verhaltensregeln aufstelle							
– die Arbeit der Schüler genau kontrolliere							
– alle Vorgänge in der Klasse wahrnehme							
– auf Störungen sofort reagiere							
– unerwünschtes Schülerverhalten sanktioniere							
– an die Vernunft der Schüler appelliere							
– an das Gewissen der Schüler appelliere							
– Schülern Rückmeldung über ihr Verhalten gebe							
– mit Kollegen zusammenarbeite							
– mit Eltern zusammenarbeite							

3. Die eigene Unterrichtspraxis evaluieren

Um die eigenen Handlungsstrategien im Unterricht zu beobachten und zu evaluieren, kann nach einer Stunde der Beobachtungsbogen auf Seite 239 (vgl. MEYER 2005) ausgefüllt werden. Sinnvoll ist die Zusammenarbeit mit einer Person aus dem Kollegium, die durch ihre Notizen von außen Feedback gibt. Ein Gespräch darüber ermöglicht den Blick auf die eigenen pädagogischen Handlungsstrategien aus veränderter Perspektive.

4. Die Arbeit im Team

Bei der Zusammenarbeit der Lehrer einer Klasse geht es um das Erkennen unterschiedlicher Probleme, die Suche nach Gemeinsamkeiten und um Möglichkeiten der Hilfe und Unterstützung.
Eine effektive Zusammenarbeit aller in einer Klasse unterrichtenden Lehrer

- erleichtert die Arbeit jedes Einzelnen sowohl mit dem einzelnen Schüler als auch mit dem Klassenverband,
- wirkt sich positiv aus auf die Atmosphäre und die Beziehung der Lehrer untereinander,
- entlastet den Einzelnen bei kleinen und größeren Problemen,
- führt beim Lehrer zu einer Erweiterung verschiedener Kompetenzen hinsichtlich seiner Kooperations- und Kommunikationsfähigkeit, seiner Kritikfähigkeit sowie seiner Selbstreflexion und
- erweitert den Horizont durch die Einsichten, Ansichten und Absichten der anderen.

Jeder Lehrer fühlt sich einzeln und gemeinsam mit den anderen Lehrern für die Klasse verantwortlich. Dabei hat jeder seine subjektive Wahrnehmung, was im Austausch anregend und aufregend sein kann und nicht in eine einheitliche Sichtweise münden muss. Jedes Lehrerteam, das eine Klasse unterrichtet, setzt sich aus unterschiedlichen Individuen zusammen. Dabei ist jeder eine andere Lehrerpersönlichkeit, hat eine andere Selbstwahrnehmung und andere Handlungsstrategien.
Die im Folgenden auf Seite 240 f. vorgestellte SOFT-Analyse (vgl. ECK 1990) ist eine Evaluationsmethode, mit deren Hilfe ein Lehrerteam eine Standortbestimmung (Ist-Zustand) und Zielvorgaben (Soll-Zustand) entwickeln kann.

Beobachtungsbogen: Strukturhilfen zur Unterrichtsreflexion

(Indikatoren können je nach Zielsetzung verändert oder ergänzt werden)

Indikatoren	++	+	–	– –	o nicht relevant	Anmerkung
Roter Faden						
Es gibt einen informierenden Unterrichtseinstieg.						
Es gibt eine Erarbeitungsphase.						
Es gibt eine Ergebnissicherung.						
Die Zusammenhänge zwischen den Einheiten sind deutlich.						
Eine anfangs gestellte Frage wird im Unterrichtsverlauf berücksichtigt.						
Die Fragestellung ist am Ende der Stunde beantwortet.						
Regeln werden eingehalten. – Schüler – Lehrer						
Es werden Rituale eingesetzt.						
Unterrichtsschritte						
Der Übergang von einem zum anderen wird deutlich gemacht (z. B. durch ritualisierte Gesten, akustische Signale etc.).						
Die Unterrichtsschritte gehen flüssig ineinander über (keine unnötigen Pausen etc.).						
Die Raumnutzung ist den einzelnen Methoden angepasst.						
Es gibt eine deutliche Unterteilung von lehrer- und schüleraktiven Phasen.						
Die Schüler verstehen eine Aufgabenstellung sofort.						
Rolle des Lehrers						
Die Sprache des Lehrers ist verständlich.						
Der Lehrer ist „allgegenwärtig" (beobachtet das Geschehen und ist für Nachfragen da).						
Der Lehrer ermöglicht Beeinflussung des Unterrichts durch die Schüler.						
Der Lehrer reagiert konsequent auf Unterrichtsstörungen.						
Der Lehrer geht auf Schülerfragen ein.						

SOFT-Analyse

Die SOFT-Analyse ermöglicht den konstruktiven Austausch über eine gemeinsam erfahrene Realität, den Schulalltag, und ein Abstimmen der Ziele und Maßnahmen, mit deren Hilfe Entwicklungsprozesse gesteuert werden sollen. SOFT steht dabei für:
Satisfactions – zufriedenstellende Ergebnisse,
Opportunities – Möglichkeiten, Chancen, Herausforderungen,
Faults – Probleme, Fehler, Unzulänglichkeiten,
Threats – Gefahren, Bedrohungen.

In einer gemeinsamen Sitzung erstellt jedes Teammitglied zunächst eine SOFT-Analyse (s. u.). Anschließend tauscht sich jeder mit seinem Nachbarn aus (Tandemdiskussion). Zum Schluss werden im Plenum gemeinsame Positionen entwickelt.
So entwickelt das Team Ziele und Aufgaben für konkret zu benennende Vorhaben, aus denen sich Aufträge für das Team ergeben. In einer anschließenden Planungsphase werden Arbeitsschritte und Arbeitsmethoden benannt. Dabei werden auch Zuständigkeiten geklärt, aus denen sich konkrete Aufträge für jedes Teammitglied zur Umsetzung des Vorhabens ableiten.

Die SOFT-Analyse

Das Team sollte die *Planungsphase* vorbereiten, indem es einen Fragenkatalog zur Unterstützung dieser Phase erstellt. Hier einige Anregungen für diesen Fragenkatalog:

- Auf welche Leitziele wollen wir uns verständigen?
- Welche Leistungen sollen erbracht werden?
- Welche Zeitvorgaben sind vorhanden?
- Wie sind die Rahmenbedingungen?
- Welche Aufgaben können in welcher Zeit von wem übernommen werden?
- Welche Belastungen kommen auf uns zu?
- Wie muss der Informationsfluss organisiert werden?
- Wodurch wird unsere Arbeit behindert?
- Welche Hilfen können in Anspruch genommen werden?
- Wie können wir die Ergebnisse sichern und kontrollieren?

Die anschließende *Kontrollphase* gibt Aufschluss über das Erreichte. Es können auch Zwischenkontrollen in vorher festgesetzten Zeitabständen stattfinden. Auch hier vermittelt die SOFT-Methode dem Team wichtige Einsichten.

5. Supervision und kollegiale Beratung

Zu Beginn ein Erfahrungsbericht einer Lehrerin:

> Vor einigen Jahren entschied ich mich, an einer Supervision teilzunehmen, die in einem regionalen Fortbildungsprogramm von zwei Schulpsychologen ausgeschrieben war. Ich meldete mich zu diesem Kurs, weil sich in der letzten Zeit bei mir das Gefühl gefestigt hatte, dass der allgemeine Austausch über schulische Fragen und Probleme – die sogenannten Pausengespräche – für mich lediglich die Funktion des Dampfablassens hatte. Von einer Supervision erhoffte ich mir Hilfe, Anregungen und Zuspruch.
> Als Arbeitsform wurde das „Reflecting Team" eingesetzt, eine Supervisionsmethode, bei der ein Teilnehmer mit dem Gruppenmitglied, das ein Anliegen/Problem vorträgt, ein Gespräch führt. Die anderen Gruppenmitglieder hören dem Gespräch zu und „reflektieren" anschließend über das Gespräch. Aus dieser „Reflexion" ergeben sich für die Person, die das Anliegen vorgebracht hat, andere Sichtweisen und sie kann eigene festgefahrene Ansichten hinterfragen. Dadurch können neue Lösungswege entdeckt werden.
> Als ich mich das erste Mal traute, in dieser Supervisionsgruppe ein Problem einzubringen, fand ich das schon aufregend. Gedanken wie: „Hoffentlich finden die anderen mein Problem nicht lächerlich oder banal. – Wie werde ich hinterher gesehen?" schossen mir durch den Kopf. Ich spürte auch eine diffuse Angst vor ei-

ner Situation, in der ich auf dem Präsentierteller sitzen und etwas sehr Persönliches von mir preisgeben würde. Die Erfahrungen aus den ersten Sitzungen und das Gefühl, in der Gruppe angenommen zu sein, machten mir jedoch Mut, meinen Ärger über eine Kollegin auszusprechen, die mit mir in denselben Klassen unterrichtete. Diese Kollegin – sie war auch die Beratungslehrerin unserer Schule – sagte grundsätzlich, wenn ich ihr etwas über Verhaltensauffälligkeiten bei Schülern in meinem Unterricht erzählte: „Bei mir machen sie das nicht." Diese Aussage machte mich wütend, ich fühlte mich pädagogisch und menschlich abgewertet.
Durch das einfühlsame Nachfragen des gesprächsführenden Teilnehmers unter der Leitung der Supervisorin gelang es mir, meine Ängste abzubauen und mich frei zu äußern. Ich fühlte mich in meinem Denken, Fühlen und Handeln ernst genommen. Im weiteren Verlauf der Supervisionssitzung erkannte ich durch die Rückmeldungen aus der Gruppe andere Zusammenhänge und fand neue Zugangsmöglichkeiten zu dem Problem. So wurde mir klar, dass ich diesen Konflikt als eine Situation erlebt hatte, in der ich von einer „Autorität" (Beratungslehrerin) abgewiesen wurde, der ich mich gerade mit einer „Schwäche" anvertraut hatte. Lebensstiltypische Elemente wurden mir bewusst, Kindheitsgefühle tauchten wieder auf: Das Gefühl, etwas nicht richtig zu machen, „nicht richtig" und deshalb auch wenig wert zu sein. Diese Auseinandersetzung bestärkte mich darin, eine für mich angemessene Lösung für den weiteren Umgang mit dieser Kollegin zu entwickeln.
Im Verlauf weiterer Supervisionssitzungen entstand bei mir der Wunsch, Probleme aus meinem Schulalltag mit meinen Kollegen in einer Supervision zu besprechen, dazu gehört auch der Umgang unter uns Lehrern.

Dieser Bericht weist zunächst auf zwei wesentliche Aspekte hin.

1. Lehrer suchen nach einer adäquaten Form einer beruflichen Praxisbegleitung.
2. Es fällt Lehrern nicht leicht, sich auf eine berufliche Begleitung und Betreuung einzulassen, weil sie Beratung vorwiegend unter dem Aspekt der Kontrolle, Beurteilung und Bevormundung sehen.

Doch gerade als Klassenlehrer suche ich das Gespräch mit Kollegen, suche ich den Austausch, Hilfe und Beratung. Dabei will ich nicht bloßgestellt oder belehrt werden. Ich suche einen Rahmen, der auf der einen Seite zum Arbeitsplatz Schule gehört, mir aber gleichzeitig Schutz gewährt und so die Möglichkeit gibt, mich angstfrei zu öffnen und Hilfe zu akzeptieren.
Der Bericht über die ersten Erfahrungen mit Supervision will Mut machen, sich auf den Weg zu begeben, Formen der kollegialen Beratung zu entwickeln, die diesen Erwartungshaltungen gerecht werden können.

Was ist Supervision?

Supervision ist eine geregelte, berufsbegleitende Beratungsform, in der berufliche Situationen und berufliches Handeln reflektiert werden (keine Therapie).

Was will Supervision?
- Mut machen, ein Problem oder einen Konflikt mit anderen/neuen Augen, aus einer anderen Perspektive zu sehen und zu verstehen.
- Helfen, die Handlungsmuster und deren Auswirkungen zu erkennen, um ggf. Wege der Veränderung zu finden.
- Helfen, persönliche Ressourcen zur Bewältigung beruflicher Anforderungen zu verbessern.
- Hilfe zur Selbstprofessionalisierung geben.

Wie verläuft eine Supervisionssitzung?
Eingangsblitzlicht: Teilnehmer äußern sich zu ihrem Befinden.
Präsentationsphase: Teilnehmer stellen ihre Anliegen vor und entscheiden, bzw. erstellen eine Reihenfolge.
Bearbeitungsphase:
- Fallbericht: Ein Ratsuchender beschreibt und erläutert sein Problem.
- Rückmeldung: Teilnehmer beschreiben ihre Wahrnehmungen und Deutungen.
- Vertiefung: Methodische Aufarbeitung durch Standbilder, Rollenspiele, Metaplanarbeit u. a.
- Lösungen: Handlungsalternativen als Hilfe zur Selbsthilfe.

Abschlussblitzlicht: Teilnehmer äußern sich zu ihrem Befinden und nennen Eindrücke, die sie „mitnehmen“.

Was leistet der Supervisor?
Er ist für den Ablauf der Sitzung und den Schutz des Ratsuchenden verantwortlich, leitet das Gespräch an und bietet Bearbeitungsmethoden an.

Da jede Form kollegialer Beratung auch Elemente der Supervision aufweist, soll hier auf eine genaue wissenschaftliche Abgrenzung verzichtet werden. Die im Folgenden vorgestellten Verfahren sind Hilfen für die Praxis und müssen von jeder Lehrergruppe, die sich gemeinsam auf den Weg machen will, den Erwartungshaltungen der Gruppenmitglieder entsprechend verifiziert werden.
Wichtig ist für jede Gruppe, dass die Verfahren konsensfähig sind, in „Form“ gebracht werden und schließlich auch eine ritualisierte Anwendung finden. Voraussetzung, um sich auf eine Beratung „einlassen“ zu können, ist ein Klima der gegenseitigen Wertschätzung.

Unterrichtshospitation als Beratung

Für die gegenseitige Unterrichtshospitation gilt das Prinzip der Freiwilligkeit. Voraussetzung ist eine verlässliche Vertrauensbasis.
Kollegen geben sich bei dieser Form der kollegialen Beratung aus ihrem subjektiven Blickwinkel Rückmeldungen über Beobachtungen, Beschreibungen und Spiegelungen. Diese Rückmeldungen sind keine Kritik, sondern sollen entlasten, Sicherheit geben und die Professionalität fördern. Wichtig ist die Wahrung der Subjektivität: Es geht nicht um eine Unterrichtsreflexion nach objektiven Kriterien und es gibt daher auch kein Richtig oder Falsch.
Der Unterrichtende gibt seinem „Berater" gezielte *Beobachtungsaufträge* (umfangreiche Gesamteindrücke helfen nicht weiter). Je eindeutiger die Vorabsprachen sind, desto klarer kann beobachtet werden und desto gezielter kann ein Beratungsgespräch geführt werden.
Das *Beratungsgespräch* nach dem Unterricht beginnt, indem der Hospitierende seine Eindrücke wiedergibt (Ich-Form: „Ich habe gesehen … Mir fiel auf … Dies kam bei mir so an …"). Es gibt keine Vorwürfe, also sind auch keine Rechtfertigungen notwendig. Danach werden die Beobachtungen gemeinsam reflektiert. Es werden Zusammenhänge erstellt und Einschätzungen vorgenommen. Abschließend zieht der Hospitant aus dem Besprochenen Schlussfolgerungen und benennt mögliche Verhaltensänderungen.

C Leistungen würdigen – Leistungen bewerten

In der Schule werden von den Schülern Leistungen erbracht. Diese werden vom Lehrer gemessen und bewertet.
Als Klassenlehrer habe ich hierbei eine besondere Verantwortung. Ich habe zu meinen Schülern besonders engen Kontakt, da mein Unterrichtsanteil bei ihnen meist recht hoch ist und ich sie über einen längeren Zeitraum (es sollten mindestens zwei Jahre sein) begleite. Dadurch lerne ich die Schülerpersönlichkeiten sehr intensiv kennen und verfolge ihre Entwicklungen sorgfältig. So erhalte ich von meinen Schülern ein sehr differenziertes Bild, kenne ihre Stärken und Schwächen, aber auch ihre Sorgen und Nöte.
Deshalb sollte ich gerade als Klassenlehrer die Aufgabe des Bewertens mit der Aufgabe des Beratens verbinden. Denn ein Schüler, dessen Leistungen

wir beurteilen und zensieren, möchte auch von uns beraten werden. Über diese Beratung durch den Klassenlehrer können Schüler in ihrer Selbsteinschätzung gefördert werden, sie erkennen ihre Stärken und Schwächen und können somit aus ihren Leistungen vernünftige Rückschlüsse hinsichtlich ihrer Vorstellung einer schulischen und beruflichen Laufbahn entwickeln.
Die Erkenntnisse der PISA-Studie machen die Notwendigkeit deutlich, unseren Umgang mit den Leistungen der Schüler einer kritischen Kontrolle zu unterziehen. Ausgangspunkt dafür sollte sein: Mit jeder Rückmeldung vermitteln wir eine Botschaft, die auf den Schüler abwertend oder wertschätzend wirken kann. Da besondere individuelle Leistungen und positives Verhalten in Noten und Zeugnissen oft nicht hinreichend differenziert gewürdigt werden können (die Praxis der Notengebung verhindert oft das Gespräch über die *konkreten* Leistungen), sind Rückmeldungen wünschenswert, die neben der gemessenen Leistung auch Sozialverhalten, Engagement und Zivilcourage einbeziehen. So lernt der Schüler, seinen Blick nicht nur auf die isolierte Fachleistung zu richten, sondern auch auf die Leistungs- und Persönlichkeitsentwicklung. Die Wahrnehmung der individuellen Leistung wird wichtiger als die vergleichende Einschätzung.
Rückmeldungen über positive Leistungen und Entwicklungsfortschritte sind wichtig, weil sie

- ein Vertrauensklima schaffen,
- zum Nachdenken über die Leistung und das Lernen anregen,
- das Lernen fördern, indem sie helfen, Arbeitsmethoden zu überprüfen, zu korrigieren und weiterzuentwickeln,
- Schüler befähigen, anderen und sich selbst qualifizierte Rückmeldung zu geben,
- Schüler befähigen, im Lernen selbstständig zu werden.

1. Bestandsaufnahme: Welche Leistungen werden in meiner Klasse gewürdigt?

Um zusammen mit allen Kollegen, die die Klasse unterrichten, eine Feedback-Kultur aufzubauen, ist es hilfreich, gemeinsam alle Bereiche aufzulisten, zu denen die Schüler Rückmeldung erhalten können, und diese neben der Notengebung zu nutzen. Die folgenden Beispiele können dabei als eine zu ergänzende Checkliste genutzt werden.

Welche Leistungen werden in der Klasse gewürdigt?

- Soziales Engagement in der Klasse oder Schule
- Außerordentliche schulische Leistungen
- Eine besondere Leistung bei einem Projekt
- Wettbewerbe (z. B. Vorlesewettbewerb, Volleyball-Turnier)
- Ein ehrenamtliches Engagement (z. B. Streitschlichter, Schülerzeitung, Ordnungsdienst)
- Mitarbeit im Klassenrat, in der Klassenkonferenz oder der Schülervertretung
- Ein Verhalten, das Zivilcourage zeigt
- Besondere Qualifikationen (Erste Hilfe, PowerPoint-Präsentation)
- ...

2. Selbsteinschätzung und -beurteilung der Schüler

Jeder Mensch braucht ein positives Selbstkonzept, wenn er für sein eigenes Handeln und seine Haltung Verantwortung übernehmen soll. Dazu benötigt er Selbstsicherheit und die Fähigkeit, eigene Lernerfahrungen zu reflektieren und zu beurteilen. Diese Selbsteinschätzung wiederum ist Voraussetzung, um die eigenen Leistungsmöglichkeiten auszubauen.
Gerade dem Klassenlehrer eröffnen sich durch seine Beratungsfunktion wichtige Ansätze, seine Schüler in dieser Selbsteinschätzung und Weiterentwicklung der Leistungsfähigkeit zu fördern.

Mit Schülern über Leistung reden

In einem Gespräch kann ich den Schüler ermutigen, die bei einem Test oder einem anderen Arbeitsergebnis erbrachte Leistung zu reflektieren. Die auf S. 247 genannten Leitfragen können dabei hilfreich sein.
Ein solches Gespräch macht nicht nur dem Schüler seinen Leistungsstand und dessen Rahmenbedingungen deutlich, sondern die Antworten geben auch mir wichtige Hinweise, um den Prozess der Selbsteinschätzung zu unterstützen.

Leitfragen für ein Gespräch zum Leistungsstand

- Welche Leistung wolltest/solltest du erbringen?
- Unter welchen Bedingungen ist deine Leistung zustande gekommen? (Wie hast du dich vorbereitet? Wie hast du dich bei der Arbeit gefühlt? Wodurch fühltest du dich abgelenkt? Was war dir bei der Arbeit eine Hilfe?)
- Wie schätzt du die erbrachte Leistung im Vergleich zu deiner bisherigen Entwicklung ein? (Wo hast du Fortschritte/Rückschritte gemacht?)
- Was weißt/kannst du jetzt besser als vorher?
- Welche Lücken/Probleme siehst du?
- Worauf könntest du dich in nächster Zeit konzentrieren, um diese Probleme zu bewältigen?
- Was möchtest du weiter erreichen?
- Was kannst du in deinem Umfeld ändern, um dieses Ziel zu schaffen?

Feedback-Bogen zur Sozial- und Methodenkompetenz

Der Feedback-Bogen auf Seite 248 f. erleichtert es, den Schülern eine Rückmeldung zu ihrer Sozial- und Methodenkompetenz zu geben. Die einzelnen Kriterien werden mit der Klasse besprochen. In Einzelgesprächen können wahrgenommene Stärken und Schwächen erläutert werden. In diesem Gespräch geht es darum, dass der Schüler erkennt, durch welche Verhaltensänderungen er seine Leistung steigern kann.

Anlage zum Zeugnis

Die Bildungsstandards verweisen auf allgemeine Bildungsziele und benennen Kompetenzen, die die Schüler erwerben sollen. Sie formulieren fachliche und fachübergreifende Basisqualifikationen, die der Persönlichkeitsentwicklung dienen sollen. Die neue Gewichtung von Fach-, Methoden- und Sozialkompetenzen legt es nahe, Notenzeugnisse durch eine Anlage transparenter zu machen, die die Fächergesamtnoten mit weiteren Kompetenzbeschreibungen vernetzt (s. auch das Kapitel „Individuelle Förderung und Diagnostik“).
Das „Merkblatt zum Leistungs- und Entwicklungsstand“ auf Seite 250 kann als Ergänzung zu Zeugnissen genutzt werden, aber auch als Grundlage für ein Gespräch mit dem Schüler über seinen Leistungs- und Entwicklungstand dienen.

Feedback-Bogen zur Sozial- und Methodenkompetenz
(vgl. BENDLER 1995, S. 13)

Name, Vorname: ______________________ Klasse: ________ Datum: ___________

Qualifikation	**Lern- und Leistungsbereiche Auswahl** In welchem Maße kann der Schüler:	**Beobachtung und Bemerkung** ++	 +	 o	 –
Zielerreichendes, fachliches Lernen	– Lernergebnisse sach- und fachgerecht darstellen – Arbeitsschritte in einer Zeiteinheit selbstständig oder im Team planen und durchführen – fachspezifische Arbeitsmittel (Quellen, Lexika, Atlanten, Statistiken etc.) nutzen – Zusammenhänge zu anderen Themenbereichen erkennen und darstellen (vernetzendes Denken) – neue Ideen in den Unterricht einbringen – bei Aufgabenstellungen Wesentliches von Unwesentlichem unterscheiden – …				
Methodisch-strategisches Lernen	– Informationsmaterial beschaffen, analysieren, auswerten, interpretieren – Arbeitsschritte planen und in angemessener Zeit ausführen – grundlegende, im Unterricht erarbeitete Methoden zielgerichtet anwenden (unterstreichen, notieren, protokollieren, dokumentieren etc.) – Thesen formulieren, konträre Meinungen gegenüberstellen, Wertungen vornehmen – Ideen, Gedanken, Texte vortragen bzw. Ergebnisse vorstellen in Schaubildern, Collagen, Texten, Referaten, Berichten, Erzählungen, Rollenspielen etc. – …				

Sozial- kommunikatives Lernen	– vereinbarte Gesprächsregeln akzeptieren und einhalten (anderen zuhören, sie ausreden lassen, Lernpartner akzeptieren etc.) – eigene Meinungen mit Argumenten begründen und belegen – auf Widerspruch angemessen reagieren – Aufgaben in einer Arbeitsgruppe übernehmen, die Arbeit maßgeblich mitgestalten und voranbringen – Konflikte erkennen und in der Gemeinschaft nach möglichen Lösungen suchen – anderen Schülern Hilfe anbieten, Hilfe selbst annehmen – ...				
Selbsterfahrendes, selbstbeurteilen- des Lernen	– Ergebnisse mithilfe von Lösungsblättern, Lehrbuch, Lexikon etc. selbstständig und konzentriert auf Richtigkeit überprüfen – seine Fortschritte und Defizite erkennen (was fällt mir leicht, was muss ich noch üben?) – eigene Arbeit und Ergebnisse selbstkritisch einschätzen – Hinweise zur Verbesserung der Arbeits- und Lernplanung aufgreifen und umsetzen – seine Stellung und seinen Beitrag in der Gruppe beschreiben und ggf. sein Rollenverhalten ändern – sich selbst Arbeits- und Verhaltensziele setzen (Lernwille) – ...				
Zeichenerklärung:	++ gesichert erreicht + erreicht, aber noch unsicher o Ansätze erkennbar – nicht erreicht				

Merkblatt zum Leistungs- und Entwicklungsstand

Beurteilungsskala: A – überdurchschnittlich umgesetzt
B – voll und ganz umgesetzt
C – umgesetzt
D – mit Einschränkungen umgesetzt
E – nicht umgesetzt

	A	B	C	D	E
Verantwortungsbewusstsein Hat die Fähigkeit, Verantwortung für seine Arbeit, sein Handeln zu übernehmen. Trägt die Konsequenzen für sein Handeln.					
Kontaktfähigkeit/Umgangsformen Kann menschliche Kontakte herstellen, Meinungen und Bedürfnisse anderer erkennen, in Sprache und Verhalten angemessen reagieren.					
Kommunikationsfähigkeit Ist in der Lage, Informationen aufzuarbeiten und klar und verständlich zu formulieren, präsentiert sicher unter Einsatz unterschiedlicher Medien.					
Konfliktfähigkeit Geht, wenn notwendig, Konflikte ein und löst diese der Situation angemessen.					
Teamfähigkeit Fügt sich schnell in ein Team ein, steuert Ideen bei, greift Ideen anderer auf und führt sie weiter.					
Verlässlichkeit a) Erscheint pünktlich zum Unterricht. b) Hat die Hausaufgaben und Arbeitsunterlagen vollständig vorliegen.					
Lern- und Leistungsbereitschaft Ist stets lernbereit, erarbeitet sich Inhalte selbstständig mit angemessenen Arbeitsergebnissen.					
Fähigkeit zur Übersicht Erkennt Probleme, kann sie aus verschiedenen Blickwinkeln betrachten und logische Schlussfolgerungen ableiten.					
Belastbarkeit Zeigt Ausdauer auch bei schwierigen Aufgaben, lässt sich in seinem Verhalten durch äußere Störungen kaum irritieren.					

D Verwaltungsaufgaben des Klassenlehrers

Der Schulalltag beginnt für Klassenlehrer oft mit einer Überraschung: Im Fach liegt ein Rundbrief der Schulleitung an alle Eltern oder es warten vor dem Lehrerzimmer bereits Eltern, die Auskunft darüber haben wollen, ob ihre Tochter/ihr Sohn für den nächsten Tag vom Unterricht befreit werden kann.

So haben Klassenlehrer neben der besonderen pädagogischen Funktion und der Unterrichtstätigkeit viele außerunterrichtliche Aufgaben zu erfüllen. Sie betreffen auf der einen Seite Bereiche wie Aufsicht, Kontrolle, Verwaltung und Informationsvermittlung, auf der anderen Seite die Pflicht zur Zusammenarbeit mit anderen Personengruppen, insbesondere den Eltern. Eine Liste der außerunterrichtlichen Tätigkeiten hat zwar nur exemplarischen Charakter, macht aber dennoch das gesamte Spektrum im Detail deutlich und verschafft einen klärenden Überblick. Sie hilft einzuschätzen, welche Ansprüche (evtl. auch welche Belastungen) in diesen Aufgaben enthalten sind, und darüber zu reflektieren, wie diese gehandhabt werden können.

Wichtige außerunterrichtliche Aufgaben des Klassenlehrers:

- Einberufung und Leitung der Klassenkonferenzen
- Verantwortung für die Umsetzung von Konferenzbeschlüssen
- Zusammenarbeit mit den Erziehungsberechtigten
- Zusammenarbeit mit der Schülervertretung
- Beratung von Schülern und Eltern
- Zusammenwirken von Klassenlehrer und Fachlehrkräften
- Koordination des Umgangs mit Hausaufgaben
- Hinwirken auf die Anwendung von Erziehungsmitteln und Ordnungsmaßnahmen
- Zusammenarbeit mit der Schulleitung
- Vertrauensperson für die Klasse
- Klassen- und Notenbuchführung
- Beurteilung des Gesamtverhaltens von Schülern
- Erstellen von Gutachten und Zeugnissen
- Planung und Durchführung von außerunterrichtlichen bzw. außerschulischen Aktivitäten (Theaterbesuche, Klassenfahrten ...)
- Bekanntgabe notwendiger Belehrungen (Feueralarm, Schulbesuch bei Unwetter wie z. B. Glatteis ...)

- Verteilung von Klassenämtern
- Klassenraumgestaltung
- Mitwirkung bei der Pflege der Einrichtung

Aus dieser nicht vollständigen Auflistung wird ersichtlich, dass Klassenlehrer immer dann in irgendeiner Form gefordert sind, wenn die Schule als Institution agiert, insbesondere wenn Verordnungen, Dienstvorschriften, administrative Regelungen oder Konferenzbeschlüsse umgesetzt werden müssen.
Aber gerade in den Verwaltungsaufgaben wird häufig auch ein Ärgernis gesehen, sie werden als Einengung der erzieherischen Tätigkeit oder als Bevormundung empfunden. Ich kann in der Ausübung dieser Tätigkeiten aber auch einen Zuwachs meiner Einflussmöglichkeiten, meiner Autorität sehen. Und darin liegt nicht nur eine „Mehrarbeit", sondern auch eine große Chance: weg vom selektiven Wahrnehmen und Handeln, hin zu einer ganzheitlichen Betrachtungsweise von Schule mit ganzheitlich handelndem Personal. Doch was heißt das konkret?
Durch eine sinnvolle Verzahnung meiner Möglichkeiten habe ich als Klassenlehrer wesentlichen Anteil daran,

- wie sich die Arbeitshaltung der Klasse entwickelt,
- wie sich die Arbeitszufriedenheit zwischen den Schülern meiner Klasse und den sie unterrichtenden Lehrern entwickelt,
- wie sich soziale Beziehungen entwickeln,
- wie die Lehrer miteinander kooperieren,
- welches Werte- und Normensystem entsteht und Anerkennung findet,
- wie sich das Leben und Lernen in der Schule gestaltet,
- welche personellen, räumlichen, zeitlichen und materiellen Ressourcen genutzt werden können,
- wie sich meine/unsere Schule entwickelt,
- ...

Damit dieser Überblick nicht abschreckend wirkt, ist es wichtig, Ziele zu klären und Prioritäten zu setzen. Hier schließt sich der Themenkreis der Kapitel. Alle wollen Klassenlehrern Hilfe und Anregung sein, aus ihrer besonderen Betroffenheit und Sicht heraus den allgemeinen Bildungs- und Erziehungsauftrag mit Leben zu füllen. Dabei schließt das Bemühen um einen positiven Entwicklungsprozess der Klasse auch den Umgang mit den Verwaltungsaufgaben ein. Lassen Sie sich von den Beiträgen dieses Buches dazu ermutigen, im täglichen Umgang mit den Schülern und Kollegen Lebens-

und Lernräume zu schaffen, die die Schule zu einem „Haus des Lebens und Lernens“ machen und das Klassenzimmer zu einem wichtigen Raum, in dem dies erfahrbar wird.

Literatur

BARTNITZKY, HORST/CHRISTIANI, REINHOLD (Hrsg.): Umgang mit Zensuren in allen Fächern. Frankfurt/M. 1989

BAUER, KARL-OSWALD: Pädagogische Professionalität und Lehrerarbeit. In: Pädagogik 4/1997

BECKER, GEORG E.: Unterricht auswerten und beurteilen. Weinheim 1998

BENDLER, ALFRED: Feedback-Bogen zur Sozial- und Methodenkompetenz. In: Pädagogik 3/1995

BEUTEL, SILVIA-IRIS/VOLLSTÄDT, WITLOF (Hrsg.): Leistungen ermitteln und bewerten. Hamburg 2000

BÖHMANN, MARC/HOFFMANN, KIRSTEN: Kursbuch Berufseinstieg. Weinheim 2002

BÖNSCH, MANFRED: Didaktisches Additum. Neuwied 1998

ECK, CLAUS D.: Rollencoaching als Supervision. In: FATZER, GERHARD/ECK, CLAUS D. (Hrsg.): Supervision und Beratung. Köln 1990

GUDJONS, HERBERT: Didaktik zum Anfassen. Bad Heilbrunn 1997

KÖSTER, EGON: Wie fördern Kontroll- und Bewertungshandlungen die Ausbildung der bewussten Lerntätigkeit? In: Pädagogik 2/1982

KRETSCHMANN, RUDOLF (Hrsg.): Stressmanagement für Lehrerinnen und Lehrer. Weinheim 2000

LOHMANN, GERT: Mit Schülern klarkommen. Berlin 2003

MARTIN, LOTHAR R.: Klassenlehrer- und Tutor/innen. Bad Heilbrunn 1996

MEYER, HILBERT: Skript 9 – Beobachtungsbogen zu den zehn Merkmalen guten Unterrichts. Oldenburg 2005

PARADIES, LIANE, u. a.: Leistungsmessung und -bewertung. Berlin 2005

SACHER, WERNER: Prüfen – Beurteilen – Benoten. Bad Heilbrunn 1996

SCHIMUNEK, FRANZ-P.: Lehrer schreiben Wortgutachten. München 1991

SCHLEE, JÖRG/MUTZECK, WOLFGANG (Hrsg.): Kollegiale Supervision – Modelle zur Selbsthilfe für Lehrerinnen und Lehrer. Heidelberg 1996

VAUPEL, DIETER: Das Wochenplanbuch für die Sekundarstufe. Weinheim 1995

WEINERT, FRANZ E. (Hrsg.): Leistungsmessungen in Schulen. Weinheim 2001

Themenheft: Leisten und bewerten. Lernende Schule 2/2003

Siga Diepold

Sachregister